LOCUS

LOCUS

LOCUS

LOCUS

from
vision

from 48 亂好

A Perfect Mess

作者： Eric Abrahamson & David H. Freedman

譯者：李明

責任編輯：湯皓全

美術編輯：何萍萍

校對：張家彰（渣渣）

法律顧問：全理法律事務所董安丹律師

出版者：大塊文化出版股份有限公司

台北市 105 南京東路四段 25 號 11 樓

www.locuspublishing.com

讀者服務專線： 0800-006689

TEL ：(02) 87123898　FAX ：(02) 87123897

郵撥帳號： 18955675　戶名：大塊文化出版股份有限公司

總經銷：大和書報圖書股份有限公司

地址：台北縣五股工業區五工五路 2 號

TEL ：(02) 89902588 (代表號)　FAX ：(02) 22901658

排版：天翼電腦排版印刷有限公司　製版：源耕印刷事業有限公司

初版一刷： 2007 年 11 月

定價：新台幣 320 元

Printed in Taiwan

A Perfect Mess
亂好

Eric Abrahamson & David H. Freedman 著
李明 譯

目次

緒論
007
1 整齊的成本
011
2 亂的採樣
033
3 亂的歷史
065
4 亂的好處
087
5 亂之個人篇
115
6 亂之家庭篇
141
7 亂與組織
167

8 亂式領導
205
9 亂的政治學
229
10 最適度的亂
259
11 亂式思考
279
12 病態之亂
307
13 亂與美
327

緒論

紐約曼哈頓的百老匯大道上，過去有兩家雜誌店開在對街。一家各類雜誌排列得井然有序，每本都可由電腦檔案追蹤。另一家有時卻是隨意擺放，《柯夢波丹》（*Cosmopolitan*）和《財星》擠在一塊，《反璞歸眞》（*Real Simple*）緊挨《黑玉》（*Jet*），《斯密松寧》（*Smithonian*）和*Psychotronic*並列。這倒不奇怪，因爲這間凌亂店面沒什麼電腦庫存系統可告知老闆兼經理艾山（Essam）雜誌銷售狀況或補貨事宜。他和助手柴克兩人全憑記憶行事，只在空閒時段與每天營業結束時稍作整理。

第一家店吸引較多客人上門，業務比較興旺，賣出的雜誌也比艾山多，說來並不讓人意外。到了今天，只有一家店還存在，另一家則因虧損而關門大吉，這個結果同樣不令人意外。不過跌破大家眼鏡的是：迄今仍屹立不搖的是艾山的店。雖然他賣出的雜誌不如競爭對手多，可是卻比較賺錢。原因很簡單，對手雇了不少店員整理雜誌，也建立追蹤雜誌的庫存系統，而這些侵蝕利潤的成本艾山全省了。要評量企業的成效，利潤是一項適當的指標，至於企業能否存續，當然更是根本的前提。由此看來，在這個案例中，店面較整齊、較有條理所帶來的好處，似乎抵不過相應的成本。換言之，艾山的店之所以成功，原因就是：亂。

要了解艾山如何由亂中獲利並不困難，一旦說穿了，你會覺得也沒什麼大不了。然而，如果上面兩家雜誌店的對比不僅是趣聞一則，要是說維持整齊與秩序的成本經常高於相對應的利益呢？如果就更廣泛的意義來說，亂一點反而更划算，那又如何呢？

要是說我們一向忽略維持整齊所付出成本，聽來未免誇大其辭，難道一般個人或組織準備花一番功夫整理之前，不會先自問：這值得我付出時間和其他資源嗎？但不論是文件精確歸檔的辦公室、課程與校規一絲不苟的學校、每天行程排得嚴絲合縫的專業人士、管理與營運流程鉅細靡遺的公司、不停收拾孩子亂丟東西的父母、紀律嚴明的軍隊、法令多如牛毛的政府，要是告訴他們，維持秩序未必划得來，必定讓他們難以置信。

事實上，整齊與條理的確可能得付出很高的代價，但卻經常為一般人所忽略。換一個角度說，容忍一定程度的亂與無秩序，經常能省下可觀的成本。不過本書還要進一步說明，令人意想不到的地方遠不止此。整齊與條理帶來的好處，通常不及其成本，更有甚者，所謂「好處」往往虛幻不實。尤其和一般傳統看法背道而馳的是，組織上稍微散漫的個人、機構、制度，不論效率、韌性、創意與成效，表現往往優於組織嚴謹者。一如整齊的成本常爲人忽略，適當的亂所帶來的好處也不受重視。其實無秩序的好處雖不能說百分之百存在，但也絕不僅是少數的例外。

提起亂與無秩序的正面作用，大多數人都覺得相當突兀，這當然與他們對整齊的根深柢固的嚮往有關。一般人往往無視於整齊的成本，也不願承認無論多麼努力，也未必可以解決亂的問題，更不願相信亂有時比整齊來得好。對我們大多數人而言，整齊已變成一個不容置疑的目的。居家與辦公室雜亂無章，或是每日行程沒有妥善安排，往往令我們感到焦慮，其實這往往並非亂或無秩序帶來什麼問題，而純粹是我們認定自己應該更整齊、更有條理，做不到時就覺得不安。

「混亂脫序未必有害，甚至還可能有益」的看法，其實未必那麼突兀。只不過每當檢討我們的生活、事業或社會該如何改進時，常提出的建議不外更有秩序，要不然就是換一種秩序。至於少一點秩序則很少會納爲選項。現在該是我們敞開心胸的時候，以更開放的眼光正視生活周遭的亂，思考它們是否該值得我們欣然接納，而非避之惟恐不及。

以下我們將進入亂與無秩序的世界遨遊一番，預計的停靠點包括：有史以來最亂的房子；欣然接受砸小朋友玩具的幼稚園；貨品出名難找而業務卻十分興隆的五金行與書店；阿諾・史瓦辛格（Arnold Schwarzenegger）完全沒計畫的生活；為患者舉辦披薩派對的醫院；容易走調的貝多芬交響曲；一團亂的書桌催生的諾貝爾獎；菜色不按牌理出牌的餐廳；一個美國城市，混亂程度近似歷史上的巴黎。這趟旅行的宗旨並不在於全面了解亂與無秩序，因為探討這個主題的任何單一層面就得長篇累牘。我們的目標僅是針對亂與無秩序某些受到忽視的重點，略加探索與標舉。

你或許會覺得這趟旅程行進的方向有時出乎意料之外，至少我們是這麼希望。

1 整齊的成本

如果書桌亂七八糟象徵頭腦亂七八糟，
那麼，書桌空無一物又象徵什麼？

——亞伯特・愛因斯坦

好幾百位專業人士站著聆聽凱西・瓦蒂爾（Kathy Waddill）的演說，手裡捧著昂貴高級的眞皮活頁夾，不停在印有黃線的便條紙上記筆記。瓦蒂爾苦口婆心地告誡他們，第一次電話連繫時，對於客戶極端不自在感受要有心理準備。「我大概是妳看過最糟糕的，」她模仿客戶因慚愧而沙啞的語調，聲音低得像耳語。「我眞的沒辦法，我覺得好丟臉。」

接下來她回復權威的語氣提醒聽眾，和客戶約好時間之後，不需要再打電話確認，因爲對方可能變卦。只要到時候去就是了。聽眾振筆疾書，許多人喃喃表示同感，好像終於了解自己過去錯在哪裡。她繼續說下去，到了客戶那裡，你或許忍不住想開燈仔細瞧瞧，不過切忌如此。反而把燈光轉暗或乾脆關掉還比較高明，讓你可以在黑暗中沉思，對情況有更眞切的感受。

你聽到必須以如此細緻的手法來接觸客戶，或許會想像這些人莫非因顏面傷殘、怪異的神經抽搐，或有某種不良嗜好而離群索居？但實際上，他們只不過是亂一點，或至少自己覺得如此。瓦蒂爾是專業的整理師（organizer），以上是她在美國聖地牙哥舉行的全國專業整理師協會（National Association of Professional Organizers，簡稱NAPO）年會上的談話。

整理也要專業

整個整理產業已然嶄露頭角，它在過去十年的快速成長，更加助長了下面的想法：只要能把物品、時間或資源整理得更好，我們就會更滿足、更成功，我們的公司與機構也會更有績效。市面上好幾百種相關書籍、各式各樣居家與辦公室的整理輔助用品，還有相關的課程與研習、電腦軟體、電視節目、雜誌，再加上所謂的整理顧問，全都散播大同小異的主題：好好清理一番、重新排列、培養高效率的習慣、規畫你的每天／每週／生涯、組織重組、嚴格標準化的流程等等。不難看出，整齊與秩序已成了價值好幾十億美元的生意。

NAPO堪稱這股風潮的最前線——畢竟他們的工作就是整理——也是躋身高成長的行業。NAPO於一九八五年成立時僅有十六名會員，到了二〇〇五年，已成長到三千人以上，而且不過一年半前，人數也只有一千五百人。這次年會吸引八百二十五名會員參加，其中二百七十五人是頭一次來。這些數字和更多的資訊，都是由NAPO會長巴瑞‧伊薩克（Barry Izsak）隨口道來。他是個精靈般的人物，像一陣風似地衝進房間裡，也好做驚人之語，還不忘離題挖苦一番。他是個值得研究的高度組織者的典範。他並未穿著夏威夷衫與卡其褲的會議制服，而是一身整齊的棕色西服，接受訪問時，他會把自己的回答記錄下來，也會遞給你針對一些預先設想的問題所準備的答案。如果瞄到訪問者用的是薄薄的小筆記本，他會推薦你改用他自己那一系列更精良的記錄工具，包括膝上型電腦和那種搭配尊貴活頁夾的黃線便條紙，顯然對專業者而言，這些配備有如蝙蝠俠的百寶腰帶。不過原本經營寵物託放的伊薩克也承認，他到現在還得不時與自己沒條理的本性奮戰——這點很快就得到證實，因爲翻閱一陣活頁夾之後，他發現等一下專題演講的提要放錯了地方。

NAPO不但組織擴大，而且影響力與名聲也日增。伊薩克表示，過去專業整理師多由教師、祕書或其他一些低薪職業轉行，但如今一些成功的整理師年收入攀升到六位數，吸引律師或有MBA背景的主管也爭相跳入。就算我們假定NAPO每位會員的年收入只有三萬五千美元，僅以加入NAPO者（並非每位整理師都加入這個組織）來說，他們的總收入也有一億美元。當然他們的客戶所花費的金額還不止此數，因爲在請人整理之餘，你通常還會買些附帶的收納用品，有時得重新裝修住家或辦公室的房間或部分空間，甚至徹底改頭換面一番。這類支出金額的幅度，當然會反映在各大辦公室與家庭用品廠商的營收上，而它們也全都是NAPO年會的贊助者。過去每年有所謂「動手清理週」，現在更升一級，每年一月給訂爲「動手清理月」，當然也有助NAPO知名度大增。

NAPO大會的內容與外人的想像大異其趣。大多數的演講、座談與專業談話並不是關於整理本身，而是如何推銷整理的技巧。問題倒不在於需要整理的人不夠多，恰好相反，正如一位座談者指出：「需要我們協助的人，遠超過現有整理師能照顧到的程度。」不過事情也沒那麼簡單，先要讓潛在客戶知道你，還要說服他們掏出錢包，購買兩百塊的陽春型「評估」，甚至花好幾千元進行徹底清理。不過與客戶簽約的最大障礙——幾乎所有講員都相當強調——就是他們對自己雜亂不堪的住所、辦公室、生活深感羞恥。也就是說，有人慚愧到根本不敢讓專業整理師看到自己亂成什麼樣。

還好，會中提出許多建議，教導如何讓客戶鼓起勇氣尋求他們迫切需要的協助。一位與談人建議整理師，要告知潛在客戶此舉不僅關乎他未來的幸福與成功，還影響到下一代，因為子女會有樣學樣。另一位講員告誡與會者，別對看似微不足道的生意不屑一顧。例如你常會聽到客戶說，「我想把餐桌清理出來」，不過上門勘查了一團亂的餐桌之後，你很容易扯到一些根本性的問題，也就需要更大規模的清理行動，其中自然也包括利潤最誘人的車庫清理。

整理師為自己的公司、演講與服務的命名——諸如「混沌到平靜」、「噢，這麼整齊！」「由組織與生產力實現夢想」——即使不到創造奇蹟的程度，至少也會讓你聯想到改頭換面。伊薩克就指出：「我們改變人們的生活。這句話你可以記錄下來。」不過談到整理師該如何落實這些轉變，對策其實簡單得驚人。成功整理師的原則萬變不離其宗，全都可歸納爲以下看似平凡無奇的建議：丟掉或送掉多餘的東西；剩下的東西放到架子上；排定緊湊的行事曆；如此不斷重複下去。許多整理師不諱言，除了這些，整理其實也沒什麼其他大不了的學問。瓦蒂爾以誇張、與聽眾打成一片的演說風格風靡會場，她的特色是唱作俱佳，拿倒楣的客戶開玩笑。「客戶的箱子靠著牆壁堆放，我告訴他，『改用收納箱，雖然還是一樣堆在那裡，可是你需要時可以拉出任何箱子。』他們說，『噢，哇！』我說，『地上的紙那麼多，是因爲你這裡沒放垃圾筒。』他們認爲我是世界上最聰明的人。有時簡直像在桶子裡捕魚那麼簡單，但這就我們能賺大錢的原因。」聽眾頻頻點頭大笑，尤其最後兩句話瓦蒂爾刻意壓低聲調，像對臺下講悄悄話，更是引起如雷的喝采。

客戶好像也吃這套——單看整理這行可以分成四十種類別就可看出端倪。會中有些整理師的專長是家庭整理，有些是辦公室，還有些是整理人際關係。（有位整理師說得好：「人也可能是廢棄物。」）你還可以看到基督徒的整理師、專門針對「長期無秩序」

（稍後會再談論這點，不過別擔心——你可能還不夠格）的整理師，還有些人自稱可以整理「生活中所有層面」。有位整理師對於處理舊文件的要領發表長篇大論。（別沖到馬桶裡，市府清潔人員可能會查出來源；別用做寵物籠的襯墊；別在水槽裡燒掉——不過拿到戶外燒掉倒是可以處理得乾乾淨淨，只是要撥撥灰燼以防留下太大的碎片。）

玲達・羅絲契爾德（Linda Rothschild）專為有錢人和名流整理，據說定期受邀到茱莉亞・羅勃茲（Julia Roberts）等人的豪宅中。她的穿著也與這項工作相稱，為大會帶來一抹罕見的時髦與亮麗。她說自己天生會整理，八歲時就替收藏的唱片製作交叉索引。她說：「我早上五點半到八點半做完的事情，比大多數人一整天做的還多。」不過她也承認，沒有子女讓她這方面占了便宜。她又加了一句：「我們整理師是一群回復秩序的完美主義者。」

然而在NAPO大會裡，下面這個基本問題卻似乎不容易找到答案：怎樣證明整齊有條理真的值得我們費那麼大的勁？在數十次的談話、演講與座談中，整理師們沒有一次提及整理相對的成本與利益這個話題。

被忽略的成本

只有幾次零星的談論稍稍觸及到利益方面。例如一位整理師與聽眾分享經驗，面對打算清理廚房的潛在客戶時，該如何在他們眼前懸一個誘人的目標。她會告訴他們：「你可以在一個定點做一頓飯，而不必在廚房裡團團轉。」（想想你可以少消耗掉的卡路里。）好幾位整理師聲稱，一般人平均每天要花一個鐘頭找東西，不過好像並沒人曉得這個數字究竟從哪裡來的。在整理師的傳單或網站上，類似說法化身為許多不同的版本——決策主管每天要花一個鐘頭找辦公室裡的文件；父母每天要花一個鐘頭找家裡的東西；諸如此類。一位專精時間管理的整理師言者諄諄，承諾可以讓你減少時間浪費的問題——只要你去上四週他主講的時間管理課程。

講得比較具體的是熱情的夏倫・曼恩（Sharon Mann），其實她並非專業整理師，而是檔案系統公司 Pendaflex 的發言人之類的，也負責該公司的NAPO年會展示攤位。曼恩在辦公室整理界小有名氣，因爲她在公司網站上力抗無數「憎恨整理檔案俱樂部」的成員。這個網站聲稱，每天八分鐘的整理時間，就可讓你每月節省八小時。不過一旦你看穿這種把每天和每月攪和一起的伎倆，就會發現實情並沒那麼美好，因爲換算下來，你每月得花上三小時，才能省到那每月八小時。下面就是該網站所建議利用這三小時的某些方式：

一、檔案貼上彩色標籤，可使檔案整理時間縮短一半。

二、每張辦公桌上平均有三十七小時未完成的工作，購買「檔案解決方案」產品，可以把這些工作由你的桌上一掃而空。

三、建議購買如Dymo's Label Writer 330 Turbo這種品質精良的標籤機來列印檔案標籤，因爲七十二％的人列印檔案標籤時，還得浪費時間處理印表機卡紙的問題。

且讓我們好好思考以上三點建議：

一、不論彩色標籤能揭示什麼資訊，你用一個字同樣也辦得到。彩色標籤替你省下的時間，不過就是你瞄到某種色彩和你讀出某個字之間的差異，就算你認字速度超慢，大概也就差個半秒左右。如果你每天花三小時整理檔案，而彩色標籤可以讓整理時間減半，也就是節省一個半鐘頭，換算起來等於你這三小時總計查看一〇、八〇〇個標籤——也就是說，你大概所有的時間都在查看檔案標籤。當然少數特殊狀況下，利用彩色標籤或許可以一次省下好幾分鐘，像是在一大堆以紅色標籤爲主的檔案中挑出綠色標籤檔案，或是要把所有黃色標籤檔案丟棄。不過檔案整理工作並非僅是看看標籤而已，還得查閱檔案內容、處理與檔案內容相關事宜、往來於檔案櫃之間、建立新檔案等等，所以就整個檔案整理工作而言，彩色標籤省下的時間只不過是九牛一毛。聽到這裡，百分之八的色盲人士大概也可以鬆了一口氣。

二、這個建議似乎讓人覺得，只要清理好辦公桌，就可以免掉三十七小時的工作。但是如果你原本有三十七小時待完成的工作，就算把它們加以歸檔，是否只不過是把這些待完成的工作由辦公桌上隱藏到檔案裡？更何況，你還得花不少時間整理檔案，又要花時間去購買「檔案解決方案」產品。

三、我們的「研究」指出，只要不費事去列印檔案標籤，那麼得浪費時間處理印表機卡紙問題的百分比是：零。

伊薩克在演講時喜歡以一個小把戲說明整理的價值。他會拿出兩副撲克牌，一副按花色與點數排好，一副完全打散，然後請兩個人各拿一副。接下來他會報出四張牌，由兩個人比賽看誰先找出來。可想而知，拿那副整理好的牌的人總是輕鬆獲勝。

但別忘了，你得先把牌依序排好。對撲克牌不熟練的人整理好一副牌，平均約費時一四〇秒，再加上從中挑四張指定牌約需十六秒，總共是一五六秒；但從打散的牌中找出四張牌，只需三十五秒。或許你會辯稱，只要把牌排好一次，接下來就有很多次都可輕鬆找到指定的牌。不過這時你還得考慮再把四張牌放回正確位置的時間，約十六秒——撲克牌就和生活中大部分的事情一樣，需不斷投注精力才能保持秩序；相較之下，把四張牌隨意插回打散的牌中，卻要不了什麼時間。所以，事先整理好的一副牌，找出並放回四張牌的時間計三十二秒，而打散的牌需時三十六秒，前者只省了四秒。但別忘了，你一開始就得先花一四〇秒排好順序，所以除非找牌的動作至少重複三十五遍，否則還是划不來。在現實人生中，你手上的牌遲早都會給完全打亂，而你每次重新排好順序都得再花上一四〇秒。

的確，整理師並不諱言，持續不斷的維持是常保整齊的關鍵，而且不少人也承認，大多數客戶無法堅持下去，最終還是回復原本的雜亂。不過沒關係——只要隔一陣子把整理師請回來，讓情況再度上軌道就好。羅絲契爾德提到，有個客戶六年內每個月請她到家裡兩次，最後她終於忍不住告訴對方，這樣做是行不通的。

如果請教NAPO大會裡的專業整理師，該怎樣判定潛在客戶由整理所獲得的好處會超過付出的代價，你聽到的回答是：他們不做這種評估；他們只提供客戶所期望的協助。當然這種答案並不能解釋，爲何對猶疑不決的客戶要使出各式高明的行銷技巧，而且令人詫異的是，專業整理師對於什麼是提供服務的適當時機，居然並不比刺青藝術家更有原則；有時可能更沒原則，因爲整理師還會與兒童快樂地攪和在一起——有些甚至專長就在此。

也許這正是大會中那麼多與談人以及講員都提到，專業整理師對自己價值存疑的問題相當普遍。「你們必須相信自己值得這個價碼，」一位整理師這麼告訴聽眾，贏得他們響亮而激賞的掌聲。

亂有壓力

既然「整齊值得花工夫維持」的論點缺乏具體的證據支持，世人似乎爲亂的問題太過操心。每當立定新年新計畫時，變得更整齊經常名列前茅——NAPO把每年一月訂爲「動手清理月」並非偶然——顯示許多人把整齊這件事與身體健康、升官發財或家庭美滿等量齊觀。

林林總總的資訊顯示，大多數人都很擔心整潔與秩序的問題，覺得自己太沒條理、太亂，或認爲自己留給別人這樣的印象，要不然就是怕自己辦公室太雜亂，影響工作效率。我們爲撰寫本書而訪問的人士中，不少人童年時代深刻的回憶都與整齊或雜亂有關，最常見的如：弄亂擺設宛如博物館的起居室，深恐惹父母生氣；四周圍繞堆積如山的玩具，覺得幸福滿足；在閣樓或地下室堆積如山的神祕雜物中挖寶，感受十足刺激。或許你會認爲，這樣的經驗有助於他們日後營造一個讓子女感覺溫暖的居家環境。然而這些已爲人父母者卻承認，他們還是想盡力維持家中井然有序，而且小孩子的玩具也要歸類收好，要是有時難免做不到，他們會感到沮喪焦慮。另一方面，家長在工作場所受制於森嚴的規範、流程與階層，一旦回到家裡，更特別容易對孩子不可理喻的行徑發火。

每個人都應該更有條理、收拾得更整齊，這種讓人不怎麼舒服的想法好像無所不在。有些人對別人的整理方式看不順眼，甚至連雞毛蒜皮的小差錯都會惹惱他們。威斯康辛州有個男子氣不過十四歲的兒子不保持家裡乾淨，竟然開槍把他打成頸部以下癱瘓；紐約有個十二歲女孩與母親爭執時持刀刺死母親，而爭執的起因就是女孩房間太髒亂。

不過這些都只能算零星的觀察，對整齊與秩序的憂慮是否眞的如此牢不可破，其實一直缺乏有系統的研究。因此我們特別針對這點調查了二百六十人。（雖然未採隨機抽樣，但受訪者涵蓋相當多元類型的美國人。）結果顯示，足足有三分之二的受訪者對自己的雜亂無序感到罪惡或羞恥。因此也難怪五十九％受訪者對於雜亂無序的人給予的評價是「差」或「極差」，而對整齊有序者則有七十％表示肯定。七十九％認爲如果更加整齊有序，會讓自己對工作以外的生活覺得更滿意，而六十％承認，要維持工作場所的整齊讓他們感到壓力。三分之二受訪者相信，如果自己更整齊有序，應該會更成功。八十八％認爲，他們的雇主會因爲更整齊或改採不同的整理方式而獲益。如果工作的地方變得比較不整齊，組織是否可能因而獲益，哪怕僅僅是微不足道的好處？九十三％受訪者對此不以爲然。不過好在沒什麼受訪者像整理專家所聲稱，平均每天花一個鐘頭在辦公室或家裡東找西找。根據受訪者的說法，他們工作時花在找東西的時間不到九分鐘，而在家裡則只略多於九分鐘。

以下是這項調查與其他一些訪談中，部分受訪者談話的摘要：

「我有個好朋友，非常、非常地會整理⋯雖然我大致上覺得自己算相當整齊清潔，但現在我會拿自己和她比。這麼一來，才發現我的表現可不算太好。」

「[我的老闆]建議我該整理一下辦公桌。我回答他，我可以很快找到想找的東西。但他卻說：『這也不代表你這樣是對的。』」

「我希望改變，免得因爲自己的思緒和周圍環境老是這麼混亂，讓生活充滿壓力和不爽。」

「我過去每天要花一小時利用 Excel 的 spreadsheet 規劃一天的行程，可是後來老闆說我花太多時間在這上面。」

「我眞的很嫉妒一個朋友。她整齊到不可思議，而且她家裡還有三個很小的小孩。我去到她家時，完全看不到玩具或其他到處亂丟的情形：眞讓我慚愧死了！」

歐普拉，幫幫忙

我們因混亂而壓力沈重，讓專業整理師有可乘之機，不過他們並非始作俑者。其實根本無須他們大肆宣揚，生活周遭到處充斥「你太亂了」的論調。這個話題在電視新聞、雜誌和談話性節目中屢見不鮮，如知名脫口秀主持人歐普拉（Oprah）曾在當事人不知情下，把他們的髒亂攤在數百萬觀眾面前，而電視節目《今天》曾邀請來賓指導觀眾如何「整理你的婚姻關係」。還有兩個電視系列性節目談的完全是臥室、工作室、車庫的整理，當然也會附帶提及亂到不行家庭的生活慘況。另一些節目是以整理親子關係爲主。畢竟所謂整齊有條理，不僅是消除實體的混亂，也講求系統化與一致化，要遵循既定計畫，並設定正確的流程，不論辦公室文件歸檔或與親人相處都適用。目前有些連鎖商店專門販售整理輔助用品——如收納商店（Container Store）過去四年內營業額幾乎倍增，達到近五億美元的水準，也有些雜誌主要就在宣揚井然有序的居家環境。《反璞歸眞》雜誌有一則建議：家中每位成員各採用不同的毛巾顏色。）

企業與其他機構，想當然耳，該是秩序的中心——它們給稱爲「組織」應該不是個巧合。不過據它們自己招認，其中相當高的比例其實沒什麼組織或根本就一團亂。另外史丹福大學羅伯・蘇頓（Robert Sutton）教授統計，美國企業每年花在管理顧問上的支出超過四百五十億美元，由此也不難得到相同的推論。

花費這麼一切的時間、精力、金錢等等來對付混亂無序——再考量願意付出這些代價背後所隱含深刻而普遍的焦慮——你會認爲追求整齊究竟有什麼好處，大家一定相當清楚。也就是說，一定可以找出具體的證據來證明：更緊湊的行程表、更整潔的居家、更嚴謹的規則、更有效的檔案系統，可以讓我們的生活更美好；隨時隨地打擊紊亂無序，可以讓組織與社會更繁榮。

這種觀念如此根深柢固，任何質疑似乎都顯得荒謬。除了媒體的大肆報導，還有那麼龐大的產業專門爲解決紊亂無序的問題，更何況我們從嬰兒時就聽到父母這樣叨念，上學後老師也是如此教誨，再加上同儕、上司和另一半又不斷強調，因此一發現自己有什麼地方做不到，我們就馬上感到自責。我們對整齊深信不疑的程度，大概只有前一陣子高碳水化合物節食法可以媲美。

這難道不是一般公認的常識嗎？畢竟，絕大多數人應該不會質疑下面的說法：

- 整齊與秩序使我們更有效率，通常也更見成效。
- 整齊與秩序以有用的方式簡化並架構世界。
- 整齊與秩序減少錯誤與疏忽，並有效過濾周遭的紊亂。
- 整齊與秩序在美感上令人愉悅放鬆。

想像出支持上述說法的場景並不困難，但要是我們也能證明，在一些常見的情況下，這些說法顯然不能成立呢？那麼我們是否可以說，很多時候追求整齊與秩序其實沒什麼意義？

什麼是亂？

現在我們要花點時間，討論本書提到的「亂」究竟是什麼。（第三章會更詳細說明「亂」

的基本類型，不過在此還是先提出或許稍嫌模糊與簡化的定義。）有關「亂」的定義與性質，當然可以做長篇大論的專業探討，不過大多數人直覺上對「亂」都有相當的認識。概略而言，一個系統「亂」，是指系統的元素因爲某種隨機做法而分散、混雜或產生差異，或是在某人的觀點中，這個系統看來是隨機的。沒錯：「亂」往往因人而異。例如，某人按照自己的喜好的分類方式來排列CD收藏，看在外人眼裡，因爲找不出其中的道理或原因，就容易把他的收藏視爲一團亂。

幾乎任何系統都可能變亂。「亂」不僅指實體的東西，如房間裡散亂的紙張或衣物，或外表看來沒有組織，如堆著一疊疊搖搖欲墜文件的桌面。不同的系統可能各有不同「亂」的方式。不論是行事曆、交通、藝術、組織圖、人際關係、流程、思緒等等，都可能會「亂」。

不過在此要澄清，至少就本書範圍，「亂」與混沌（chaos）理論、複雜理論（complexity Theory）理論、網絡（networking）、突現行爲（emergent behavior）、自我組織系統(self-organizing system)、分散式管理（distributed management），或風行十多年的各種反集中化控制（anti-centralized-control）理論都沒有關係。混沌理論與複雜理論的重點，在於由看似無從預測或受隨機力量驅動的系統中找出隱藏的秩序，並說明看來相當有秩序的系統最終可能演變爲相當混亂。雖然這些理論與本書內容或有重合之處，但兩者重點的差別相當明顯。混沌與複雜理論感興趣的是，爲何明明一團混亂卻可能有秩序深藏其中，或是有秩序的系統如何深藏混亂。但本書希望探討「亂」的本來面目——缺乏秩序。因此，混沌理論的學者可能會努力證明，冥王星看似規律的軌道事實上一片混沌，而且終將發生劇烈變化；但對我們而言，它就是一個有秩序的軌道。複雜理論的學者可能會證明，一群往不同方向四散爬開的螞蟻，其實受到一組明確的規律所驅使；但對我們而言，那就是一群到處亂爬的螞蟻。我們基本上如實看待「亂」，然後再探討「亂」可能對個人與組織有什麼意義。（我們也會了解一下「亂」的科學，大致著重於純粹的隨機性。由此也可看出本書與混沌或複雜理論的區別，因爲這兩者通常並不喜歡談論純粹的隨機性。）

然而，隨著許多與混沌相關的科學蔚爲風潮，科學家在學術上所稱的「混沌」，每每與我們平常所說的「混沌」——也就是一團亂的意思——容易發生混淆。「混沌」一詞原本明明就是指沒有秩序，但混沌理論的學者偏偏把他們對隱藏性秩序的研究冠上這個不恰當的名稱，未免有點令人氣惱。不過既然已成事實，我們也只能盡量在本書中避免「混沌」一詞。

不論扁平化組織結構或分散控制，還是以網絡取代階層，也都與本書所談的「亂」不是同一回事。（如果你不熟悉這些概念也沒什麼關係，因爲我們不會在這方面著墨多少，所以以下這段文字省略不讀也無妨。）雖然本書內容與這些理論有些許重合，但重點是，扁平化、分散式或網絡，不見得會讓系統更亂、更沒秩序。事實上，一九九〇年代許多公司都發現，這些做法反而可能導致組織膨脹過度的惡夢。舉個簡單的例子，如果某單位有八個管理層級，但每位經理人都賦與屬下很大的自由，讓他們可以按自己的想法做事；相對的，另一個單位只有單一階層，但任何成員做什麼事之前，都要先取得其他成員同意。雖然前者的組織似乎階層化較高，但由實質角度而言，卻反而比較沒有組織。一群嘎嘎叫的鵝群可不是靠什麼集中化的指揮聚在一塊，但這群鵝不能算是「亂」，因爲每隻鵝都遵循一套嚴謹的法則，使得牠們的團體自有其井然的秩序。著名企業管理顧問與作家湯姆‧畢德斯（Tom Peters）經常勸勉經理人要在混沌、自由化與無組織中求勝，但他的建議仍不脫脈絡分明的「結構」，說到底仍是另一種形式的秩序，只不過對「亂」

沒那麼敵視。對我們來說，重點不在於控制權如何分散，而是系統內究竟有多少各種形式的秩序。

本書所談的亂、無秩序、沒組織，其實和一般人腦海中想到的沒什麼兩樣：東西到處亂擺、混雜在一起、隨意堆放、做事沒有順序、行為前後不一致、即興行事。這樣你大概就有點譜了。

最後來談「熵」(entropy)。這是個物理學的基本概念，大致上是用以測量系統無秩序的程度。一般提及熵時常會強調，任何系統如聽任其自行發展，長時間後可能會變得更無秩序。或者換一種說法，你必須付出額外的力氣來整理系統；事情往往不會自己變得有條理。這個概念對我們其實至為重要——它以另一種方式呈現整齊的成本——不過我們認為不管是這個主題或本書其他部分，並沒有必要動用到熵這種太學術性的名詞。我們反而希望避免如此，因為以往學界推廣熵的觀念，基本的前提是假定熵——也就是「亂」——增加是件壞事。但你或許已經明白，我們在這方面的看法有點不同。

2 亂的採樣

書桌、辦公桌

羅徹斯特科技研究所（Rochester Institute of Technology）產業心理學者安德魯・杜布林（Andrew DuBrin）指出：「舉凡你看到的那些有權有勢者的照片，他們的工作環境一定都是整整齊齊的。」他說的沒錯，《財星》五百大執行長或美國參議員拍照時，要是身後辦公桌上亂七八糟擺了一堆文件，很可能遭人批評爲沒有效率、沒有條理。要是連桌子都沒法保持整齊，代表你人格模糊曖昧，與領導者的特質不符，這和一九七〇年代一般人對離婚者的看法如出一轍。

當然，執行長或議員諸公通常還有助理幫忙整理辦公桌。不過無論企業或政府部門，並非只有最高層級者才感受到維持辦公桌整齊的壓力。不論有無明文規定，組織內往往對凌亂的桌面沒什麼好感。通用汽車（Gerneral Motors）與優比速（UPS）等許多美國公司都有「乾淨桌面」的正式規定，至於沒有這類規定的公司，員工也未必就可掉以輕心，如《紐約時報》前任執行主編侯威爾・瑞尼斯（Howell Raines）會對同仁不假辭色，告誡他們辦公桌上書籍堆放的正確方法（據他的說法，該是橫著擺）。有些組織會更進一步，大剌剌在網站上公佈自己的政策，讓社會大眾都曉得它們的員工有多樂意奉行維持桌面整潔的指示。以下就是摘自愛荷華第一聯邦金控（First Federal Bankshares）貼在公司網站上的〈企業行爲守則〉：

工作區域應保持整齊與秩序，公司外觀必須隨時處於最佳狀態。正如個人的外表是別人評價我們的標準，公司亦是如此。環境收拾整齊讓你工作起來更有條理，也可防止物品遺失，而且看起來更專業。擺放太多私人物品會顯得不夠專業。顧問與經理人應負責維持部門與環境的專業外觀，凡是有礙於此的物品，他們可能會要求你移開。此外，他們也可能會要求你清理你的工作區域。

這種種規定，無論正式與否，有時不會只是溫和的建議而已。辦公桌不整齊對個人前途究竟造成了多大的妨害，我們無從精確得知，不過有些機構中，雜亂無章所付出的代價倒是一清二楚。賓州布萊德佛市（Bradford）有位警察主管因辦公桌不整齊遭到革職；澳洲郵政單位把一名員工降級並罰款二千三百美元，只爲了她拒不把一張與友人的合照從辦公桌移開——這張照片是她桌上的第四件私人物品，比郵局允許的多了一件。

值得慶幸的是，愛因斯坦當年不在優比速或布萊德佛市任職，因爲他在普林斯頓高等研究所（Institute for Advanced Study）的書桌，不論根據口頭或照片的資料，應該是亂到驚人的地步。(愛因斯坦堪稱亂的範例，因爲不但他在研究上的高度成就廣受肯定，而且我們很快會提到，他在「有用的亂」這門科學上，也算得上教父級人物。)

一般來說，組織裡如果沒有潔癖成性的經理人不時在旁耳提面命——也就是員工還有自由選擇的餘地——員工的桌子通常不會多整齊。我們的調查證實這種說法，而專業的整理師也這麼認爲。學術界尤其是混亂工作場所的天堂，似乎大學教授們都相信，他們的學術聲譽會隨著桌上堆積的高度而與日俱增。

有位哥倫比亞大學教授的辦公室逐漸給成堆的公文與書籍塞滿，校方不得不再撥一間辦公室給他，好讓來訪的學生有比較舒適與安全的空間。芝加哥大學諾貝爾經濟學獎得主羅伯・傅戈爾（Rober Fogel）看到書桌堆得不像話，乾脆再擺一張桌子，不過現在這張桌子累積的高度已經快趕上第一張。該校曾獲麥克亞瑟天才獎學金（MacArthur genius grant）殊榮的化學家史帝芬・貝瑞（Stephen Berry）在一堆堆近半公尺高的文件中工作，最久的是放了近二十年的古董。

好吧，也許亂七八糟的桌子無礙古怪的天才，但要是他們能稍微留意，讓整齊的書桌發揮節省時間的功效，搞不好成就會更高。只不過研究工作效率的專家卻發現，混亂的桌子往往成爲功能極佳的工作環境。微軟夫婦檔資深研究人員艾比捷・賽倫（Abigail Sellen）與理查・哈潑（Richard Harper）在他們所著《無紙辦公室的迷思》（*The Myth of Paperless Office*）中就提過這種看法。難道這是學術界偏袒同道中人的偏見？事實上，讓桌面維持混亂的好處相當顯而易見，不需什麼天才就可以想得出來。

首先，可以省下維持桌面整齊的成本。如果桌面不堆放任何文件，或僅有少數往來的資料，你就得把絕大部分送進來的文件做個處理，不是歸檔、丟掉，就是送到別的地方。（假設你不是只把它們扔到地上另一堆文件中，或是塞到櫃子裡，因爲這根本不算整理）你可以把它們插入檔案櫃內，這種做法看來很有條理。可是如果你希望在需要時很快找得到，或是想把文件和按任務別或截止期限分類，就勢必得先花時間把所有送來的文件過濾一遍，才能適當地歸檔。

此外，你每天還是得花時間在檔案中搜尋，有時得費一番工夫才弄清楚某份文件放在哪裡，或什麼文件該即時處理。（我們稍後會再來談檔案系統如何導致文件搜尋困難，不過在此先提一例：如果某一應優先處理事項與另一非優先事項涉及同一位客戶，這時你該把兩份文件同歸於這位客戶的檔案，還是分別放到緊急與非緊急檔案中？）如果找到要找的文件，你就得抽出來放到桌上以供參考，事後再放回去。你每天得花多少時間歸檔與搜尋檔案，當然因工作的複雜程度以及收到文件的多寡與類型而大不相同，但無論如何，總是會剝奪你處理正事的時間。

當然你也可以遵照許多專業整理師的忠告，堅守「一次搞定」的做法：任何文件均立即處理，不論是歸檔、扔掉或傳給他人。聽起來言之成理，因為文件或早或晚總要整理，所以立刻做個了斷應該也不錯。只不過，你沒必要處理所有放到桌上的文件；不少文件過了一段時間後就大可置之不理。更何況，有些文件的優先程度遠高於其他，但如果嚴格奉行一次搞定的做法，即使三天後你就得向主管提交一份攸關未來前途的報告，你還是得騰出時間處理辦公室文具表格或研習營傳單等等無關緊要的東西。當然，你無須這麼嚴格遵守一次搞定的做法。如果把某些沒那麼重要文件先放到桌子一角，等到報告弄好後再說，應該也沒什麼大不了。還有，另外一份文件或許也頗爲重要，可是你沒必要立即處理而打斷思緒，所以還是把它推到一邊，然後……。

混亂的桌面有時是相當有效區分優先次序並便於存取的系統，因爲桌子的主人往往會不自覺地採取某些策略，讓有需要的資料可隨手取得。通常一張混亂的桌子上，愈重要、愈急迫的工作往往愈在近處，或堆在最上方，而無關緊要的資料則深埋在底下或給推到後面，這樣的排列豈不相當合乎邏輯？沒錯，你是得花點時間在成堆的文件中搜尋——據整理師的說法，大概每星期甚至每天要花一個鐘頭。不過只要亂還維持在合理的程度，其實你找東西所花的時間倒未必比維持桌面整齊來得多。最重要的是，你最需要的文件通常伸手可及。根據我們的調查，自認桌子「非常整齊」的人和那些說自己桌子「相當亂」的人相比，工作時找東西所花的時間反而多出三十六%。而且別忘了，這個數字還不包括他們爲了保持桌面整齊、爲非優先文件分類與歸檔所花的額外時間。

雜亂桌面上一堆堆的文件，其實可能代表一個相當複雜的非正式檔案系統，無論效率或彈性都遠勝正式的檔案櫃。桌子的主人通常會把緊急、稍急與不急的文件各放一堆。至於在其中任何一堆裡，你可以把，好比說，同一位客戶相關的文件擺在一塊。如果想提醒自己特別注意一堆文件中的某一件，可以把它移到最上面，或轉個方向讓它特別突出。如果某份文件放到兩堆都可以，何不讓它搭在兩堆之間？如果想找出某一文件，可以按緊急程度或客戶別來搜尋，也可根據最後一次看到這份文件的時間，有時也可用大約同時進來的其他文件為線索，因為這些時間較久或比較冷門的文件，很可能全都一起擠在最底下。如果你的辦公桌剛好不太整齊，那麼上面談到的一些對策或許聽來很熟悉，只不過你可能從未眞正想到裡面還有這樣的學問。正如賽倫與哈潑所言，這就是混亂桌面的一大特色：它往往自然而然反映桌子主人思考與工作的方式。人類的思考與工作都帶有意外性、變動性與模糊性，也就是所謂的「亂」。那麼桌子亂一點豈不理所當然？

再提幾個優點。有多少次當你翻閱桌子上一堆堆資料，找尋某份特定文件之際，恰好撞見另一份文件，結果激發你完成一件更重要的任務？如果那份文件是乖乖放到檔案櫃裡，就永遠不可能有這樣的意外收穫。更令人興奮的是，你可能在一堆資料中看到某項訊息，恰好可以與幾分鐘前在桌上看到的其他資料、或前一天亂翻亂找無意發現的某件事連得起來，結果讓你推演出其中有意義的關聯。

理恩・赫培爾（Leon Heppel）就有過這樣的經驗。他是一九五〇年代美國國家衛生研究院（National Institutes of Health）的分子生物學家，在同僚間素來以書桌雜亂無章而知名。他偶爾會用一張棕色大油紙蓋住桌面上的東西，好清出一片空無一物的表面，堆放另一批東西。有一天他剛好看到一封蘇薩蘭（Earl Sutherland）的來信，提及近期研究的某種不尋常的生物分子及其對細胞的作用。稍後當他在資料堆中翻尋時，恰好看到早些時大衛・李普金（David Lipkin）寄來的一封信，裡面提到一種不同的生物分子的運動。赫培爾把兩封信並列，察覺到兩位同行所談的很可能是同一細胞流程不同的兩端。於是他把蘇薩蘭的信轉給李普金，李普金的信轉給蘇薩蘭，促成兩人見解交流，最後蘇薩蘭就以發現荷爾蒙如何抑制細胞而贏得諾貝爾獎。

以上種種或許可以解釋，根據專業的人力公司阿吉龍（Ajilon Office）的一項研究結果，辦公室亂的程度往往隨員工的教育、薪資與經驗水準而急劇上升。

ＮＡＰＯ大會中，不止一位整理師提及，有關整理的正確態度應及早在小學階段教導。挺不錯的想法，一個很好的例子就是我們最近拜訪的一家公立小學五年級的教室，只看到一排排清清爽爽的課桌椅和潔淨無塵的地板，沒有絲毫亂放的東西。只有最後頭一張桌子旁堆了高高一疊東西。詢問之下，老師笑著解釋說，她定了一條規矩，學生想放什麼東西在桌上都可以，只是每天放學的時候必須塞得進桌子裡。結果有一個學生天天都出問題，總是剩下十幾公分高的一大落東西塞不下——他老是有幾本額外的書籍、一些未完成的畫作、幾張拼圖等等。師生之間每天上演拉鋸戰，直到幾星期後，老師忽然想通了。她說：「我了解這不是什麼規矩的問題，而是好奇心。這個孩子不過是覺得所有的一切都很有趣。小朋友爲什麼來這裡？是爲了保持整整齊齊嗎？還是要受到啓發？於是我告訴他，他可以把剩下的東西堆在桌子旁邊。從此以後我們就沒有什麼問題了。」

整齊的草坪

凱思玲・曼頓—瓊思（Kathleen Manton-Jones）和四歲的女兒葛瑞絲一九九七年搬到

位於土桑（Tucson）的溫特海芬（Winterhaven）。這是個只有二百三十五戶的小社區，住宅安適散佈於寬敞、平坦的街道旁。每年耶誕節前後的兩星期，大約五分之四的住戶會刻意以串串燈飾裝點房子，因而吸引一批批人潮前來觀賞，成爲大土桑區知名的盛事。其他時候節慶氣氛沒那麼濃厚，如果沿著住家附近幾條街走，幾乎處處都有友善的鄰居和你打招呼。

但過去幾年，曼頓—瓊思外出散步時，和她打招呼的人卻少得多，還有些人會對她怒目而視，甚至有人特意攔到她面前。有一次她女兒——當時九歲大——聽到門鈴響去應門時，有個男人生氣地對她大聲講話。曼頓—瓊思聞聲趕到門口，只看到一個大塊頭的紅臉男人正把一張資料硬塞給嚇壞了的小女孩。後來有一次，另外有個人伸手指著她說：「也許妳根本就不屬於溫特海芬。」還有個人指責她一手破壞社區住宅的行情。另外有幾個人根本不和她說話。後來溫特海芬的董事會——這個社區實際上是個公司組織——開始連續對她開出罰單，最後還威脅要對她的房子行使留置權。

很難想像曼頓—瓊思會在任何社區內引發那麼大的憤怒，更別說是看來一片祥和的溫特海芬。她原本有些害怕，不過很快就釋然而笑。曼頓—瓊思過去是馬拉松選手，留著一頭整齊的黑髮，身爲藝術家的她在社區學院擔任職員以貼補家用。她的女兒和一般十一歲的女孩沒兩樣，而先生則是個瘦削、安靜的人，一直面帶微笑。過去十年來，曼頓—瓊思迷上園藝造景。這得回溯到她隨著前任丈夫駐防國外的經歷，讓她愛上在歐洲與南美茂盛而充滿野趣的花園，後來在德州看到數不清頑強而色彩豐富的沙漠野草、花朵與灌木，更是令她讚嘆不已。

給曼頓—瓊思惹來麻煩的，正是她的園藝興趣。說得具體一點，她之所以冒犯社區居民，就是因爲她把住宅旁平整的草坪——無論生態上或歷史上都並非這個地區的原生植物——挖掉大半，代之以更自然、更富變化，也更能涵養水分的原生種花草與灌木。然而，她很快就發現，大部分溫特海芬的居民在情感上或心態上都認定，只有修剪整齊的草坪適合種在社區住宅四周，而且言談之間，好像不這麼做就犯了法似的。

如果要舉出一件事來說明我們對整齊與秩序的偏執，仔細修剪的草坪或許是個典型的代表。這項二十世紀初的發明之所以風行一時，是因爲有錢的豪宅主人急於以羽球、草地網球、槌球來彰顯自身上流階級的地位。草坪需要繁瑣而悉心的照料，才能達到外觀平整、一致的理想標準。美國人一年花在草坪相關產品與服務的金額有八十億美元，噴灑的殺蟲劑與人造肥料有五千萬磅，以致「對兒童與寵物有害」的小黃旗插得處處都是，而被許多專家稱爲「化學草坪」。郊區原本該是平和寧靜的天堂，但現在往往並非如此，一個重要原因就是爲了保持草坪整齊清潔，住宅區內到處響著修草機、吸葉機轟轟作響的馬達聲。

除了保養費事，草坪也是生態的災難。精心修剪的草皮根部短淺，不利水分涵養，因此不定期澆水很容易枯萎。以波士頓地區水費標準而言，五十呎長寬的草坪每月水費就要一百美元左右。而且一旦降下豪雨，雨水無法滲入泥土而在地表流動，又會造成洪災與土壤流失的問題，更加上爲保持草坪青翠茂盛所使用的殺蟲劑、肥料與其他化學品也會四處溢流。至於對鳥類和其他人類喜愛的野生動物來說，草坪也幾乎沒有任何貢獻。

眞正的問題倒不僅是大多數人受到制約，只喜歡草坪的整齊與秩序，對相關的害處視而不見，而是在於看到鄰居沒那麼整齊有序、但更合乎自然的另類嘗試，居然引發那麼多人驚恐的反應。一九九〇年起，美國國會要求國道景觀預算必須有四分之一用於種植在地的野花。溫特海芬的某位屋主開車經過路旁未經人工修剪、大片壯觀的野生花海時，可能會停下車來欣賞眼前的美景，但要是他早晨由餐廳窗戶看出去，如果原本修剪整齊的草坪換成同樣一片花海，他說不定會打翻手中的咖啡。野生的景觀雖然美麗、獨特，也幾乎無須人力維持，而且對生態有益，但是東一片西一片、毛茸茸、高矮參差、顏色不一，看來全無秩序可言，令某些社區的民眾就是難以容忍。

土桑地區位於索羅倫沙漠（Sonoran Desert），每年降雨僅十二英寸，含水層經常只有再生的廢水流動，所以你或許認爲，當地應該比較容易接受野生的景觀。沒錯，地方政府不樂見大量的自來水由草坪灑水器用掉，所以一直積極倡導野生景觀，也收到相當成效——美國僅有極少數大型社區達到相同水準。對外地訪客來說，剛開始沒看到綠油油的草坪，可能覺得有點不協調，可是色彩繽紛奪目的仙人掌花、灌木與野花爭奇鬥豔，很快就令人爲之神往。有時你會覺得眼中所見不像一片片的人造景觀，而就是個連綿無際的沙漠花園，只有低矮、土色系的零星房子點綴其中。

可是就算這個地區，也有不少極端死硬派，其中溫特海芬約有二百人。雖然爲限制草坪用水，土桑的水費是美國雨量較大地區的五倍，但溫特海芬基於某些歷史因素，自來水的水源不受市府控制，水費採單一費率，一個月是四十八・五美元，愛用多少就多少。換言之，居民種植草坪，因爲他們有條件這麼做。

跟著曼頓—瓊思漫步溫特海芬街坊，除了草坪之外，你會看到一些比較能爲社區居民接納的選擇。例如有些院落大半是焦乾的泥土，有家則鋪了大片鵝卵石，還有一家全部砌上磚頭。這些做法都不像野生花草那樣觸怒社區，遭到罰款或惡言相向；畢竟，雖然它們並不美觀或生機蓬勃，但至少看來比較整齊有序。繼續在街巷間穿梭，你必須不時避開地上淤積的泥水繞道而行，因爲灑水器噴出的水溢流到一半的街道上，而路面的柏油有好幾處因長期水蝕而龜裂變形——對一個沙漠城市來說，的確是咄咄怪事。我們還看到一間自然造景的房子，屋主已經默默繳了罰款，不過後來在前院立了一件大型金屬雕刻表達自己的感受，上面放的一臺除草機像根往上伸的中指。

聽到我們講述曼頓—瓊思的困境，布萊特·拉帕波特（Bret Rappaport）露出理解的笑容，這種事情他聽多了。他的正式工作是芝加哥一家律師事務所的律師，辦公室位於市中心的二十七樓，客戶都是有錢的大企業。他的外表與行爲都不像這個圈子的人，一身西裝卻總是故意顯得有點邋遢，長年愛好露營健行。一九九〇年代初，五名芝加哥居民因爲自然造景而有違反該市「雜草法」之虞，就是以免費的「公眾服務」名義由拉帕波特擔任律師。雜草法的主旨在於使屋主不致屋外雜草叢生，但卻經常被當地社區用來對付自然造景，因爲居民不習慣看起來與草坪截然不同、未經修飾的景觀。另一個極端的例子是一九八四年紐約州水牛城一位居住肯摩（Kenmore）郊區的居民，因拒不鏟除種植在二十呎乘二十呎庭院中的十幾種野花，遭罰款三萬美元。當時他辯稱：「這只是不像鄰居庭院那樣修剪整齊而已。」上訴到州法院時，罰款最終降爲一百美元，但憤怒鎮民的死亡威脅與開槍示警卻接踵而至。有天屋主外出時，一位鄰居把這些植栽全部鏟除，卻很快獲得不起訴處分。

這種迫害一直持續到今天，例如二〇〇五年有位聖路易郊區的婦女在郡法院的官司敗訴，不能保有她的自然造景。不過拉帕波特現在很少參與這類法律訴訟，他認爲自己更像是一位植物大使，希望培養社區對於不同植栽的容忍程度，協助自然景觀者不致引起居民的反感。他居住在芝加哥北方四十五分鐘車程的小城鹿原（Deerfield），住宅四周環著多彩多姿的迷你草原景觀，萎蕤、延齡草、裸麥等木地花草叢生。有個小池塘點綴其中，幾棵稀疏的樹木前交錯一些倒地的樹幹，供動物棲息，插有好幾塊「請勿打擾——野生動物樹木」的小牌子。整個庭院非常可愛，而且完全不需要澆水、噴灑化學品、修剪或重新播種。（拉帕波特仿傚大自然控制生長與更新土壤的作用，每年焚燒一小片地。）

不過這片景觀周圍也環繞一些傳統的草坪。據拉帕波特的說法，除了多向鄰居宣導，這樣做也可有效消弭反對聲浪。自然的景觀——即使濃密叢生、未經修剪、種類繁多的野生花草——只要外圍環繞一圈狹窄但修剪整齊的草坪，就可以讓草坪擁護者比較好過一點。這麼一來，雖然草坪的面積和自然景觀不成比例，但彷彿是某種光學的幻象，看在他們眼中卻成了一片草坪中間特殊的花園。拉帕波特如此解釋：「如果你在牆上噴上顏料，那叫塗鴉，但如果把塗鴉裝上畫框，就成了藝術。一般人就是要看到這種秩序與刻意爲之的感覺。」

據他指出，他的鄰居絕大多數仍然維持整齊的草坪，後果是：每到下雨，由草坪溢出的水流來勢洶洶，造成嚴重的土壤流失與下水道堵塞。根據拉帕波特的說法，這些溢流的雨水與中西部其他草坪密佈社區的溢流匯集，挾帶沖刷的淤泥與化學毒素而下，有時一路氾濫成災到墨西哥灣。「今天墨西哥灣已經死了，死了，死了。」不過至少對他的另類草坪，鄰居還算容忍。同一條街上的派蒂・葛利克柏格（Patty Glicksberg）也仿傚拉帕波特，以自然景觀取代大部分的草坪。她說：「我一開始利用電腦繪圖，把各種不同野花安排在不同的小區塊，這樣一來，每一季我都可以欣賞到最美的色彩組合。」「可是後來吉娜（拉帕波特的妻子）告訴我，我種的野花有一種每隔一年才開花，結果我的計畫全給攪亂了。我原本氣炸了，可是後來想通了，反正就隨它們自己去，這才是最迷人的地方。」

回到芝加哥的辦公室，拉帕波特承認，他和其他自然景觀倡導者的成績有限，很難動搖美國人對草坪的情有獨鍾，反倒是以人工草坪或類似東西取代草坪比較蔚爲風潮。不過他還是爲一些小小的勝利感到欣慰。走近辦公室大片的落地窗，他指著市政廳方向——那裡的官員一度參與對自然景觀者的迫害——要我們看環繞建築物那片色彩豐富的植栽。「這是草原景觀，也是我辦公室裡最棒的一件事。」

公司的大計畫

每年各名校商學院的一流畢業生都被麥肯錫（McKinsey）、貝恩（Bain）與波士頓顧問（Boston Consulting Group）等管理顧問公司競相羅致，而這些公司主要的專業是協助企業制定策略。說來有點奇怪，商學院的頂尖好手居然不是去管理公司，但情況就是如此，他們裡面比較多人從事的工作是替公司經營者提供建議，尤其是有關高層次的新策略。二〇〇五年，哈佛商學院畢業生進入顧問業的人數是一般管理職的兩倍。（事實上，經營公司對著名商學院畢業生來說，往往是第三個選擇，遠遠落於顧問業與金融服務業之後。）頂級顧問公司的待遇通常優於產業界，而且理論上來說，也有機會發揮更大的影響力。管理顧問可以為許多家而非一家公司設定方向，又無須操心策略施行時煩人的細節，或緊盯是否達到預定成效，而失敗時也不必付出慘痛代價。

比爾・史塔巴克（Bill Starbuck）應該算是管理顧問業的一員，不過是比較不典型的一類，因為他不僅從事策略規畫，更著力的是分析策略規畫的流程與作用。和許多同行一樣，他透過學術界的淵源進入這個稀罕的圈子，以商學院教授的身分受邀擔任公司的顧問。當年法國電信（France Telecom）策略規畫小組邀請史塔巴克參與，分享他的想法。小組內的主管們自然認為他們請到的是一位積極而卓越的人選：史塔巴克是紐約大學知名的講座教授，曾任管理學院院長，並先後擔任過十七家專業期刊的編輯。就算法國電信的經理人事先不認得他，那麼第一眼看到他那結實的塊頭，理得短短的頭髮和銳利的眼神，也可以知道他絕不是對事情馬虎的人。

就算如此，策略規畫成員也沒料到史塔巴克居然會告訴他們，而且還當著公司所有高階主管的面，他們完全沒有用。事實上，他報告才開始沒多久，所有聽眾都錯愕地張大嘴巴。他完全不是針對個別狀況，特別指出法國電信的策略規畫人員不中用。這位備受尊崇的公司策略規畫專家只不過強調：一般公司的策略規畫，還有其他形式的長期、正式規畫，全都是浪費時間。

這位「印第安納」·史塔巴克（他經常這麼自稱）如此語出驚人，是否只爲證明自己喜歡打倒舊習的風評並非浪得虛名？七十多歲的他曾任貓類育種者、軟體設計者，是思想自由的博學之士，活躍於社會學、心理學、數學等領域，目前正式職銜爲「創意管理教授」。他公開宣稱自己偶爾會說些不實言論，只爲了「混淆」周遭的人。

如果史塔巴克偶爾忍不住想鬼扯一下，那麼想當然耳，正式規畫無用論一定該列入他最扯的發言之列。正式的策略規畫一度屬於軍事領域，一九五〇年代起成爲企業界的重要措施，而且持續不衰，只有一九七〇年代因過度浮濫，以致八〇年代一度略見式微。今天大多數大型組織的高階主管心目中，策略規畫不僅是職掌的一部分，更是他們最崇高的使命之一。前奇異電器（General Electric）董事長傑克·威爾契（Jack Welch）每年都會與各單位主管齊聚僻靜之地，進行策略規畫會議。單憑常識似乎即可推斷，高階、長程的正式規畫攸關組織的存亡，與組織的業務興盛息息相關更不待言。策略規畫是公司構思本身成長之後的因應之道——比如未來幾年要提供何種產品或服務、組織應如何調整以有效超越競爭對手。沒有做好這種正式高階規畫的公司，只能靠隨機應變、臨場反應、半猜半想，結果一下往東，一下往西，完全沒有預先精心擬好的途徑可循，行事自然全無章法。

正式規畫的價值何在？這個問題並不乏人驗證，無數的研究都爲策略規畫的成效背書。只不過史塔巴克一番檢視之下，發現這些研究通常訪問的是高階經理人，由他們自評策略規畫的效果。結果如何？策略規畫人員往往看到他們的策略規畫「非常」有效。爲了更客觀的評估，史塔巴克把公司的獲利表現以及做過的策略規畫數量並列比較。結果是：做過許多策略規畫的公司，平均來說，表現並不比少做策略規畫的公司優異。

史塔巴克對這個結果並不訝異，反倒說，要是得到相反的結果才是奇蹟。主要的原因，簡言之，就是高階經理人在規畫流程中引進太多不正確的假設。史塔巴克指出，首先是高階經理人往往誤判市場、產業，甚至自己的公司。研究資料支持這種說法，因爲就連詢問高階經理人自身所負責領域的最基本問題，他們通常也只能支吾其詞。有項研究請公司財務主管估計過去五年公司的銷售量，結果六成受訪者的答案偏差過大；問及公司其他的績效與能力，或是競爭對手與潛在顧客的特質，他們的評估也同樣離譜；唯一表現優秀的題目只有：貴公司的規模是大是小——比這複雜的問題就只能碰運氣猜了。史塔巴克指出：「主管的感受通常錯得離譜，有時候簡直是荒唐至極。」即使是全球政治運籌帷幄的人物，對自己領域的事務也高明不到哪裡，史塔巴克以一九六〇年代中期美國國防部長羅伯・麥納馬拉（Robert McNamara）爲例，他當時曾不斷宣稱越戰進行順利。還有前蘇聯獨裁者史達林有次曾舉「歡樂」爲蘇聯的突出特質。更近期的例子，則是美國白宮對伊拉克戰事的說詞。

史塔巴克認爲，這些誤判往往源自組織結構本身。由於進行評估必須與公司上上下下溝通，加上正面評估能提升經理人的地位，負面評估則反之，因此評估流程往往過度簡化而強調正面的結果。就算有些經理人不想如此扭曲事實，也會擔心被視爲不識時務的烏鴉嘴。更糟糕的是，經理人往往想盡辦法附和屈從上司的看法——但這些人往往與基層脫節，無從直接觀察組織的實況，也不管外面的世界如何——因此高階經理人請部屬提意見時，聽到的總是一片附和之聲。這種扭曲在策略規畫上尤其嚴重，經理人爲了特定計畫能成案並順利通過，不惜修改資料來配合，而事後的評估也同樣可以造假，讓計畫看來成效斐然。結果就形成了惡性循環：偏差的看法導致不良的計畫，從而造成看法更形偏差，如此反覆不已。

史塔巴克認爲，就算經理人握有精確資料，對公司、產業與市場的認知無誤，長期正式的規畫仍注定失敗。這是由於企業界的預測期間只要超過幾個月，就和擲骰子沒兩樣。顧客與競爭對手的行爲難以預料，新趨勢會不時出現，政局可能變遷，再加上天災——對坐在會議室裡研判未來情勢的管理團隊而言，外面的世界基本上是隨機的。一九四三年，ＩＢＭ董事長湯瑪斯·華生（Thomas Watson）曾預測，全球電腦市場銷售的巔峰是五臺，此後各地公司經理人的預測也不比這好到哪裡去。特別要注意的是，一般人往往會低估自己業界發生重大變異的可能性。一項研究請經理人預測本身產業未來變動的幅度，結果有四分之三的受訪者至少低估了三分之二——也就是說，事情變化的速度比他們假設的快三倍。只有一些穩定而少受外界干擾的產業，如棺材製造業，預測才有相當的準確性。

不能準確預測未來，經理人倒不必覺得不好意思，因爲像美國政府預測經濟的超級複雜電腦模型，表現並沒有高明多少。一項研究發現，如果你就最單純地猜測，未來三個月國民生產毛額會和目前一樣，那麼四次裡平均有三次你會比政府的領先模型還準確；如果你簡單預測，未來三個月國民生產毛額的變動，會和過去三個月的變動幅度相同，那麼四次全是你比較準。然而企業在從事本身策略規畫時，必然會相當倚重政府的這些模型。

對以往與當前清況認識不清，對未來的預測又全無準頭，這樣得出來的長程計畫沒什麼用處，自然不令人意外。不過按史塔巴克的看法，就算公司的策略立基於精準的資訊與預估，也純粹是浪費時間。因爲策略的推動與施行得花上數月乃至數年工夫，但競爭者幾乎可立即掌握相關資訊，一旦某項策略變動成功在望，馬上就可原樣照抄。即使像蘋果電腦執行長史蒂夫・賈伯斯（Steve Jobs）那麼保密到家，不時爲壓制新產品資訊提前外洩而與員工或愛用蘋果的部落客對簿公堂，也經常難以隱瞞公司的策略性行動，像是一款 iPod 雛型機推出前六個月即已消息曝光。史塔巴克還說，即使對手反應速度慢也沒什麼差別。公司領先對手實施某種新策略可以獲益的說法——即先下手爲強——早就遭到否定。由過去紀錄看來，只要不涉及金額龐大的基礎建設，較晚進入新產品或新服務的公司，往往比打頭陣者表現得更好。（史塔巴克指出，獨占策略是個例外，只可惜並不合法。）Google的發想，源自更早的開創者Alta Vista搜尋引擎，而後者如今沒沒無聞；Oreo餅乾更是厚顏無恥抄襲Sunshine Hydrox。史塔巴克認爲，充其量你只能碰上「紅皇后競賽」（Red Queen's race），也就是競爭對手也在持續改革，所以必須抓準時機。他指出，一些採行非正式、較短期規畫的公司，不論抄襲對手與否，反而更能占據有利位置，面對經營環境的變動而做出適當的反應。

事實上，據史塔巴克的說法，長期規畫可能有反效果。因爲公司可能因而受到錯誤策略的拘束，把員工的精力虛擲到無法實現的機會上，以致錯失眞正的大好機會。如果你是一家汽車製造商，長期策略規畫的方向是增加生產更大型的SUV，那麼一旦市場突然轉向油電混合車，你就得經過一段時間才能調整過來。據資料指出，高度投入正式策略規畫的公司，平均而言並不比較少規畫的公司表現得差。雖然表現並不是比較好，但也沒有比較差。一個可能的原因是許多公司很快就把自己的計畫丟到一邊——他們制定計畫，印成書面資料，加上精美的裝訂，儼然是重要的文件，擺到架上，就此不聞不問——因爲就算資訊再不靈通的經理人，在計畫無法如預期推動時也都會有所察覺。此外，規模最大、最成功的企業通常比較有多餘的資源可浪費在更多的正式規畫上；就算最後因規畫失當而導致利潤縮水，因原本底子比較厚，所以和其他公司比起來，負面影響並不明顯。換言之，優秀的公司有信心和額外的財力從事較正式的規畫，但此後的表現會變差一點。

雖然證據顯示，正式規畫的成效充其量也只是「沒有用處」，公司卻仍然倚重如故。你或許以爲，批評的聲浪應該已對策略規畫造成影響。不過，管理思想的變革在企業界的傳播，一個重要的管道是管理顧問，而他們正是受聘協助公司策略規畫的人。或許這也是史塔巴克此後很少受邀爲策略規畫人員演講的原因。你不妨去問問法國電信的策略規畫小組。不過這可得費點工夫查訪，因爲史塔巴克在那裡演講過後不久，那個小組就給解散了。

電話雜訊

如果你注意到最近手機通話的雜訊似乎大幅降低，或許你該知道，這有一部分得歸功於國際電信通訊聯盟的 G.711.II 建議，爲手機的雜訊處理設定一項數學技巧。具體而言，這一技術標準適用於手機麥克風所接收到的背景聲音——交通工具的聲音、路人的談話、風聲、餐廳內餐具的聲響、冷氣機的嗡嗡聲，大致上都是隨機的。許多手機聲音工程師都熟悉 G.711.II 的運用與類似的技術，有些公司甚至以此爲專業。

爲何要爲手機雜訊操心？這看來或許像個蠢問題，因爲連有手機的九歲小孩都知道，背景聲音會干擾談話。工程師或許會趕緊補上一句，傳輸背景聲音會耗費能源，讓手機電池消耗得較快，而且會占用有限而昂貴的通訊頻道，無法專用於傳輸通話者的聲音。在通訊的世界乃至所有形式的資訊傳輸上，都有我們希望能辨識並取得資訊的「訊號」——以手機來說就是講話的聲音，也有「雜訊」——即訊號之外幾乎一切的東西，包括背景聲音在內。雜訊是一種「亂」。如果能儘量消除背景聲音，讓最終通過手機的訊號更爲純淨，顯然應該是件好事。

但這些卻無從解釋，爲何 G.711.II 的建議乃是有關「增加」手機通話背景雜訊的方法。但事實就是如此，經營手機系統的公司投入大筆經費，就爲了把雜訊加進來。

有些經費落入蒙特婁一家叫歐塔西克（Octasic）的公司，該公司的核心能力就是把背景噪音加入手機通話中。據公司資深產品經理、專精背景噪音的費列德瑞・波爾傑（Frédéric Bourget）指出，電話網絡與雜訊之間的關係有段值得一提的歷史。話說一九九〇年代完全電腦化的電話網絡尙未出現前，負責地上線路與手機兩種電話網絡的工程師必須設法處理各種雜訊，包括電子電路的嘶嘶聲、家庭電線的嗡嗡聲、無線電訊號干擾或太陽黑子的劈啪聲，還有通話者聲音在線路內來回擺盪不同步的回音。還記得當年美國國內長途電話，必須提高嗓門好讓對方聽到嗎？這種長途通話時的音量流失，乃是美國電信與電話公司（AT&T）刻意加到長途網絡中的特性，爲的是壓低通話者聲音的同時，也可降低回音，因此你提高的音量就能蓋過回音。不過即使如此苦心積慮，一九七〇年與八〇年代手機通話的品質還是令人不敢恭維，充斥著各類刺耳的電子雜訊。

一九九〇年代，隨著電話網絡走向數位化，聲音由一連串的0與1傳輸，各類電子雜訊也就相對容易去除——電腦區分人聲與太陽黑子或是人聲與回音的0與1沒有任何困難。因此背景聲音也就成爲唯一殘留的電話雜訊，而這個問題只有手機通話時才會出現，因爲手機通話的地點幾乎不外是繁忙的街頭、餐廳或機場等人聲鼎沸之處。工程師們爲了消除這最後一種雜訊，同時也爲了節約手機電池與頻道容量，終於研發出一套繁複的電腦技術，可以去除背景雜音，只傳送發話者的聲音。雙方發話的空檔，不論背景中有任何聲響，線路都不會傳輸任何訊號。沒事幹嘛要把附近剪草機的轟轟聲傳過去呢？電話那頭的人要聽的，只是這頭人講話的聲音，偶爾穿插近乎全然寂靜的沉默。還有比這更美好、更有效率、更清爽的嗎？

只不過有個小問題：通話者不喜歡這樣。更具體地說，沒有背景噪音會造成三個問題：首先，工程師並沒有完全消除回音，只是壓低到可以被背景噪音蓋過的程度，因此一旦背景噪音消失，微弱的回音又會浮現出來，造成了大問題。因爲，回音不像背景噪音具有隨機性，而是一種相關的噪音——模式與發話者的聲音一致，只是時間有落差。我們的大腦善於忽略一連串隨機的噪音，但卻容易被較整齊相關的噪音所干擾。

其次，背景噪音創造了一種臨場感，讓你知道線路並未中斷，即使對方沒有在說話。波爾傑解釋說：「我們已習慣通電話時聽到微小的背景噪音。完全沉默聽起來像電話給掛斷了。背景噪音不僅是噪音，而且是提供一種反饋訊息，讓我們知道對方還在另一頭。」通話時聽到一片寂靜，你往往會忍不住說：「喂？喂？你還在嗎？」

最後一點，我們不是居住在密封容器內，周遭事物無時不發出噪音，就算四周空間裡也會傳出微弱的低吟。這種噪音我們並不排斥，甚至不自覺發揮安定的作用，學術上稱之爲舒適噪音（comfort noise）——波爾傑等工程師簡稱爲CN——沒有這種噪音，你和別人講電話時會有點無所適從，甚至感到一絲毛骨悚然。我們的大腦對這種不自然的乾淨會產生排斥。

因此，背景噪音不得不重出江湖，不過工程師們又不願在電池壽命與頻道容量上讓步，因此想到一個折衷之道。背景噪音仍然排除，但並不丟棄，而是加以「採樣」——網絡內的電腦會加以分析，抓出關鍵特性，例如音調多久變動一次、幅度多大等。這些特性會傳輸到網絡另一端，由電腦利用數學公式——如G.711.II——重新建構對背景噪音的模擬，再加回通話者聲音中。

這種聽起來迂迴繁冗的技術，足可騙過所有手機使用者，只不過他們大概根本也不會注意到這點。當然這算不上完美的解決方案，偶爾背景噪音可能太過刺耳，讓人覺得來點詭異的沉默也不錯。還有一種背景噪音是這項技術的罩門：背景音樂。如果有人透過背景音樂講話，網絡會判定這種音樂爲噪音而加以消除，代之以模擬的版本，經常聽來像沉重的喘息聲。如果診所對等待的手機來電者不播放音樂，代之以交通或冷氣機的聲音，歐塔西克這類公司的研究人員就可以輕鬆得多了。

話說回來，音樂給當成噪音有時也無可厚非。畢竟，噪音有時不也變成音樂嗎？不過這是另一章討論的話題了。

對整齊的偏執

看到這裡，你或許認爲，在這個千奇百怪無所不有的世界，當然不難找出少數反常的例子，證明整齊沒有意義、甚至有負面效果，而混亂則有正面意義或甚至帶來好處。不過別忙——我們才剛開始暖身呢。

有鑑於許多人和高度秩序化系統交手時都有過不愉快的經驗，因此一般人如此嚴重、甚至有點盲目地偏向整齊與組織，豈不有點奇怪？以西方文明而言，有秩序的分類達到極致，非納粹莫屬。（相反地，有什麼地方比伊甸園更混亂？）偏執—強迫症（obsessive-compulsive disorder）與某些自閉症多少可歸類爲組織過度的毛病。因此問題不在於過多的秩序與組織是否有問題，因爲答案是肯定的，而在於該在哪裡畫界限。但說也奇怪，幾乎從來沒人提過這個問題。大多數人直覺認爲自己目前屬於太混亂、無秩序的這邊，只要能往整齊與秩序那邊移動就是好事。

且讓我們澄清幾個重要論點。首先，我們也不認爲愈亂愈好，亂到某個程度的確會有妨礙。我們並非主張把國家政府、社會秩序與各類組織全部解散的無政府主義者。如果你身陷雜物堆積的環境，行事毫無步調或道理，生活很快就會全面癱瘓——這些是所謂的病態混亂，我們後面會論及。有些地方不容有任何的亂，例如亂成一團的眼科診所不會有人想進去。我們要強調的是，每個系統的每一層面都有最適當的混亂程度，也就是說在特定類型與程度的亂，會讓效用達到最大。但我們發現，一般人或組織往往發生誤判，過分偏向整齊與組織這邊。其實許多案例中，以正確方式增加亂，反而發揮更好的效果。了解亂的好處，最低限度也可大爲紓解壓力——許多人亂的程度其實不算多糟，卻總是誤把自己的某些失敗歸咎於此，以致常會花力氣弄得更整齊。

再者，我們絕不是提倡邋遢；外表維持一定的整潔——就像拉帕波特用整齊的草坪繞在野花周圍——可以省去許多麻煩。沒錯，在後面的章節裡，我們還會多次倡導這種作法。

在NAPO大會上，伊薩克提出這樣的觀察：「無組織是人類的常態。」他這麼說的用意，原本在強調人人都需要協助，讓自己更有組織。不過我們對此倒想提出如下的問題：如果無組織是人類的常態，爲什麼那麼多人一看到它出現，就迫不及待地去壓制呢？

現在且讓我們話說從頭，看看人類社會如何演變到這種情況。

3 亂的歷史

秩序乃上天之第一律。

——亞歷山大・波普（Alexander Pope）

本書大部分內容是在一臺膝上型電腦完成，不過這臺電腦偶而會全面罷工，螢幕上只出現這樣的訊息：「無法找到作業系統」。第一次出現這種狀況時還在保固期限內，所以直接送回原廠檢修，結果內部磁碟機、電源供應器和鍵盤全都換新。到了第二次，廠商再度更換磁碟機，還附加螢幕以及一片用途不明、佈滿電路、支票簿大小的塑膠板。（更換掉的零件都放在一個塑膠袋內和電腦一起送回。）第三回再出狀況時，我直接對著電腦靠螢幕基座的側邊猛力一擊，電腦立即回復正常運作。從此之後，這個反覆出現的毛病都是就地解決，不再勞煩廠商。

大家知道，電子或機械設施出問題，有時的確重打一下就好了。道理很簡單：功能失靈經常源自兩個零件間的電子聯結鬆動或腐蝕，或是某個活動零件脫位，因此用力一擊之下，內部零件可能因隨機晃動而回復正常的聯結或排列。看起來不怎麼有條理，但卻可能相當有效。某位科學家的手提式電腦協助他和同僚贏得諾貝爾物理獎，但他也會偶爾不好意思地輕敲這臺設備，讓它恢復功能。不過科學家們使用這種亂敲的修復手法倒也無可厚非，因爲「無序」（disorder）已經給大大方方納入許多科學門類中，有時還成爲核心議題。

太初之時，世界籠罩在一片混亂無序之中，接著人類出現。史前人類一開始並不比其他動物整齊多少，不過經過一段歲月，某種形式的秩序必然讓原始人在生存戰中取得特定優勢：像是區分有毒無毒菇類，清除狩獵場地內可能嚇跑獵物的人類痕跡，把珍貴的工具存放於山洞內固定角落，以便緊急時快速收拾或應敵，還有安排輪班守衛的任務。根據考古遺址的發現，一百五十萬年前的原始人已設有工具存放處所，而公元前兩萬年時有些狩獵／採集部落已在不同的區域進食、烹煮、丟垃圾，甚至有獨立的地點供雕刻石頭等娛樂活動之用。許多考古學者都主張，五十萬年前與現代人類在演化上分道揚鑣、在歐洲活躍十萬年的尼安德塔人（Neanderthals），似乎就是因爲比不上我們老祖宗那麼有秩序而走上滅絕，由目前挖出的尼安德塔人遺址比較混亂足可證實這種觀點。

人類在組織上的大躍進，出現在狩獵／採集轉變爲農耕型態的時期，因爲農業需要配合每日與季節的變化，從事長時間的辛勤勞動，同時要規畫土地的利用以取得最多收成，還得豢養牲畜、蒐集種子、收割作物。不過也有人懷疑轉換到農耕生活是否爲明智之舉，認爲維持狩獵／採集的生活或許反而比較好，加州大學洛杉磯分校的教授，也是知名作家的傑爾・戴蒙（Jared Diamond）就持這種看法。看看今天非洲卡拉哈里沙漠（Kalahari Desert）的狩獵／採集者，一星期只工作十五小時，大部分時間都花在睡覺與娛樂活動上。對照今天的美國，許多農人有時候一天就得工作十五小時。除了工作量的差異，歷史上的農耕社會一直爲反覆出現的饑荒所苦，而歸根究柢，精密的耕作方式耗竭地力與其他資源有時正是禍根。但無論如何，至少就整齊與秩序的史觀而言，人類自此突飛猛進。

農耕最終帶來文明的崛起，而文明的內涵，包括建築房舍、抑制犯罪、仲裁社會事務、交易等等，全都依賴各種形式的秩序——當然嚴謹程度和現在不可同日而語，而有時殘酷得多。隨著文明進展而出現的社會精英，可以為自身與他們的宮廷爭取更豐沛也整潔得多的享受，但大多數平民仍得在塵土中餬口度日。不過特權經常與極端的混亂連在一起，例如古羅馬貴族的暴飲暴食、狂歡縱慾與血腥競技。

大型有組織宗教的興起，替人類模糊的世界觀引進秩序，也敉平生命殘酷的無常，至少心靈上可以得到慰藉。《聖經》中最先看到的上帝形象，就是終極的專業整理師：

起初，神創造天地。

地是空虛混沌……神……就把光暗分開了。神就造出空氣，將空氣以下的水、空氣以上的水分開了……神說：天下的水要聚在一處，使旱地露出來……神說：天上要有光體，可以分晝夜；作記號，定節令、日子、年歲……神說：我們要照著我們的形象、按著我們的樣式造人……照著他的形象造男女。神……又對他們說：要管理海裡的魚、空中的鳥，和地上各樣行動的活物。

〈出埃及記〉中，猶太人被帶到沙漠中流浪，而〈利未記〉詳細列出所有的規範，到了〈民數記〉，基本上就是對以色列人的詳盡核算。〈舊約〉中充斥這種列舉性、規範性與禁止性的內容，堪稱古代版《整理天才班》(*Organizing for Dummies*)。

基督宗教不遺餘力地抨擊無秩序，主要是早期教會領袖並不樂見信眾思想分歧。西元一百年左右，伊格那丟（Ignatius）主教這樣警告教徒：

> 你們應以每種方式來榮耀已榮耀你們的主耶穌，經由全然的順服，「你們都說一樣的話，你們中間也不可分黨，只要一心一意，彼此相合」［哥林多前書］因此……你們一個一個，得以成為同一個聲音……

這種論調為今天許多宗教、政府或企業機構所師法，只要看到任何不完全符合機構規範的言行，就會分別冠上褻瀆、不愛國、缺乏團隊精神的帽子。（這位主教還附帶指出，魔鬼撒旦有「惡臭」之疾，這必然讓許多人把邪惡與垃圾聯想到一起。）教會接下來又花了不少精神把罪惡，尤其性方面，按嚴重程度分類，制定統一的懲罰規定，到了第一個千禧的後半，已普遍為愛爾蘭、英格蘭、日爾曼與法國所接受。例如男性間的口交最高可罰二十二年苦修贖罪——是婦女臨時起意謀殺自己嬰兒刑度的三倍。(印度教的《愛經》也把性行爲分類，但並不認爲有處罰的必要。）教會對無秩序的態度，詩人亞歷山大・波普（Alexander Pope）說得更簡潔：「秩序是上天的第一律。」這也是本章一開頭所引用的話。脊椎嚴重扭曲站起來只有四呎六吋高的波普，顯然並未因自身的畸形而懷疑造物主是否眞的那麼執著於整齊與秩序。

餐桌禮儀與宇宙秩序

對於亂的排斥開始逐漸進入日常生活之中。十三世紀德國騎士與遊唱詩人唐豪瑟（Tannhäuser）或許是第一個見諸文字的潔癖者，他的詩文讓我們看到，對當時嚮往整齊與秩序的改革者而言，舉目所及有多麼大的改革空間：

有教養的人不該和別人用同一根湯匙喝東西……

幾個人啃一根骨頭，又放回盤裡——這是嚴重的失禮。

有個人在吃東西時清喉嚨，還有個人用桌布擤鼻子，兩者都是沒教養，我敢這麼說。

用手指掏耳朵或揉眼睛，像某些人那樣，或是吃飯時挖鼻孔，都不夠高雅。三者都是不良習慣。

避免同時用兩隻手吃東西。

一五二三年，荷蘭神學家伊拉斯謨斯（Desiderius Erasmus）在名爲*Diversoria*的小冊子中描述一家日爾曼客棧內的眾生相，也提及另外幾種有違餐桌禮儀的行爲：

> 八、九十個人坐在一起，要強調的是他們並非只有平民百姓，還有富人和貴族，男女老幼全都混雜在一塊，大家各行其是。有個人在洗衣服，溼漉漉的襪子晾在火爐上……大蒜味和各種惡臭瀰漫。大家隨地亂吐。有人在餐桌上清理靴子……每個人都在同一個盤裡蘸麵包，咬了一口又再去蘸。那裡環境髒，酒也糟……人人都全身冒汗、熱氣蒸騰，忙著揩拭……其中一定有不少人身上有某些隱疾。

說到指責重複蘸醬，伊拉斯謨斯可比現在的電視影集《歡樂單身派對》（*Seinfeld*）還早五百年。

既然唐豪瑟與伊拉斯謨斯都覺得必要提出斥責，說明這類習慣相當普遍。用餐經常是個快樂的時刻，大家可以自在地摳鼻孔、共用湯匙、把啃一半的骨頭放回去。多虧了這兩位整潔的先知先覺，當然還有許多追隨者陸續發出類似的指責，否則我們今天吃飯時的情況可能依舊如此。

就在宗教持續打壓混亂的思想時，科學對於世界的秩序也有話要說。公元二世紀的希臘，托勒密提出地球中心的宇宙論，完美的天體外殼覆蓋於外，日月星辰與行星井然排列其間——爲符合觀測結果，他推定行星另環有小型天體，使得系統的運轉更形複雜。如此繁複至極、秩序森然、不容纖毫差錯的系統，只能出自一位至高無上宇宙創造者之手。姑且不論再怎麼微調，這個模型也無法完全符合觀測結果，重要的是它能配合全能造物主的論點，還具有不折不扣的對稱性，而且看似呼應《聖經》地球中心的思想。因此一五四三年哥白尼提出、一六〇九年經克卜勒修正的太陽中心說，到十七世紀初在伽利略等人支持下逐漸占上風時，教會感受到的挫折可想而知。

但回頭來看，這種文藝復興時代勃興的科學觀點，教會其實沒什麼好擔心的，至少由亂的角度來看是如此。因爲進一步思考新的太陽系模型，宇宙看起來非但不是較無秩序，反而結構更顯精妙。因此，世界應該是遵循著一系列不可撼動的法則，雖然隱晦不顯，但細加推敲就可看出其間奧妙的設計與安排。學者們不再於拉丁聖詠中描寫針尖上可以容納多少位天使舞蹈，而致力發掘宇宙間更多令人讚嘆的鬼斧神工。正如克卜勒所說：「對外在世界的一切探索，主旨應在於發現上帝所安排的理性秩序與和諧，而且祂以數學語言向我們昭示這一切。」

十七世紀末，牛頓似乎解開了這些法則的泰半，展現一個運行如鐘錶結構般完美的宇宙，一切成分均由物質、重力與光所構成。歐洲人開始對眞正的鐘錶著迷，高超匠師可以造出每週誤差在秒以內的計時工具。現在世人不分紈袴子弟、商業領袖或討厭浪費時間的清教徒，都能更精準地把握時間，正所謂「天行健，君子以自強不息」。這種精神甚至遠渡重洋傳到新大陸，像提倡效率的先驅班傑明·富蘭克林（Benjamin Franklin）就說：「別浪費時間；手上永遠在做有用的事；取消所有不必要的行動。」他身體力行，甚至大半輩子小心翼翼避免常與老婆兒子相處，以免浪費寶貴的時間。

泰勒的科學管理

除了富蘭克林之外，早年美國看來大有可能成爲無秩序發揚光大的基地。獨立戰爭的勝利，多少得歸功於不折不扣的烏合之眾與隨機應變的作戰方式，相較於制服光鮮、按嚴格戰鬥隊形的英軍，他們簡直就像游擊隊。政府架構由動盪的大陸議會倉促制定，很容易招致不安定的因子，以致聯邦政府的三權之間以及聯邦與州政府之間永遠關係緊繃。美國初期的金融制度由亞歷山大・漢彌爾頓（Alexander Hamilton）設計，堪稱秩序井然、管制嚴密，但湯瑪斯・傑弗遜（Tomas Jefferson）很快改弦易轍，把貨幣控制交付市場力量決定，而非由大銀行與主管單位操控。

十八世紀末，工業革命在英國興起並傳遍歐洲，當時美國四分之三就業人口仍從事農場工作。美國決定急起直追，到十九世紀中葉，在新機器的發明上已領先世界。由於生產快速機械化，工廠紛紛設立，帶來前所未見新形態的亂。其中之一就是汙染，因爲工廠爲了自身方便，往往任意排放或傾倒各類汙染物。另外一項就是交通，因爲城市吸引大量散居於農村的人口遷入，再加上各企業原料與貨物運送頻繁。不過整體而言，對美國人爲害最大、帶來最多焦慮的，卻是另一項較不起眼的亂。機器生產造就經濟蓬勃發展，史上頭一遭，相當比例的人口買得起大量身外之物，以致找出充分空間擺放成了頭痛的問題。科技的日新月異，只會使得這種情況日趨嚴重。根據一項研究，美國平均每天扔掉十三萬三千臺個人電腦。

由於公司變得更爲專業與複雜，因此開始致力於組織化，到了十九世紀末，開始出現提供相關協助的專家。圖書分類發明者梅爾維・杜威（Melvil Dewey）——他嫌父母取的名字 Melville 字母不夠精簡，改爲 Melvil——就孜孜不倦倡導各種效率工具，由速寫到現成的商業表格不一而足。艾德溫・塞貝爾斯（Edwin Seibels）發明了檔案櫃，附有檢索標籤的檔案夾，取代原本麻煩費事的文件整理與存放方式。亨利・甘特（Henry Gantt）設計一種圖表系統，讓一些時間有重合的任務可以制定精確的時程表。在產業界這股組織熱潮中，歐洲也不遑多讓，法國的亨利・費育（Henri Fayol）明確列舉經理人的職責，涵蓋規畫、組織、指揮、協調與管控。

不過以上種種大膽的創新，和佛烈德瑞克・泰勒（Frederick Taylor）龐然的身影相比之下，全都黯然失色。二十世紀初，泰勒以匹茲堡伯利恆鋼鐵廠（Bethlehem Steel

Company）勞工爲對象，對他們的工作方式進行徹底研究，並將相關結果發表於一九一一年出版的《科學管理的原則》。這本書不僅促成企業界斷然視混亂與無序爲敵人，也間接影響整個社會採取類似的觀點。

泰勒一輩子都爲作惡夢所苦，打從十二歲起，他夜裡就穿上自己設計的特殊吊帶，以便能由惡夢中警醒。泰勒在著作中提及，雖然產業在生產設備效率極大化績效斐然，但卻忽略了一個脆弱的環節：工人，或套用他的說法，「笨拙、沒效率或欠缺高明指導的人類動作」。一如牛頓的運動定律似乎適用於任何狀況的實體系統，可精準預測、乃至理論上可控制其行爲，泰勒相信，看似混亂的人類工作流程也可經過一番解構，設計得更有秩序。經理人可以利用碼表與筆記本，詳盡研究、測量並記錄每項人工作業的每個元素，從而制定每一步驟的標準化程序，由每位工人遵行不渝，以達成產出極大化。泰勒寫道：「最佳的管理是一門眞正的科學，立基於清楚界定的原理、規律與原則……只有實施標準化的方法，採取最佳的設備與工作環境，並強化合作，才能確保更快速的生產。」借助簡便、低成本的工具提升生產力——毋庸置疑，泰勒的方法確實能迅速增加產出——美國以及稍後歐洲的公司都競相投入「科學管理」（scientific management），致力掃除變異與偶發狀況。一九一四年，距泰勒的著作出版僅三年，紐約就舉辦了受泰勒主義激發的「效率博覽會」，參展者計有六萬九千人。亨利・福特率先推動的生產裝配線受到泰勒的啓發自不待言，自此數以百萬件一模一樣的東西能以低廉的成本生產出來。

泰勒的方法居然在教養子女上也能占一席之地？這個看似荒謬的想法卻成爲一九四八年暢銷書《兒女一籮筐》（*Cheaper by the Dozen*）吸引讀者的賣點——一九五〇年還改編爲賣座的電影（近期史提夫・馬丁〔Steve Martin〕的新版本《十二生笑》卻幾乎完全改頭換面）——一位刻板到迂腐的父親把泰勒式效率應用到教養十二名子女上，製造出許多笑點。許多書迷或影迷如果知道這些情節並非虛構，必定會大感驚訝。其實該書作者就是這麼給養大的其中兩名子女，當時的滋味可一點都不有趣。這位父親名叫法蘭克・吉勃瑞斯（Frank Gilbreth），是專業的泰勒門徒，眞心相信管教子女和管理手下的工人沒兩樣，都應適用一套詳細、完整、不容妥協的行爲標準。他以哨子和碼表訓練家人在六秒內集合完畢。孩子必須把自己的體重、家庭作業和家事都用圖表記錄下來——只有禱告可以豁免。洗澡只能匆匆抹幾下肥皀，還得一面聽法語或德語的錄音。餐桌上交談的內容只限數學和時事，而且家庭會議要遵守《羅伯特議事規則》。女孩個子矮的擅家具下半邊的灰，個子高的負責上半邊。有十一名子女集體割除甲狀腺，爲的是父親打算拍攝記錄片，供加快開刀速度參考之用。吉勃瑞斯本人有次嘗試同時使用兩把刮鬍刀，結果因爲割傷自己，才不情願地放棄。一個兒子後來回憶說，這件事讓他父親不開心，倒不是差點割破喉嚨，而是得浪費兩分鐘來止血。

雖然當時佛洛伊德等人根據潛意識的研究而提出警告，過度嚴格管教幼童可能導致日後病態的強迫症，但那一代的父母還是有不少迷失於泰勒式的效率熱潮中，吉勃瑞斯只不過是唯一知名的例子。在企業界之外，泰勒主義橫掃的對象不僅限於爲人父母者，紐約就有一些清教徒教會成立了所謂的「教會效率委員會」。《工程雜誌》有篇文章報導一樁死了二十個人的犯罪案件，重點卻放在各方抱怨法庭審訊證人的速度太慢，沒有效率。政治人物對效率一片稱頌之聲。日本派遣專家到歐美取經，研究現代化、高效率的做法，積極引進國內，之後並推廣到亞洲各國。

到了一九二〇年代晚期，由於一系列在西方電力公司霍桑工廠（Hawthorne Plant of the Western Electric Company）進行的研究結果出爐，嚴格的泰勒主義在大多數專家心目中信譽掃地。因爲這些研究清楚顯示，工作環境或流程中引進的任何變動，都會改善工人的產出。這類改善現在稱爲「霍桑作用」(Hawthorne effect),它的出現純粹是因爲工人只要知道有人在旁觀察時,工作往往會比較賣力。只要有管理者站在現場記錄結果,那麼泰勒式管理對工人產出的改善,並不優於一些毫無意義的變動,像是調低或調高燈光的亮度。對嚴格泰勒主義的熱情雖然退潮,但無論工作、居家與其他各種場合,我們還是喜歡有組織、訂時程、預先安排力求並標準化,而且已成爲根深柢固的積習,希望藉以根除變異、即興、不測,還有一切帶有例外性質的事物。

愛因斯坦的混亂理論

一九〇五年,有位年僅二十六歲、在科學界沒沒無聞的專利人員投了五篇論文給科學期刊發表。其中一篇談的是相對論,打破固有的空間與時間的觀念。第二篇則引介 $E=mc^2$ 的公式,成爲日後發展原子彈與核能的理論基礎。第三篇說明光的行進方式類似撞球而非波狀,爲當代物理學核心的量子力學指引方向,而且和相對論一起補充了牛頓井然有序的運動定律。

至於另外兩篇論文的主題是什麼?如果你毫無所悉,倒也不必不好意思,《紐約時報》的編輯好像也沒比你高明多少，因爲他們在紀念愛因斯坦「奇蹟年」百週年所刊出的愛因斯坦生平著作中，對此也略過不提。不過說來可能讓他們和其他不少人嚇一跳，根據一項近期研究證實，這兩篇一直爲人忽略的論文中，有一篇對科學的影響力甚至超過上述那三篇著名的論文。事實上，那項研究遵循科學界的傳統，以論文被其他科學家引用的次數爲準，認定愛因斯坦這一著作乃是現代科學中最具影響力的論文。

這篇論文探討的是所謂「布朗運動」(Brownian Motion)。一八二七年，英國植物學家羅伯・布朗 (Robert Brown) 透過顯微鏡觀察水滴，發現其中細微的花粉急速顫動，彷彿有生命一般。此後七十多年，這個可普遍觀測的現象一直是科學上無解的謎團，相當受到矚目。愛因斯坦找到了解答。他在那篇論文中指出，如果物質是由分子組成——請記住，一九〇五年尚無任何確切證據可支持這種看法——而分子在液體中應該爲隨機跳動，如此一旦這些分子偶然有較多分子跳到花粉的某一邊，接下來應該會跳到另一邊，造成花粉的晃動。因此長時間內，隨著較多的分子隨機衝擊花粉的一邊和另一邊，花粉也會跟著顫動。愛因斯坦找出某種難懂的數學公式，計算怎樣的分子排列可能產生必要的隨機撞擊，造成觀測到的花粉顫動。這也是人類首次，雖然是間接地，看到物質的分子結構。(愛因斯坦一九〇五年的第五篇論文，採用了另一種方法來推定分子的大小。)

解釋分子的跳動看來沒什麼大不了，爲何居然能躍居科學發展史的頂峰？這篇論文如此重要的原因，除了啓發我們對物質結構的理解，更在於愛因斯坦獨具慧眼，看出許多微小物質純屬隨機的活動，可能導致更大事物產生驚人而重要的行爲。事實上，科學家舉目所及，到處都看得到這類有趣的隨機行爲。愛因斯坦草創用以分析這種行爲的數學技巧，如今稱爲布朗運動理論，其重要性已毫無疑義，因爲全球許多大學都設置專門科系，研究布朗運動理論新的應用方式及其相關現象。這種研究以及其他以隨機性爲主題的研究——科學家常稱之爲波動、雜訊（噪音）或隨機——至關重要，有助於我們理解金融市場的運作、銀河系的形成、電子設備的功能、生態系的存續，乃至基因的作用，至少已有十幾個諾貝爾獎頒給與隨機相關的研究。(友情提示：這些全與混沌理論不相干。混沌系統談的不是隨機，反而經常相當有秩序。) 事實上，大自然中完全無從逃避隨機的現象，因爲根據量子力學，宇宙每一基本粒子無時無刻不受到高度隨機行爲的影響。物理家認爲，連宇宙的誕生都是量子的波動，實際上就是某種隨機的小故障。

最近十年來，拜一種過去大家弄不懂的所謂「隨機共振」(stochastic resonance) 現象之賜，科學家對隨機的尊崇已達到無以復加的程度。簡言之，隨機共振可應用於看似矛盾的狀況：在系統中增加某種隨機性，反而可以提升系統效能——就像你接收到某一電臺的靜電愈多，音樂就聽得愈清晰。（事實與此相去不遠。）雖然一九八〇年代初就有人率先指出這種現象，但直到一九九〇年代初科學家才開始察覺它在大自然中有多普遍，由氣候變遷到生物演化都在其內。目前每年有數萬篇關於隨機共振及其應用的論文發表，其中有些探討的焦點放在一個相當特殊的系統：大腦。許多人相信，隨機共振在大腦功能的發揮上扮演一個關鍵因素。（十一章還會較詳細說明隨機共振的應用。）

換言之，二十世紀大半時候，儘管經理人、家務管理者和幾乎所有人都忙著讓自己的生活與環境的各個層面變得更有秩序，科學界累積的大量證據卻告訴我們：無序不但是大自然不可或缺的一部分，而且有時更多的無序反而更好。

什麼是亂？（再論）

我們在第一章就什麼是「亂」，提出一些簡單而直覺式的講法，現在可以再演繹一下。

亂不見得沒有秩序。一個系統的亂，經常是缺乏某種特定的形式的秩序，但其他形式的秩序卻未必不存在。因此，收拾整齊的房間可能因爲有人進進出出而相當嘈雜。更進一步說，亂往往源自秩序失效，而不是沒有秩序。你可以在房間裡擺上各式整齊的箱子和櫃子來放東西，但等到箱子櫃子滿出來，照樣會變亂。我們日常生活中碰到的亂，大多是秩序失效——腦子裡確實有個組織方案，但不知怎麼就是沒發揮效果。

亂的類型

散亂：東西由一般所能接受的位置往外散開，而且爲數不少。

混雜：事物的秩序爲隨機性，或雖在一般能接受的位置內，卻以反常的方式結合。

時間延伸：任務或事件的時間表鬆散或根本沒有時間表，或沒有周詳的優先順序；或是故意忽略預定的優先順序而拖延時間。

即興：流程、任務與事件未事先決定。

不一致：流程與程序經常改變。如果改變是任意爲之，往往會增加混亂的程度，但就是有原因的改變，也未必不會添亂。

含糊：分類方式鬆散或常被忽略。任何程度的模糊都可能導致含糊，只不過模糊也同樣可歸到下面錯綜複雜那一類。

雜訊：流程與資訊暴露於外在影響之下，這些影響可能有破壞性，卻未必爲隨機。

干擾：焦點遊走於不同事物間。

跳躍：活動超過必要或一般水準，且往往無從預測。

迴旋：組織方式怪異或不透明，似乎有賴直覺，或有些地方不合邏輯。

包容：系統內過濾機制相對較少，對個體數目與類別較無限制，或是沒有特定的過濾機制，使通常會遭排除的個體也包含在內。

扭曲：個體排列不當、彎曲、拉扯、破裂、腐壞、易位、受損，或以不合標準狀況的方式呈現。

散亂—安排

相對以上這些亂，也有各類型的整齊與秩序與之對應。即：

混雜——同質
時間延伸——時程
即興——計畫
不一致——一致
含糊——分類
雜訊——隔絕
干擾——焦點
跳躍——靜止
迴旋——澄清
包容——肅清
扭曲——保全

亂的廣度、深度與強度。亂的範圍「廣」，是涉及多個群體或層次，如一棟屋子裡的好幾個房間，或是公司裡不同的部門。亂的程度「深」，是指涉及單一團體或單一層次之內的許多個體，如一個月沒洗的衣服扔在一個房間內。亂的強度「高」，是指特定的個體無序的程度特別高或相關後果特別嚴重，如在拉斯維加斯開車，只要轉錯幾個彎，就很可能迷失於三十哩外的沙漠中。

亂的規模。一個系統的亂，在特定時間內的廣度、深度與強度，都可能因所著眼範圍的大小而有變動。例如，一個周圍環境骯髒、建築物雜亂無章、車輛任意停放的社區，建築物裡面的住家卻可能收拾得一塵不染。

經由歷史的架構與更寬廣的角度理解亂之後，有助於接下來我們探討亂在生活乃至工作世界中所扮演的一些意外角色——也會說明亂未必如我們所認定那樣一定純粹是負面的。事實上，有時候「缺乏」亂反而可能有反效果。還記得第一章所提的那兩副牌嗎？如果考量先把牌依序排好的時間，那麼從打散的牌中找出四張隨機花色，所費的時間反而少得多。不過對把牌依序排好，我們還可從另一點來思考：這樣做有什麼用？舉凡拿一副牌可以做的事，好像沒有一件需要把牌依序排好。拿到這樣的牌，你第一件事就是洗牌。一副無序的牌不僅維持起來省事，而且有用得多。

亂的用途不像你想像得那麼稀罕，且聽我們下面一一道來。

4 亂的好處

當阿諾・史瓦辛格準備競選加州州長時，許多通來自政界與社運人士以及權力掮客的電話湧入他的辦公室。但他們得到的回答令人難以置信：史瓦辛格沒有行程表。除非情況特殊，否則他拒絕事前約定會面時間。他聲稱自己過的是所謂「即興的生活型態」。這並不表示你不能去見他，而是指一旦到了那裡，他可能有空見你，也或者你得再跑一趟。如果他眞的見你，可能只有五分鐘，也可能長達五小時——端看他覺得談得如何。

一般人眼中的阿諾・史瓦辛格是個衣冠楚楚、高度自律自制的人物，隨著影響力與日俱增，應該分分秒秒的時間都經過嚴謹安排——他倒是樂見別人有這種印象。說起外表條理井然，但生活的重要層面卻不失「亂」，史瓦辛格堪稱箇中高手。對多數力求在專業領域出人頭地者而言，計畫周密與努力貫徹是至高無上的指導原則，但史瓦辛格一貫隨興而沒有章法，卻成就斐然。雖然未必每個人都欣賞他，但卻很難否認他的做法的確卓有成效。

史瓦辛格喜歡隨興之所至，可以回溯到早年健身的經驗。練習舉重的人都重視設定練習計畫，而史瓦辛格卻另創一格，不時以隨機變異打破成規。這套哲學不但讓史瓦辛格練就一身健美肌肉，也讓他的電影票房、個人收入以及政治前途一帆風順。史瓦辛格算得上是行為矛盾、難以捉摸的典型人物。他身兼電影明星、政治人物、企業家、運動員；有時像粗魯的右翼分子，卻娶了甘迺迪家族成員；他坦言崇拜希特勒的演說，又是傳說中納粹戰犯華德翰（Kurt Waldheim）的密友——此人曾贊助賽蒙・魏森索中心（Simon Wiesenthal Center）對納粹大屠殺的研究而兩度獲該中心頒獎；他是動作片明星，卻欣然接演滑稽的角色；他現在是高人氣的州長，經常在鏡頭與群眾前曝光，但也不諱言會在瀰漫雪茄菸霧的辦公室中進行密室交易。凡此種種，都絕不可能出現在那些謹守計畫行事者的履歷表上。史瓦辛格必然把名聲與權力視為他的長期目標，但這些目標相當模糊，稱不上是什麼有系統的計畫。

史瓦辛格迄今短暫但耀眼的從政生涯，凸顯了他「亂」的成功公式。他在角逐州長一事上猶豫反覆，拖到最後一刻才宣佈參選。直到選戰進行到一定程度，他才提出政策綱領，但其中卻摻雜看似矛盾的原則與價值，讓他在財政政策上像保守的共和黨，但卻同時主張有條件支持同性戀團體、墮胎權、槍枝管制與外海石油鑽探禁令。擔任州長後，他簽署保護動物權法案，否決提高最低工資法案。近期輿論經常探討是否該修憲，好讓出生國外的史瓦辛格能競選總統，不過即使有望爭取總統大位，他也似乎不把所有目標都放在這裡。擔任州長後，他還在一部電影中露面，而且已在洽談演出《魔鬼終結者第四集》(Terminator 4)。

史瓦辛格融合好幾類的「亂」——不排定單一行程表屬於延伸時間，還有即興的承諾、政治與社會界限模糊、沒有一貫立場、分散焦點而優游於不同事業領域。正因如此，他基本上塑造出可因應需要而修正與再修正的形象。他成功地保持彈性的公共性格和靈活的政策方案，容易配合意外的機會與快速多變的狀況而調整。他不受限於單一的世界觀或某些可簡單歸類的信念，所以能配合需要而形成合宜的新立場。史瓦辛格這種包羅萬象的立場，加上動作片英雄形象的加持，讓每個人都多少可以從中找到自己可以認同的部分。簡言之，史瓦辛格不循常軌的職業生涯提供一個絕佳例證，讓我們見識到亂的一大好處：彈性。

彈性：混亂的系統能以許多不同方式，更迅速、更徹底地調適與改變，而且較不費力。秩序井然的系統面對需求變動、意外事件與新資訊，反應往往較爲僵化遲緩。

彈性可能源自我們上一章所列舉十二種混亂中的任一種。以下再舉幾個例子：

·即興讓爵士樂手可迎合聽眾對音樂的反應而隨時變換，但交響樂團只能按譜演奏（不過也未必如想像中那樣僵化，我們十三章會討論到）。

·模糊的企業組織圖不精確界定員工的職責，讓組織更容易因應新挑戰而重新佈署資源。

·好的拳擊手在出拳間隙會一直隨機地跳躍，不但讓自己不易被擊中，也伺機令對方防守露出破綻。

混亂脫序者的行爲和井然有序的人不同——這種差異有時可以讓他們占有優勢。秩

序嚴謹的系統必須不停排除隨機因素，但隨機因素防不勝防，一旦滲入，系統也隨之受到影響。如果容納一定程度的隨機性，對系統的運作反而有利。具體來說，亂可以帶來六大好處：彈性、完整、共振、創新、效率、活力。我們已經談過彈性，接下來再以具體案例說明其他五種好處。

完整：豐富的亂

個人與組織經常借助一些過濾與清理機制，希望繁複多變的世界能因此變得比較容易掌握。只不過，這些機制有時弊大於利。哈維・卡茲（Harvey Katz）一九五三年由韓戰歸國後的幾個月，腦海裡就出現了這種看法。他是個粗線條的大塊頭，無懼激烈的競爭。這點很重要，因為他在波士頓郊區的小鎮尼罕（Needham）開了家五金行，而舉目所及的街道上還有七家五金行。哈維尋找獲利空間時，發現許多顧客來找的是一些罕見品項，像是可更換的手斧把手、〇―五號螺絲釘、十八伏特閃光燈泡等等，鎮上的店家，包括他自己在內，都認為沒必要進貨，因為一年賣不出幾件。可是有幾回哈維恰好有別家都沒有的貨時，顧客感激之情溢於言表。更重要的是，他發現這些顧客往往會再度光顧——哈維記憶力驚人，什麼顧客買了什麼全記得一清二楚。於是他的一項新策略就此成形：全部商品都要有庫存。這種做法不但違背基本的經濟學原理，也不符最粗淺的經營之道。哪個腦筋正常的人會堆積銷量有限的存貨？

今天哈維五金行（Havey's Hardware）外表相當清爽，大型木製看板上是閃亮的手寫字體——掛在三顆星餐廳或藝品店外面也過得去。可是一踏進店裡，你會覺得好像走到了什麼地下儲藏室。貨架所有空間和大部分的地板——甚至連天花板——都塞滿雜七雜八的商品，所有東西擠在一塊，有些陳年貨品的包裝都已褪色。走道狹窄不對稱，一排排高聳、密集的貨架讓人搞不清方向。勉強可供行走的空間障礙重重，因爲其間堆放各種未標明的貨品。燈光昏暗，沒有懸掛商品指示牌，也不見任何購物指引，整個商店根本沒有任何組織邏輯可言。有一條醒目的階梯通往樓下，另一頭還有個房間，但根本看不出來那裡有什麼東西。

儘管這樣雜亂無章，但根據全國零售五金協會的統計，這家區區一般小鎮五金行規模的商店，每年營業額超過二百五十萬美元，遠高於美國五金行九十萬美元的平均水準。顧客會開一個鐘頭以上的車過來，而不願光顧沿路上家庭貨倉（Home Depots）這種大型連鎖店或其他家傳統五金行。更何況，哈維五金行沒有任何折扣。

哈維五金行迄今仍堅守貨色齊全的哲學。洗衣機要是有難以除去的水漬，請放心，你一定可以在這裡買到羅佛牌去鏽劑。在堆積如山的貨品中，你可以找到冷門型號的鹵素燈泡和特大S形鉤，別家店員一定告訴你根本就沒這種東西。廠商的業務員有時會帶著如何有效擺放商品的「平面配置圖」過來，可是一看到哈維撥給每一品項的空間大概只有他們所要求的一半，都不得不搖頭而退。根據哈維的說法，擁擠的感覺可以傳達存貨的規模，創造引發顧客購買衝動的氛圍。想必眞的如此：哈維每平方呎放置的存貨價值一一三美元，是一般五金行的三倍有餘。每平方呎營業額爲五〇三美元，幾乎是平均值的四倍。換言之，哈維五金行供應眾多商品，不但所需空間低於同業，而且商品銷售速度還顯然因此加快。平均每位顧客購買金額比其他五金行高出百分之五十，或許就是因爲在你找尋某項需要的商品時，附帶看到一些原本沒想到要買的新玩意。

雖然許多存貨放了多年沒賣掉，但哈維五金行不在意大量商品積灰塵，卻帶來另一項優勢。例如，店裡會保留部分倉庫空間存放發生天災後的必需物品：豪雨積水時要用到的抽水機與水管、積雪時要用到的鏟子與融冰劑等等。這些因應不時之需的存貨並非供平常銷售，而是一直擱置不動，以供災變發生時應急之用。每隔幾年暴雨成災時，麻州東部其他店內貨架上的抽水機早就給一掃而空，而你會在哈維五金行內看到每條走道上等著買抽水機的蜿蜒行列。每位顧客都能買到一臺。

面對雜亂無章的店面，顧客又是如何因應呢？事實上，哈維五金行並沒打算讓你自行摸索，而是訓練員工要招呼走進門的顧客，或是任何在走道上停頓下來的顧客，詢問是否需要協助找尋什麼商品，或提供居家修繕的建議。其他五金行——其實一般的零售商也不例外——組織井然有序，店內通道指引與貨架標示清楚，商品陳列一目瞭然，顧客可以很有效率地自行採購，因此所需人力可以減到最低，而且店員主要的工作是維持店內的整齊與秩序。不過整齊的店面不可能堆放太多庫存，選擇性有限，而需要協助的顧客也只能自求多福。雖說哈維五金行人力成本高於平均水準，但高額營收足以彌補這項成本而有餘。美國五金行每名全職人員年度銷售額爲十萬二千美元，但哈維五金行高達二十二萬八千美元。當然，亂也可能降低人力成本，就像我們一開頭提過的曼哈頓雜誌店，因爲不需要像競爭者那樣勤於整理而省下成本。不過哈維五金行更在意的，是爲了維持整齊而付出的「空間」成本，而不是人力成本。

哈維五金行的人員對如何做到亂中有序頗爲內行，七年前店裡好不容易電腦化而採用了一套專爲五金行設計的系統後，哈維和他的手下發現，四分之三的軟體內容根本不合用。如果員工在把一卷密封膠帶遞給顧客後，會自動提醒你存貨不多，爲何還需要電腦告知何時該補貨呢？有些存貨與訂貨資訊目前仍散於店內各處的書面檔案裡，確切地點只有哈維一清二楚，不過店內倒從沒有任何商品曾經缺貨。（但是哈維休假時可能會出些小狀況。）哈維五金行拋開傳統的過濾與清理機制，容忍相當程度的亂，從而能把別處找不到的完整貨品與服務提供給一代又一代滿懷感激的顧客。

附近那七家比較整齊的五金行怎麼樣了？哈維五金行把它們給逐一幹掉了。

完整：亂的制度可以坦然容忍繁複多元的個體，而有秩序的系統卻往往逐步簡化其組成元素的數量與變異性，反而可能丟失某些可能有用甚至關鍵的元素。

完整通常是亂直接帶來的好處，因爲亂意味著兼容並蓄，不願爲效率而採行傳統的精簡流程。以下再以兩個例子說明多元包容的價值：

．全世界的餐廳與食材業者都知道，說起海鮮，所有大廚或老饕的需求幾乎都可以在東京的築地魚市場得到解決。這裡占地寬廣，羅列無數攤位、水槽、桶子，每天有三千噸的海鮮在此交易，種類超過四百五十種。

．大家都知道，愛迪生經過一番廣泛的試驗，最後才發現鎢是燈絲的理想材料。不過大概少有人了解，愛迪生在嘗試階段對各類材質幾乎毫不設限。事實上，爲了找到能持久照明的材質，他花了多年時間，幾乎把手頭上能拿到的各類材料全試過，完全沒有預設立場。他試過的一長串材料，包括各類可以延展爲細絲的金屬，還有焦油、頭髮、煤灰、石灰、紙，以及六千種左右的植物，包括棉花、椰子殼、軟木、竹子等。如果你覺得愛迪生的嘗試範圍廣泛到有點荒唐，請注意，他在燈泡上獲致初步成功時用的不是鎢絲，而是由棉花、竹子與紙製成的燈絲。

共振：與外在同調

我們周遭的世界一團亂。因此當我們想讓自己或系統井然有序，就如同製造了一道圍牆，裡外的混亂程度大不相同。就算這道圍牆確能擋住混亂，但同時也可能讓我們與外界的實況隔絕，錯過攸關成功的關鍵因素。有個絕佳的例子就發生在倫敦繁忙的帕丁頓火車站東北方一個街區，那裡坐落著聖瑪利醫院（St. Mary's Hospital）一大片給煤煙薰黑的建築物，外觀裝飾簡略但不算俗氣。遠離主要入口，深藏在醫院天井內有個小門，通往一道狹窄的旋轉樓梯，只偶爾看到零星的醫院人員與患者出入。四樓幾乎沒什麼人上來，那裡有扇裝了玻璃窗的門通往一個小房間，又可進入一間可俯看下方雜亂街景的狹隘小室。光線透過窗戶積垢射入，可以看出這裡該是間實驗室，沿著窗戶擺放的書桌兼實驗室工作臺上，零亂錯落堆滿一排排搖搖欲墜的培養皿，旁邊是雜七雜八的試管，還有香菸、敞開的書本、筆記紙，外加一堆奇奇怪怪的設備與容器。

你或許認為實驗室的主人才剛離開不久，但實際上這已經是四分之三個世紀前的事。此處正是亞歷山大・佛萊明（Alexander Fleming）的細菌實驗室——根據照片資料重建為紀念館——陳設一如他一九二八年八月出外度假時那樣。他九月三日回來整理實驗室時，發現一小圈參差的黴菌入侵了一個細菌培養皿，而培養皿內的葡萄球菌似乎都避開這些黴菌，就像給壕溝隔開一樣。佛萊明困惑不解，把培養皿拿到顯微鏡下，盤尼西林因而發現。

佛萊明或許不時因實驗室的混亂而受益，至少他不用費事維持整齊，可以節省時間另做更好的用途。但更重要的是，如果佛萊明整齊一點，可能就沒有機會發現盤尼西林。無秩序為實驗室與周遭世界、乃至實驗工作與佛萊明之間創造了連結——也就是共振。如果佛萊明度假時沒有任培養皿暴露於敞開的窗戶下，那麼黴菌——可能來自樓下的過敏實驗室——大概也沒機會飄進來。更進一步說，亂讓事情有了意外地發展的可能，並引起必要的關注。假設那個培養皿是整整齊齊和其他許多培養皿擺在一塊，可能不經意之間就給清理掉了。但在亂無章法的桌上，滋生一圈抗菌物的小盤卻恰好撞進佛萊明的視線內。（談到混亂的好處，佛萊明早先對科學唯一重大貢獻，就是發現溶菌，一種許多體液中都能找到的溫和抗菌物質，他是對著一種細菌樣本打噴嚏之後發現的。）對於亂在自己發現中扮演的角色，佛萊明可是深信不疑。多年後，一群科學家帶領他參觀他們纖塵不染、井然有序的實驗室時，其中一個人大聲問佛萊明，如果利用這樣的設備，他可能會有什麼驚人的發現。「不會是盤尼西林，」佛萊明這麼回答。

共振（共鳴）：亂往往有助於系統與周圍的環境、或是捉摸不定的資訊與變動來源產生共振，並從中發揮有利的影響。井然有序往往使系統與這類有利的影響絕緣，甚至格格不入。

由亂中產生共振，以下是另一些例子：

・噪音常被視爲某種外在的干擾，但卻在亂的各個類型中與共振關係最爲密切。舉例來說，過去幾乎沒人會想到，引擎噪音居然是汽車的安全特性之一。直到超靜音電子配備的車主們發現，行人與單車騎士因爲聽不到車子駛近的聲音，閃避速度遲緩，更加上反鎖死煞車裝置幾乎完全消除輪胎摩擦的刺耳警告聲，讓問題益形嚴重。

・即興也可能帶來共鳴，就像每個旅人都會發現，體會一個城市特性與魅力的最好方式，就是隨意閒逛，而不是到各個坑人的制式景點走馬看花一番。

・共振也可能來自時間的延伸：有鑑於敵軍很容易測知空中偵查衛星何時會經

過，而利用中間空檔採取行動，美國國防部不時會讓遠距衛星隨機偵測敵方行動，以取得更可靠的情報。

發明：有創意的無序

只要你曾坐著對一張白紙發呆，強迫自己擠出一些創意，就會知道靈感通常不會在這種情況下產生。反而往往不經意之間，因爲某些新奇的連結而突然冒了出來，而新奇的連結又經常是伴隨著亂而來。一個例證就是凱斯西儲大學（Case Western Reserve University）商學院希望二〇〇二年完成一棟超人氣的建築物，而學校決策者發現，建築師法蘭克・蓋瑞（Frank Gehry）富爭議性但高知名度的風格頗有吸引力。

蓋瑞知名的設計，除了西班牙畢爾包外表覆蓋鈦金屬的古根漢美術館（Guggenheim Museum），還有麻省理工學院的雷與瑪利亞・史塔塔中心（Dr. Seussish Ray and Maria Stata Center），在莊嚴的形式中融入遊樂場哈哈鏡的滑稽唐突元素，賦與內部空間複雜的個性，也激起每位參觀者的情緒反應。凱斯西儲大學希望自己的建築物設計也能如此引人注目，結果蓋瑞團隊沒讓他們失望，最終提交的建築模型由極端不對稱的成分構成，宛如正在爆炸中，全部給一長條扭曲的金屬帶包裹或刺穿。

學校通過這項設計，也引進一批建築承包商。但承包商一看到這麼複雜的建築模型，對即將著手的任務惴惴不安，於是向蓋瑞的團隊要求藍圖，沒想到答案竟然是：沒有任何藍圖。承包商還以爲是玩笑話，可是蓋瑞和助手卻說眞的如此。不用藍圖蓋房子？承包商傻了眼，他們情急之下或許想到，這不就像沒有配線圖而無中生有拼裝一臺電視？但蓋瑞的團隊信誓旦旦，只要承包商研究這個模型，就可以算出需要的各種尺寸。承包商反駁，這樣做不可能把模型精準地比例放大——除了測量尺寸外，有一半得憑印象行事。蓋瑞的回答是：這就對了。

其實蓋瑞關心的並不是建築的角度或尺寸精確與否，而是能不能激起觀者或住戶的感性印象。他認爲，傳達這種印象的能力難以捉摸又相當微妙，很容易在簡潔明確的二度空間草圖中喪失。蓋瑞的夥伴吉姆・格林夫（Jim Glymph）這麼形容：「如果你拆開成二度空間的片段，每一部分好像都跟模型很接近。可是如果拼到一起，你會發現有些微妙的曲度不見了，或許你認爲這沒什麼差別——但少了這些，建築物就徹底死了。」

爲捕捉建築物的感性特質，蓋瑞認爲每位施工人員都應在建築流程中持續創造，沒有藍圖爲的就是確保這點。捨棄詳盡的計畫當然具有破壞性——會引發漩渦，弄亂井然有序、清晰界定的流程。承包商既有的方法與程序因而受到顛覆，不得不與蓋瑞團隊合作，聯手把模型的外觀與感覺轉換爲一棟完整的建築。可想而知，惶惶不安的承包商緊盯著蓋瑞的事務所，希望找出該如何著手。克利夫蘭GQ承包商的營運長艾德・賽勒斯(Ed Sellers) 表示：「在這個案子之前，我可從來沒在任何建築師事務所待過一小時以上，可是爲這個案子我跑了二十二趟，每次要在他們辦公室待四、五天。因爲我們沒有完整的設計圖，所以得由自己逐步完成這項設計。」

少了藍圖的嚴謹規格以及標準作業流程，承包商與建築師得以共同重新思考設計與施工技術，而這正是達成該案原始宗旨的必要途徑。創意的引爆由此萌生。GQ最終開發出一種以非傳統材料構建彎曲內牆的新技術，這項突破不但成功因應凱斯西儲大學建築物的挑戰，後來也成爲一項高獲利的新業務。其他的承包商同樣收穫豐碩：印尼的杭特建設 (Hunt Construction) 發明了一套測量建地的新方法；奧瑞岡州波特蘭的哥倫比亞電線與鐵器 (Columbia Wire and Iron Works) 設計出一臺可以將鋼樑雙重彎曲的機器；

紐約的德賽蒙結構工程事務所（DeSimon Structural Engineer）爲建築鋼材開發兩種新的構築技術，堪薩斯市的A・詹納公司（A. Zahner Company）發明了一種裝設金屬鑲板的新方法。令人耳目一新的建築在完全符合預定時程與預算下落成，而且大多數承包商都欣然見到，自己不得已之下的創新最後竟改變了未來經營方式。就算在高度保守的營建業，並非所有的驚人之舉都是胡鬧。

發明：亂會錯置與更動系統的元素，讓它們更爲顯眼，從而引發新的解決方案。整齊往往局限新奇與意外，要不然就是對其不屑一顧。

其他因混亂而導致的發明如下：

・許多名廚喜歡在有豐富食材與器具環繞下工作，因爲這方便他們嘗試新的食材搭配與新的烹調技巧。

・分心也可能有幫助。我們大都有過這種驚喜，就是暫時把某個難題擱開不想後，反而忽然得出解答。

效率：不按牌理達到目的

美國因反恐戰爭陷於挫敗而飽受各方指責，先是無力防範九一一恐怖攻擊，又逮不到蓋達組織（al-Qaeda）首腦，接著遲遲無法重建伊拉克的秩序。大多數的批評都集中在美國政府與軍方缺乏效率：機場沒有完善的維安程序；情報與執法機構無法緊密協調；軍方對伊拉克戰後情勢未能充分的規畫等等。不過換另一個觀點看問題，要知道美國面對的恐佈分子很難對付，因為他們是一團混亂。這一小撮資源有限的恐佈分子善用自己的無序，搞得有史以來裝備最精良、組織最完善的軍事與情報力量對它一籌莫展。

蓋達組織的成員散佈全球，往往混跡人群之中，行動無從預測也沒有規律。蓋達不同於傳統的恐佈組織，並沒有明確的基層組織或小組共同行事或互通聲息。事實上，蓋達可能根本稱不上是一個組織；專家們有時認為它更像一種運動，或甚至一種哲學。它會忽然由某地冒出來，然後在另外的地方消聲匿跡，同時不斷吸收新成員。由於加入者不會費事地安排組織的階層、準則，甚至鮮少彼此溝通，因此各國政府就算逮捕一些成員也無濟於事。蓋達的成員通常對其他成員所知有限，更不清楚別人在做什麼，也沒有聯絡管道。由於蓋達並沒有單一的敵人或明確的標的，也沒有單一的攻擊計畫，所以沒有任何國家可以肯定自己是否會遭到攻擊，就算知道，也無法確認時間與方式。凡此種種，讓蓋達組織成爲專家眼中的惡夢，因爲他們完全無計可施。美國國家安全智庫蘭德公司（Rand Corporation）資深社會科學家大衛·倫斐德（David Ronfeldt）指出：「既然蓋達的組織裡幾乎沒什麼是固定的，反恐分析與策略人員也得因應變動不居的現實與前景，隨時準備修正看法。」伊拉克反抗軍的問題也與此類似。

沒有道理可講，讓恐佈分子威脅程度大增，反過來說，美國採行高度秩序化的防禦方式，經常沒有成效或甚至有反效果。軍方固然可以派出紀律嚴明、裝備先進的士兵，或是由配置飛彈的無人飛機在空中巡防，問題是該向誰開火？成千上萬的分析人員埋首分析竊聽來的資料檔、搭機旅客名單、財務紀錄，但成績乏善可陳。在此同時，可能又有軍方運輸車隊成爲突發式自殺炸彈客的攻擊標靶，甚至連美國國防部所在的五角大廈——也就是許多這類分析人員置身的建築物——也成爲可以被攻擊的目標。一份美國國土安全部（Department of Homeland Security）關於恐怖主義與反恐的報告發現，現有反恐措施「未見削減恐怖主義的跡象，甚至反而助長恐怖主義發生的可能性與相關的傷害。」《九一一委託報告》（*The 9/11 Commission Report*）也應和這種看法，認爲美國出兵伊拉克與阿富汗，最終可能導致這兩國成爲「孕育對美國本土攻擊的溫床」。然而美國反恐新措施的焦點似乎仍舊放在建立更高度的秩序上。聯邦調查局、中情局、國安局全都在進行沒完沒了的改組，而美國軍方則耗資千億美元進行未來作戰系統（Future Combat System），重點是建立偵測網絡與通訊連結，以改善指揮與管控。

沒錯，美國無法在反恐作戰中有樣學樣，把自己也變得捉摸不定。它不可能把軍隊分散潛伏於一般平民之間；不可能爲了減少受到攻擊的目標，撤除人民日常生活中一些井然有序的基礎設施；也不可能爲了逮到少數恐佈分子，揚棄對民主與人道行爲的保障，殃及無數無辜平民。不過只要能體認無秩序乃是敵人的最大優勢——而不是毫無理由地認定美國的問題在於缺乏秩序——就可以在制定新策略上有長足的進展。

例如，有些專家建議故意把大量假情報放給登記有案的恐怖分子，而不是把他們抓起來審問，因爲恐怖組織太鬆散，根本沒有辦法有效遏阻或監控。還有人主張應把焦點放在中層而非最高領導人身上，因爲研究顯示，在缺乏秩序的網絡中，肩負最多工作的是居中的連結點，摧毀它們造成的殺傷力也最大。此外，情報與執法單位應改採特殊設計的電腦程式，持續解讀龐大而不相關的資料，從人找出可能的關聯，而不必由情報單位全面蒐集由航空飛行到銀行存款等數百萬筆雜亂無章的資料，再集中精力辛苦地過濾與分析——僅以聯邦調查局來說，就因反恐效果不彰而淘汰了三種電腦系統。美國與其費心防範每次可能的攻擊，還不如讓軍隊與平民能做更充分的準備，確保遇襲時能安然無恙。人員與車輛配置周全的防護，有時比遍佈偵測網絡更有幫助。高科技安全專家布魯斯・許耐爾（Bruce Schneier）就指出，飛機上有效的反恐之道，就只有靠強化機艙門，還有乘客願意更積極反擊。亂並不是所向無敵的武器，但你必須了解它，才能找出克制之道。

效率：亂的系統經常耗用最精簡的資源達成目標，而且有時還能轉移部分工作負擔到外部。整齊與秩序卻必須持續消耗資源，而且工作負擔往往一直卡在系統內部。

亂創造效率的其他例子有：

．搜救行動領導人有時必須做出抉擇，究竟該組織有計畫、有系統的搜尋，還是就地分散現有人員，立刻全力展開搜尋比較有效。後一種方式在分秒必爭的狀況尤其適合，像是兒童遭綁架或海灘戲水失蹤等等。

．不一致性對賽跑選手通常很有幫助，不少人採取變異性大的練習計畫，不斷更動跑步的速度、距離、難度與頻率，讓耗氧量的效率達到最高。

活力：充沛的力量

亂往往給當作一種軟弱的象徵。在個人來說，亂被視爲是一種性格缺陷。而大多數公司都認爲，競爭對手愈缺乏嚴密組織就愈脆弱。但事實是，無秩序有時反而可以帶給你某種力量——一所名叫小紅馬車（Little Red Wagon）的私立幼稚園就充分運用了這個道理。倒不是說開學日到學校時，會看到什麼無秩序的現象，不過你可能注意到兩大間教室的牆壁幾乎一片空白。這個突兀的景象可能讓家長聯想到這裡的老師是不是缺乏想像力或熱誠，而開始擔心小孩沒法得到充分的激勵與鼓舞。爲撫平這種疑慮，創辦人兼園長蓋兒・雷芙汀（Gail Leftin）會這麼解釋：「如果你貼上一張二十六個英文字母的海報，就等於告訴孩子幾件事。首先是他們應該學習這些字母，而且得按照這樣的順序。字母A的Apple，你看到的是個紅蘋果，所以蘋果應該是紅的。可是，你沒有告訴他們『爲什麼』。爲什麼必須學ABC？爲什麼蘋果要畫成紅色？」

雷芙汀解釋說，這並不表示孩子不該學習或做這些事情。她只是質疑，是否因爲貼在牆上的一張紙，或者就因爲老師這麼教，他們就該這麼學？她指出：「當兒童從一張海報或老師的教學中學習，他們眞正學到的只是如何遵循指導，以及記住別人給予的知識。」小紅馬車的最高運作原則，就是儘量不提供兒童現成的學習素材。那裡沒有既定的課程，也沒有精心設計的教案。孩子在不受拘束的熱鬧氛圍中，完全靠自己發現一切。

小紅馬車的基本理念是，提供一群孩子多種簡單的材料——雷芙汀會把裝有軟木、黏土、彩色砂子、羽毛的容器，還有傳統的玩具，如洋娃娃、小汽車、積木等，放在可隨手拿到的地方——但是很少指導他們該怎麼做。有時老師會唸一個故事，提示某個特定的主題，如森林、太空旅行或恐龍，不過故事唸完後，老師並不會刻意要孩子遵循這個主題。小朋友遊戲時，老師會坐在旁邊觀察，有時要他們說明自己在做什麼，有時回答他們的問題、提供必要的技術協助（像是怎麼把一條線固定在軟木上）、記錄孩子的言行，偶爾也用數位相機拍照。

孩子的表現經常令老師意外。不過，每個孩子似乎都能理解其他孩子的意向，所以最後通常都能聚集到一個鬆散的主題上。例如有群孩子原本把圓圈黏到紙上，接下來開始把焦點放在眼鏡上，然後就討論起視覺的問題，最後主題就集中於身體如何運作上。有個男孩用一塊積木敲洋娃娃，老師的反應不是斥責，反而顯得很有興趣，而男孩解釋說他需要有個受傷的病人，好讓他醫治。結果很快就有一半的小朋友都開始加入醫院的運作。

根據傳統的定義，小紅馬車的老師並沒有「教」，但他們也不是被動的觀察者。他們受過訓練，會在適當的時機提出問題，自然而然引導孩子學習數字、發音或一些基本觀念。如果老師指出某位小朋友的圖畫裡有三個方塊，其實就是在誘導他們思考計算的問題。如果兩個孩子共同蓋好一座塔，老師可能會建議他們幫忙她寫「請勿觸摸」的告示。

這樣的學習與兒童自行選擇的材料相結合，所以他們往往比較感興趣，也能在有意義的架構下了解相關的事項。這樣傳授的課程也比較不容易忘記；就好像比起死記別人告訴你的路線，當然和自己找路而在腦海烙下深刻記憶大不相同。

雷芙汀指出，傳統學校的老師得浪費大量時間與精力，讓學生專注於固定安排的活動或課程。她提及有次應邀到一所規模較大的學校，爲老師與行政人員講述她的做法。有位老師問起小紅馬車的老師如何處理紀律問題，結果雷芙汀的答案讓他們簡直不敢置信。她說她沒法回答，因爲她的學校從沒有過這種問題。紀律問題通常是小朋友覺得乏味或挫折時才會產生，事先規畫好的課程或活動中自然屢見不鮮。但雷芙汀的學校裡，每個孩子總是對手頭上做的事興致盎然，因爲這是他們自己的選擇。正因如此，老師可以自由地協助孩子由活動中學到最多，不必督促他們守規矩。

至於那些空白的牆壁，上面很快就充滿孩子們的作品，還有他們在上課時的留影，附加由老師筆記中摘出的語句。雷芙汀說：「牆壁成爲孩子與家長記錄學習旅程的方式。牆壁就是我們的課程。只不過在塡滿之前，我們也不曉得那會是什麼。」

目前美國各州已匆促實施小學生標準化測驗，以致早在幼稚園階段即出現更規範的制式課程，這點對於沒有規律與固定課程的小紅馬車似乎相當不利。然而雷芙汀追蹤畢業學生的表現，發現他們小學低年級的標準化測驗分數通常遠高於平均水準。不過她認爲小紅馬車教學方法的眞正優勢，在於激發創意、自信與勇氣——該校的「亂式」教育爲孩子灌輸了心智的活力，任何的教學或測試場合均能應付裕如。對比之下，接受專門針對考試所設計的制式化課程的孩子，難以適應需要創意的作業，甚至連新課程也有問題。雷芙汀指出：「這裡的孩子覺得嘗試與創造很有收穫。等他們日後碰到棘手的課程時，還是會一直保持這種精神而受用無窮。」

家長好像也贊同這種看法。當地大多數私立幼稚園都必須大力招攬學生，小紅馬車卻幾乎僅靠口碑就能招生滿額，而且還得婉拒一些學生。隨著該校聲譽鵲起，也有更多學校向雷芙汀取經。幾乎人人都同意，我們的學校需改革，但卻沒有多少人想到，亂式教育是其中一個受忽略的環節。

活力：亂往往能把不相干的元素鬆散的聚合起來，因此亂的系統更能因應衝擊、失敗，也更不易遭人模仿。有秩序系統的優缺點往往較爲明確，因此通常相當脆弱，容易受到扭曲或破壞，也比較易於模仿。

以下再舉幾個例子：

・混雜可以帶來活力——例如雜種狗生命力往往比純種狗更強韌，就是拜混合兩組差異較大的基因之賜。

・雜訊也可以創造活力。傳統電腦晶片碰到雜訊時，電路會出現高度的電子移動干擾而造成錯誤，但目前新的量子電腦不但在原子層次上可容忍雜訊，而且能直接應用雜訊，讓解決問題的速度快上幾百萬倍。

・美國海軍的海豹部隊（SEAL）靠即時反應而非命令，以確保任務的活力，不致在有敵人滲入的危急時刻落入對方手中，而能因應難以預測、複雜多變的狀況。

看了這麼多亂與無序可能給個人或組織帶來的好處，接下來我們要更近距離觀察一下亂和人的關係。

5 亂之個人篇

亂有很多種形態，不過要形容個人的亂，可用的字眼除了「邋遢」或「髒鬼」，實在少得可憐。現在我們就要改善這種狀況。畢竟，想要指控別人太亂，我們好歹也該整理出一些頭緒。

幾種混亂與整齊的人物典型

混亂恐怖分子：把破壞性的亂施加於人，希望藉以損人而利己。例如：

- 員工毫無章法地完成任務，免得日後再被分派同樣的任務。另一種被動的做法就是完全曲解上級對任務的指示，讓任務給取消。
- 十九世紀法國農場工人企圖阻撓場方使用機械收割機與其他新型農業機器，

以免飯碗受影響，所以用木塞子或木鞋卡住這些設備——現在稱妨礙生產的怠工爲sabotage，就是由sabot（木鞋）一字而來。

・律師接獲傳票，要求提供客户的相關紀錄，就把所有文件不按順序放到幾百個没標示的箱子裡交出去。

秩序恐怖分子：把破壞性的秩序施加於人，希望藉以損人而利己。例如：

・醫療保險的理賠人員吹毛求疵，只要未能百分之百符合複雜到令人弄不清楚的文件規定，即拒絶理賠。

・交警對空曠道路上變換車道而未亮指示燈的駕駛開罰單。

・部門主管因部屬從事對公司有利、但並非正式職權内的工作而加以懲處。

・父母要求小孩離開房間時一定得把玩具全收拾好。

頑固的混亂製造者：製造旁人無從插手的亂，以鞏固自己的影響力。例如：

・行政助理設定一套特異的檔案或行程登記簿，別人無從查閱或安排行程。

・顧問爲紐約市政府制定一套没人弄得清的管理規章，來規範建築物遮蔽到其他建築物的陰影，因此是否合乎規範，唯有請他來裁決。

假正經：**表面看似有秩序，其實用意在於隱藏底下的亂。例如**：

・室內設計師以一間裝潢簡約、一絲不亂的房子招待外人，隔壁自己住的房子卻很少收拾。

・夫妻把家中所有雜七雜八的物品全集中到堆放到少數幾個房間，好讓大部分房間看來很整齊。

・一些專業人員煞有介事把所有約會輸入電子檔，但對其中的內容並不關心。

・電視主播穿西裝打領帶播報新聞，而主播臺後面的下半身穿的卻是牛仔褲和便鞋。

假瀟灑：外表刻意顯得亂，以隱藏內裡的秩序。例如：

・青少年每天花二十分鐘對鏡裡打理，好讓自己看來隨興不羈。
・高階經理人故意拖延時間，等到最後一刻才匆匆趕去開會。
・商店經理人把原本架上按類別整齊排列的貨品拿下，混在一起放到箱子裡，營造拍賣大減價的氣氛。

樂在混亂者：由混亂本身獲得樂趣的人。例如：

・學生把自己的宿舍弄得到處是髒衣服、腐壞的食物和其他更可怕的東西，因爲覺得這樣比乾淨的房間更舒服。
・經理人認爲亂七八糟的辦公室可以顯示自己有多忙碌、多重要，也不管工作流程是否因而受到干擾。
・老闆經常忘記或疏忽自己必須出席的會議，而且毫無愧意。

樂在秩序者：由秩序本身獲得樂趣的人。例如：

・工匠用完每種工具後，不管待會是否再用，一定放回工具箱內。
・主婦堅持每晚定時開飯，不管家人是否有事。
・經理人要求休假申請必須三個月前提出。

有秩序的拖延者：無休止地重新排列與整理，拖延不去完成眞正的工作，例如：

・教授花一整天的工夫重新整理電腦檔案。
・主婦把各種香料按字母順序排列，每用過一次就重新整理、補充。
・中階經理人反覆琢磨自己的任務清單，卻從未眞正完成其中任何一項。
・母親花很多時間收拾整理玩具，卻沒時間陪孩子玩。

爲亂創造新意者：能以意想不到的方式由亂中挖掘出新功能。例如：

・研究主持人讓助理們檢視自己散亂的書桌，看看他們會被什麼東西所吸引，好做爲分配研究案的根據。

・經理人把會議時間安排得相互衝突，有時不同會議的參與者會碰在一起，雙方交換看法並共同合作。

・廚師把一堆不相干的食材放在一塊，藉以激盪出全新的組合方式。

以秩序傲人者：以凸顯自己比別人更高一層的秩序而自豪。例如：

・鄰居在未經你詢問下，自動告知他的庭園設計師是何人。

・同事開會時剛聽到老闆提及完成期限時，就得意地掏出電子記事本，大剌剌敲起鍵盤。

・瑪莎・史都華（Martha Stewart，不過她嘗過牢獄之災後或許收斂了一點。）

爲秩序爭功：誤把本屬隨機的正面結果歸功於自己的計畫。例如：

・市長宣稱本市犯罪率下降是自己的反犯罪方案收到成效，其實這只不過反映全國的趨勢。
・避險基金經理人吹噓過去幾個月績效優異，其實市場一直在上漲。
・執行長認爲近期業績好轉全應歸功他新推動的長期策略。
・賽馬訓練師把大勝歸功於自己新的訓練計畫與比賽策略。

諉過給混亂：誤把自己的失敗歸咎於外在的亂。例如：

・市長辯稱本市犯罪增加率高於全國平均水準，係因國內經濟景氣低迷。
・避險基金經理人堅稱基金淨值暴跌的根源是稅法的變動，而非自己誤判長期市場以致投資錯誤。
・執行長把年度業績滑落歸咎於氣候異常。
・賽馬訓練師把連輸三場的原因推給比賽跑道泥濘。

對秩序自以爲是者：聲稱自己的秩序方案優於別人。例如：

- 蘋果電腦麥金塔的愛用者堅稱，微軟視窗作業系統使用不便。
- 中學老師要求學生買某一本特定的字典。
- 管理顧問建議公司去除或增加一個管理層級，以改善績效。

亂的救世主：自稱可以提供你到達秩序烏托邦的祕密。例如：

- 任何宣稱可以協助你變得有條理、養成高效能習慣、輕鬆在更短時間內做更多事、收拾整齊、簡化生活、持續改善流程、重組你的組織、爲成功計畫的人。

亂的模式

集體的亂：有時一組個別的亂會匯聚爲大規模的亂，如汽車廢氣、法庭內的耳語、家庭起居室堆積的東西。有時個別看來並不亂，但集中在一起卻顯得混亂。例如某家公司的客戶資訊散佈於個別員工手上，雖然每位員工對手上的客戶都握有相當完善的資訊，但公司卻缺乏良好的方法把所有客戶的資料彙整爲完整的客戶名單，也不能迅速查出某位特定客戶的資料該向哪位員工索取。

適度的亂：要是主張核電廠、租稅紀錄或停車場也不必井井有條，未免太說不過去。不過人生中也有許多事物雖然經常給安排得整齊有序，但保留一點亂的空間或許更好，例如假期、友誼、藝術、打瞌睡、記憶、寵物、離婚、運動、點心、約會、遊戲、失業、閱讀、性、戰鬥、養育子女、死亡。

表面修飾的亂：有些人根本不在乎在別人眼中看來有多亂或沒組織。但在乎的人只要花一點時間，就可以看起來比較像樣，儘管事實並非如此。不常洗澡但頭髮梳理服貼的人，看起來會比超愛乾淨但一頭亂髮的人更整潔。同樣地，一大堆未整理的文件可以疊在一起，不加分類地塞到抽屜裡；衣服可以堆到衣櫥裡；所有會議都可安排到你的辦公室舉行，就不需記得什麼時候該去開會；逾期未進行安檢與更換機油的汽車卻仍經常洗車；員工明明頂著「內部顧客關係襄理」的明確職稱，但整天只做自己想做的事。

脆弱環節的亂：我們不厭其煩地建立起精心組織的系統，有時卻因系統的秩序過於依賴單一而脆弱的元素，以致功能全盤失靈。例如：摔到地上的電子記事本、忘在家裡的採購清單、因感冒沒上班的行政助理、缺乏正常電話線路的緊急應變中心。

散漫的亂 vs. 結構的亂：散漫的亂是指不死守一套既定的秩序；而結構的亂是指根本沒有一套既定的秩序，或是秩序不夠精良。散漫的亂如：衣服扔在臥室各處、九點的會議姍姍來遲、車子開到另一線車道上。結構的亂如：因爲沒有櫃子或架子可收納，把CD堆在地上；臨時會議找不齊出席者；在未畫格線的停車場與另一輛車相撞。

暫時的亂：就算通常井井有條的人也會偶爾開竅，爲了更優先的任務而把條理暫放一邊，容忍短時間的混亂。例如要提交重大報告前的兩星期，辦公室可能堆積一大堆文件;橄欖球隊眼看比賽將近終了而省略隊形排列;對軍需品嚴格管控的補給軍官,在部隊遇到突襲時放寬規定。

好奇的亂:有時人們會出於好奇、好玩或實驗性質而製造或容忍亂。像美國海軍軍官學校(U. S. Naval Academy)的一位教授有時把食物擺上好幾年,觀察其中的變化;學校管理當局容許學生在特定的牆壁、人行道或紀念碑上塗鴉;要求穿著正式服裝的公司,經理人偶爾以休閒裝亮相。

場合的亂:在特定場合,我們會預期接觸到屬於「亂」的人,而另一些場合則是整齊的人。例如造訪藝術家的工作室,看到凌亂不堪的場景我們眼睛也不會眨一下,可是同樣的場景要是出現在大公司執行長的辦公室,就會讓我們大感震驚——好像藝術不容紀律存在,而企業則沒有創意。有人就刻意扭轉這種不成文的規範,像是某些藝術家透過數學公式創作,而有的執行長獨樹一格、平易近人地身著工作服和第一線員工在一起。

天性的亂：由於大企業與政府機構希望以更有系統的方式評鑑應徵者，專家因而設計出多種人格測驗，有些可判定受測者天性上屬於有秩序或無秩序。如歷史悠久的Myers-Briggs測驗，就把人區分為「有計畫」、「有秩序」的「法官」，或是「有彈性」、「即興型」的「感知者」。不過對此我們倒頗為存疑，因為本性有條理的人也可能學會比較放鬆，而且測驗本身也未必那麼精確，如果參加過兩次，那麼第二次評估出現不同結果的機率超過五成。

命定的混亂：有些人似乎生來就命中帶「亂」，他們可能不停換工作、不停搬家、一直更換感情對象。或許，前科累累的慣犯大概也可算在內。我們身邊總會有那麼一些人，老是碰上一樁又一樁麻煩事，好像永遠沒完沒了。他們可能純屬運氣不好，但有的人或許就是在不穩定的情況下才活得興致高昂。

基因混雜：上次美國人口普查時，超過七百萬人把自己列為「多元種族」。和全體人口相較，這一族群年紀較輕，有四成左右在十八歲以下，顯示這是個往上的趨勢。在動植物界，基因混雜的品種具有適者生存的優勢，人類基因的融合則有助消弭種族與文化隔閡而導致的社會對立與衝突。重視血統純淨觀念的國家，這方面的進展自然較爲緩慢。以伊拉克而言，約有半數婚姻關係是發生於表親或再隔一層表親之間。

「亂」的策略

雖然許多人都說沒時間整理，不過其實還是不斷運用一些有效的整理策略，讓狀況維持在可控制的程度。以下就是一些有效但大家習而不察的混亂管理策略。

小亂：在較大的範圍內容許一小塊亂的化外之地，有助於保持整個區域的秩序。有些人會把廚房流理臺一角、臥室的一個衣櫥、書房的幾排架子、辦公室裡一張桌子當做「亂」的收容所，減輕整個房間完全收拾整齊的壓力。同樣地，告示板或冰箱門也可容納郵件、孩子的畫作和其他紙類雜物，讓廚房其他地方保持清爽。

週期消長：有些亂的消長自有其循環週期，經過一段時間的增加後，多少會稍微減退。例如上班上學時間內多容忍無秩序的狀態，到了週末或寒暑假再認眞收拾一番；或是配合工作的壓力、照顧子女的責任乃至心情的起伏，決定暫不理會或好好清理。

重疊的力量：任何東西只要堆成一疊，看起來就相當整齊，甚至不必按順序排列，連歸類也不需要。地心吸了眞是了不起的粘著劑：散了一桌的雜誌、CD、書本、照片、撲克牌、收據、零食包裝袋，全都可以排成相當整齊的一疊，既不易傾倒，也不顯得太突兀。如果這疊東西再以盒子或箱子收納，整齊度立刻再升一級——這種方式是與亂和平共存，而非誓死消滅。

考古挖掘：一大堆東西塞到抽屜、檔案櫃、衣櫃、閣樓、床底或桌底、沙發背後，也未必完全不能發揮作用，只要重要的東西大致都在容易拿到的上層或外層即可。這種情況往往很自然發生，因爲常用的東西大都不會閒置太久以致埋藏深處，而少用到的卻可能雲深不知處，要翻箱倒櫃一番才找得出來。通常不被視爲存放東西的地點，也很可能讓「亂」偷偷地滋生，像是家具的下面或後面，或是洗衣機與烘乾機等大型設備的後面或兩者之間。

維修計畫：面對一堆堆長期累積起來的雜物，有些人的感受宛如面對核子廢料——需要龐大而昂貴的清運工作，不能等閒視之。不過比較理智的人會迅速採取一些小幅的調整，把亂控制在不妨礙正常功能的程度，例如不時過濾一下堆積物，確定沒什麼重要的東西藏在裡面；丟棄最下面一兩層，騰出空間放新的東西；把散落的雜物集中一個地方，清出一塊可用的地方。

突發狀況

Code Blue（校園維安警報）：亂所潛藏的危機，可能因爲短暫密集、正中要害的整理行動而安全化解。聽說某人即將造訪，可能引發一陣高效率的緊急行動，把散在地板上的衣服扔進衣櫃，把累積一星期的報紙丟到垃圾筒，把碗盤收到水槽，讓幾個星期未整理的居家環境馬上變得可以見人。辦公室也會發生同樣的情況。

另闢空間：全美可供租用的自助式儲藏空間足足有十五億平方呎。省下聘請專業整理師的費用，足供你好幾年儲藏費而綽綽有餘。

亂不相投

每個人對另一半（或事業夥伴）與亂相關的怪癖，都有一籮筐的故事。看來亂本身倒不是多大的問題，兩個人對家中秩序的看法分歧才是關鍵。不見得井井有條的人與毫無條理的人之間才會發生對立，對於亂的總體容忍程度，或對不同類型的亂的容忍程度，只要稍有差異，就可能導致爭執與衝突。以下是我們調查與訪問時蒐集到的一些說詞：

「我恨不得把我先生那一堆堆廢紙全清掉，結果有回扔掉一張金額很大的支票。我們住的是公寓，所以必須逐一清查外面大垃圾筒裡一袋袋的垃圾，找出我們家的垃圾袋，再從裡面翻出那張支票。」

「我聽到有位同事在電話裡責備老婆，做三明治的時候沒把各類食材的順序放對。」

「我要老婆把好多堆雜物清掉，本以爲她會一扔了事，沒想到回家才發現，她花一整天才清完半堆。」

「好不容易動手清理一個房間，他會很講究方法，一絲不苟，簡直可用……！可是屋子的其他部分看起來卻像被扔過炸彈。」

「過去我總抱怨她烤土司弄得滿地麵包屑，現在我負責烤土司，變成她抱怨我弄得滿地麵包屑。」

「他把碗盤放入洗碗機後，我得再重放一次。」

「我先生不能忍受床鋪不收拾，而我不能忍受碗盤不馬上洗乾淨。」

「我必須不停地收拾，否則我先生就會絆到地上的東西而受傷。」

亂對於夫妻關係傷害有多大？有關離婚與婚姻關係的傳統文獻中，亂與無秩序往往隱藏在一個較廣泛的因素中，如「家事的爭執」。但根據我們的調查，近八成與他人同住的受訪者表示，對亂與秩序的看法不同，是雙方關係緊繃的原因之一，更有十二分之一的人直指亂所引發的爭執是導致離婚、分手或關係告吹的一項因素。這項調查也有個很有趣的發現，那就是同住的男女對自己與另一半亂的程度，感受大不相同。簡單來說，男人認爲自己與另一半亂的程度大致相當，但女人通常認爲自己比較整齊有條理，她們對自己與另一半的評價也都比較嚴格。

亂可能影響雙方關係的平衡。如果某個人有辦法讓家裡或辦公室亂到一定的程度，只有他或她才弄得清每樣東西放哪裡，那麼另一方要找東西就只有完全仰仗他或她的份。對於亂容忍度高的人，比容忍度低的人居於有利地位，因爲不費什麼力就可以搞得對方心神不寧。（如果你很容易被隨地亂放的東西絆倒受傷，最好別惹對方生氣。）討厭亂的人有時眞的很難討好。一位先生爲了給有潔癖的妻子一個驚喜，賣力把浴室清掃一番，連洗手槽上面放盥洗用品的檯子也閃閃發亮。可是妻子看到清潔的檯子卻驚恐不已——因爲她立刻聯想到，先生定是把那些盥洗用品暫時放到骯髒的浴室地板上，雖然是短短的接觸，卻令人想到就作嘔。

如果雙方都有意解決亂的問題，顯然只能尋求妥協之道。比較邋遢的一方該多花點心思在整理上，而厭惡髒亂的一方如果看到一些凌亂的場景，最好睜隻眼閉隻眼。以下兩種策略也可供參考：

・互補——大致上就是「我負責控制這種類型的亂，你負責另一種」，如果雙方分別對某種類型的亂特別敏感時尤其適用。典型的例子如：一方無法忍受家裡有灰塵或汙垢，而另一方則討厭東西隨處亂丟；一方重視廚房的整潔，另一方重視臥室；一方討厭桌子凌亂，另一方討厭檔案沒有整理；一方希望早上出門前整理家務，另一方喜歡睡覺前整理。這種妥協的關鍵之處，在於容忍對方對你的整潔需求漫不經心。對骯髒敏感的人看到另一半無意把足印留在剛擦好的地板上，應該學著去接受。

・劃定非軍事區——雙方各劃定一塊區域，符合自己對亂的偏好，其他區域則兩人都沒有主導權。如果雙方都希望保留可完全做主而不容任何妥協的空間，就適合採用這種策略。如此，一方可能在亂成一片的書房自得其樂，而另一方則可以保有井井有條的起居室，至於廚房，大家就相互忍耐吧。

最後要談一下如何面對子女的亂。我們前面提過，父母和子女在這方面的爭執可能引發暴力相向，甚至導致死亡——至於因而造成的受傷或情緒創傷，就更不在話下。有項針對家有六至十二歲子女的家長所做的調查發現，九成家長表示子女房間是家裡的一個「亂源」，三成四認為孩子懶散的習慣常成爲親子爭執的話題。以下是某些整理達人的建議：每晚設定計時器，讓子女知道該花多長時間整理自己的房間；睡覺時還扔在地上的玩具會遭到沒收，必須做家事贖回來；讓不肯花時間整理的孩子待在「處罰箱」裡。要記住，不少青少年上大學之後，只知待在凌亂不堪的宿舍裡縱情取樂，辜負這段創造力最旺盛的時光。

七項被高估的時間管理策略

一、焦點集中。時間管理理論告訴我們，瞄準特定目標，保持有助達成目標的習慣，就可以避免分心或爲無用的事物耽擱進度。不過這樣做有幾個問題。萬一集中焦點而努力多年後，卻發現當初的目標根本選錯了，又該怎麼辦？爲什麼愈來愈多高績效的機構，像是芝加哥大學與美國軍方特種任務部隊，都特別強調交叉訓練與功能間的互動？你怎麼知道現在認爲是浪費時間的事，眞的就是浪費時間而不值得的事？爲什麼那麼多傑出成功人物的生涯中，充滿前後不一、嘗試錯誤、轉換跑道的事蹟？

其中一個例子是牛津畢業的實驗心理學者本恩‧弗萊契（Ben Fletcher），他曾任商學院院長，現在則是英國赫特福郡大學（University of Hertfordshire）心理學學院的院長。他最近設立一家顧問公司，專門協助企業降低工作場所的壓力。弗萊契指出，組織裡最普遍的壓力來源是經理人待人不當，過於主觀、嚴苛、不夠寬容。在協助經理人改善行為的過程中，弗萊契發現他們大都可以了解並接受自己行為失當的事實，但卻罕能眞正改變對下屬的態度，就算暫時做到，也無法長久維持。弗萊契指出，一般人習於每天以同樣方式行事，因此往往給有害的習慣困住。就這方面而言，焦點與持續反而成為解決問題的障礙。因此弗萊契要求經理人更動生活上比較容易修改的行為，像是上班的路線、午餐的內容、開會的座位——任何事情皆可，只要在行為上帶來變化就好。結果頗為令人意外：以這種方式修正自己日常習慣的經理人，僅僅幾星期就發現自己也可以改變對待部屬的方式。弗萊契解釋說，這是因為一般人常會陷入他所謂的「習慣網」之中，因而想進行重大的改變時，卻發覺自己給緊緊束縛住。如果先剪斷網子的幾根線，最終就能讓整張網子鬆動，以進行較重大的改變。他指出：「新的行為帶來新的體驗，最終有助於改變思考的方式。」弗萊契還進一步說明，隨意變動一些容易更改的習慣，不但讓經理人成爲更好的主管，而且還幫助他們減重，並修補與家人的關係。

二、愈多愈好。不少人借助各種策略，希望每天能做更多的事，因爲他們認定做完愈多事就愈好。可是看看一些最沒效率的人，老是蜻蜓點水一般，由一件事跳到另一件事，讓與他接觸的人都覺得他沒有眞心付出。反倒是我們，每天總覺得自己沒做多少事，不過到頭來重要的事情大致都沒遺漏，而且親朋好友有需要時，也總能獲得我們完整的關懷。

三、列清單。列清單是所有整理專家都會倡導的基本教條，而個人生產力教父大衛・艾倫（David Allen）的粉絲對此尤其熱中。艾倫與他的信徒認爲，把任務與職責寫到紙上——或電腦上，因爲艾倫也賣任務管理的軟體——可以立即紓解焦慮並集中注意力。不過比較難理解的是，如果有人只要寫待辦事項清單就可振奮起來，爲何艾倫沒提示前，他自己就沒想過寫一張呢？不管怎樣，寫清單總不算什麼壞事，問題出在對清單抱持的信念。就算不考慮清單可能會弄丟或忘記帶的情況，如果你只注意清單所列出的事項，或更務實一點，清單最前面的事項，那就表示你不可能去做列在後面或根本未列入的事項。問題是你怎能肯定該做的事情都已列入，或是順序排列沒問題？這可得看你信奉的是哪位生產力大師而定。艾倫希望清單的排列以方便爲原則——也就是可以一起做的事就列在一起。但史蒂芬・科維（Stephen Covey）卻主張，對目標最重要的事項應放在清單之首。因此，你可以選擇專心撰寫攸關工作績效的報告，而不管玄關的燈泡該換，或是在選購燈泡時記得順便買密封膠帶，但把行車執照更新放到一邊。

艾倫與科維略帶新世紀風的著作大爲暢銷，不過追隨者所得到的滿足感，或許並非因爲眞的能完成更多事，而只是反映大師功力不凡，讓人相信照他們的話做就一定能改善？所有成功的個人生產力與整理大師，顯然都不乏這樣的功力。有意思的是，艾倫與科維較近期著作不約而同提及，所有清單、檔案、習慣的眞正用意，在於讓你有時間沈思生命的意義，以及你在宇宙中獨一無二的位置。或許你還眞的需要開列待辦事項清單要點之類的萬用管理法則，讓你了解自己的獨特之處。又或許連生產力大師最終也開始思索自己在宇宙的位置。

四、堅守一份時程表。假設你對時程表之內的每件事都能精準預測，也能猜中自己和所有相關人士每時每刻的所思所感，那麼有份嚴謹的時程表當然是件好事，否則倒不如有點彈性比較好。緊湊的時程表其實十分脆弱，只要一個環節出差錯，就會導致全盤走樣。要是決定一天或一週的行程很重要，你當然會花時間好好思考如何訂出適當的時程表，而且照表行事。有些人的確爲此投注不少心力，但和獲得的好處相比，卻是得不償失。一個簡單的例子是，你花了一個半鐘頭上網搜尋最省時的轉機方式，結果找到的行程也不過比你第一眼看到的行程省一個鐘頭。如果你既希望做最多的事，同時又想遵循嚴格的時程表，情況可能變得不可收拾。當然牙醫和美髮師或許可以部分採用這種原則，但其他人最好還是退一步，好好重新檢討自己某些基本的生活態度——舉例而言，有些人花好幾個鐘頭仔細安排迪士尼樂園的遊玩路線，甚至精細到每分鐘的程度，希望一次能玩到最多項目。

五、要求孩子有固定的作息。有些父母覺得自己老是和小孩在奮戰，不停督促他們別忘了一些日常生活事項，像是起床、穿衣、洗臉、吃早餐。不過有些兒童治療專家卻指出，有時不能全怪小孩不配合，反該歸咎父母對一些事情的秩序毫不通融。許多小孩只不過想把日復一日的規律略爲打亂，不要像無聊的例行公事。其實成年人行事如果也能不那麼執著既有的秩序，應該能有所收穫，只不過大多數人所受的訓練講求一貫與規律，所以覺得自己有責任把這種「偏見」傳給下一代。讓小孩習染時間管理文化的方式之一，就是購買學習資源公司（Learning Resources）的時間追蹤器，這套售價三十四塊九毛五美元的產品包含一個裝有紅、黃、綠三色燈的電子定時器，可以在視覺上提醒孩子遵守嚴格的時間表。據該公司的說法，這項產品已經售出幾千套。

六、長期規畫。我們前面已檢討過，企業費盡心思規畫長期行動與策略會有什麼下場，這種情況難道不也適用於個人嗎？事實的確如此。美國離婚率已升高到五成左右，而生涯變遷聖經《這樣求職才會成功》（*What Color Is Your Parachute*）堂堂進入第四個暢銷的十年，因此你看到有人還自認能爲五年後的事預做打算時，很難不覺得他們只是在開自己的玩笑。

七、現在就做。拖延未必一定是壞事。對新手來說，拖延或許能讓你不至於浪費時間在最後證明並沒那麼重要的事情上。卡文．古立基（Calvin Coolidge）說得好：「如果看到路上有十個麻煩迎面而來，你可以確定九個會在撞上你之前滾到溝中。」美國陸戰隊也有句格言：計畫太早，計畫兩次。也就是說，盡可能把對某件事情的計畫往後拖，否則計畫趕不上變化，你可能得重新計畫一遍。事實上，不論任何形式的整理或組織，能拖上一陣未嘗沒有好處，因爲一舉整理較大的範圍，比起即時逐次解決要有效率得多。假設你想把自己電子郵件分類，那麼等到累積幾百封當然比只有幾十封要好得多。

史丹福大學哲學教授約翰・裴瑞（John Perry）指出，如果讓慣於拖延的人依循傳統看法，聚焦於少數重要事情，往往會行不通，因爲拖延往往就意味著把列爲最重要的事情耽擱下來。所以還不如接受事實，看看拖延者能否把精力投入比較不重要的事情，想辦法收之桑榆，說不定還可另創一片天。裴瑞在他的網站中描述自己的拖延實錄：

就以我目前工作清單上的首要項目來說，是替一本語言哲學的書撰寫一篇論文，而交稿期限其實是十一個月之前。爲了有理由拖延這件工作，我一路下來倒完成不少重要的事。幾個月前，我在罪惡感驅使下去信給編輯，爲自己的延遲致歉，並表示會努力以赴。當然，寫這封信也是拖延不寫那篇論文的一種手法。沒想到和其他論文作者相比，我落後的進度並沒那麼嚴重。至於那篇論文究竟有多重要？沒重要到其他看來更重要的工作插不進來的地步。眞的到那時候，我自會開始去寫。

6 亂之家庭篇

家庭清理

梅莉莎、本恩和三歲的兒子芒提住在紐約曼哈頓東區一棟還算過得去的大廈二十樓，這類房子的價格大概在一五〇萬美元左右。若非紐約客，大概很難想像這樣的價錢在這種地段根本買不到多像樣的房子·,就以他們居住的公寓來說，只有兩房、雙衛浴和一間小廚房，沒有餐廳。梅莉莎帶領我們參觀一圈，其實也沒有什麼大不了的問題。沒錯，除了幾近空無一物的大走廊，公寓的確有點凌亂，但再怎麼說也只不過讓人覺得是稍嫌擁擠、但充滿生活氣息的空間——充其量幾個鐘頭稍事整理就可解決。

但對梅莉莎來說，這種凌亂卻令她十分羞愧。她個性溫和、健談，畢業於常春藤名校，是位成功的作曲家，曾與人合寫過一部百老匯音樂劇，三歲的兒子活潑可愛。不過相對於無力維持屋子的整齊，這種種成就對她來說全都黯然失色。她不敢邀別人到家裡，婚姻關係也因此產生摩擦。她說她的媽媽就很邋遢——到現在屋裡都還擺好幾副老花眼鏡，因爲她老找不到眼鏡，你能想像這種事嗎？——結果現在她顯然也同樣邋遢。如果她又把這種壞習慣傳給兒子該怎麼辦？

專業整理師布里安·塞皮（Brian Saipe）很理解地傾聽她的心事，他是個活力充沛的小個子，長得一副好看的娃娃臉。梅莉莎以每個鐘頭一百美元的代價，請他及早根除這場可能延續三代的悲劇。他以一連串務實而和緩的閒談回應梅莉莎的傾吐——畢竟，按他自己的形容，他是「家庭治療師」。他告訴梅莉莎，家裡沒整理好不是什麼丟臉的事，也與道德無關。亂就像某種病毒——侵入你整個生活，破壞所有事情。

梅莉莎不情願地透露，她還有個心腹之患不曾展示給塞皮。她不斷加重語氣，稱呼那是她的「雜物間」。她領我們重回到其中一間浴室，剛才一瞥之下，那裡除了一隻迷途的橡皮鴨和幾處乾掉的牙膏漬，看起來還算好。這次她指著不透明、關著的淋浴拉門，然後移開視線，等在一旁。她喃喃嘀咕，這是她從未向外人公開的地方。有那麼短暫的一刻，不知門後藏了什麼東西的恐懼感，讓氣氛變得有些凝重。

塞皮無畏地側身向前，打開那道門，專業的架勢就像修車師傅打開冒煙的引擎蓋。在我們面前的是七呎高的……嗯，一時間還分辨不出是什麼，其中有肢解的屍體、放射性元素、珍貴的手稿，還是一臺時光機嗎？片刻遲疑後，彷彿受到光線干擾之故，這堆東西開始鬆動傾斜，開始塌了下來。不過塞皮好像早有防備——拉門後面堆積物傾倒而下的場面，在他的工作中可是家常便飯——俐落地用整個身子堵住，然後想辦法把門拉上。「我們就從這裡開始，」他的語氣不帶一絲譏諷或調侃。

結果這個「雜物間」正是梅莉莎最羞於見人的地方。沒錯，她和先生本恩也曾努力過，可是都沒成功。把東西堆到淋浴間，在她看來是個明確的警訊，代表亂的病毒已然入侵她的家庭生活。等到完全清理出來——大概半個鐘頭時間——雜物淋浴間的內容其實相當平凡無奇，包括玩具、電子小玩意、廚房用具，還有各式袋子。不過最大宗的居然是整理的工具，包括架子、吊鉤組、垃圾桶（有三個）、箱子和盒子。後來在公寓其他地方也發現類似的東西，一問之下，梅莉莎承認，一趟家居用品賣場採購，就花了五百美元在各類整理工具上。書房裡也有厚厚幾冊教人如何整理的書籍。塞皮安慰梅莉莎說，這些都是很普遍的現象，想靠自己動手通常都以失敗收場。

現在該輪到丟掉家裡五花八門的雜物，以縮減到可控制的程度。上校（梅莉莎現在半開玩笑地這麼稱呼塞皮）遵循的是SPACE原則，整理師都喜歡借助某種字母縮寫的方式歸納整理的流程。SPACE在業界相當通用，其中S代表分類（sort）、P代表清除（purge）、A代表分派一個歸宿（assign a home）、C代表裝起來（containerize）、E代表均衡化（equalize）。分類是指把所有東西從抽屜、衣櫃和其他隱藏的地方找出來，全堆到地板上，然後做合理的分類。（衣服歸衣服、玩具歸玩具等等。）清除是指盡量把東西搬出家門，不論是當垃圾丟掉、送給親朋好友，還是捐給慈善單位。（有些人也會考慮上網拍賣或車庫大拍賣，或萬不得已存放別處。）分派一個歸宿是指把留下的東西找個地方放。（例如襪子放到抽屜裡）。裝起來就鬆散地把類似物件放到箱子或盒子或架子上。均衡化——有些整理師用的是評估（evaluate）這個字眼——則是對這個系統進行必要的微調，直到它運作得像鐘錶一樣精確。

清除是比較棘手的一環，而這也是換上T恤與短褲幹活的上校展現強悍一面的場合。下不了決心嗎？看到梅莉莎對著一個電池發動的開瓶器猶豫不決，他這麼問道。那就丟了。他表示，一般而言，我們擁有的東西會用到的只占百分之二十，其他百分之八十不見了也不會察覺。

不過梅莉莎還是一再拿不定主意。家裡到處散落的塡充動物是送給芒提的玩具。(上校一針見血地說，禮物送出去，就該由收禮者去丟。) 毛製的手銬是百老匯音樂劇的紀念品。(上校沉默以對。) 書房裡那個湯尼・羅賓斯 (Tony Robbins) 專區呢?還有塞在抽屜裡的貝殼收藏?要堅強，上校在一旁打氣。

她先生本恩在整理時缺席——上校不帶評斷地指出，這也是典型的情況——所以梅莉莎得代他做一些決定，而這個過程中，一股怨氣開始浮現。「他在搬來這裡之後就沒再做過瑜伽，」她低聲抱怨，把一塊毯子丟到要扔掉的那一堆。「他搬來這裡也沒彈過吉他，」她又加了一句，不過總算克制住，沒把幾把吉他扔掉。看到本恩能保留一大堆沒需要的東西，卻又不至於像她那麼亂到不像樣，似乎讓她備感憤懣——其實本恩的兩個衣櫃並沒比她的整齊多少。

至於裝起來則需要走一趟收納容器的專賣店。梅莉莎或許是因爲整理太耗力氣，變得有點童心未泯。她挑了孩子氣的整理工具，像是有動物臉孔的筆筒 (上校很有耐心地請她放回去)，又說肚子餓了，急於靠在別人手臂上。上校此時開始精神訓話：妳知道美國人平均每天要花一個鐘頭找東西嗎？也就是一星期十二個鐘頭，他還特別強調這句話。不管梅莉莎是否質疑他的算術，反正她沒表現出來。不過這讓她回想起不久前把一份契約放錯地方，只好打斷正在工作的丈夫，請他傳眞一份影本。

經過上校四度來訪，梅莉莎的公寓已經徹底收拾得井然有序。留下的東西不多，而且都放到適當的地方，家具也重新擺設過。可想而知，過去那種生活氣息也消失不見了。不過有個意外的副作用，就是整個房子看來比較髒——既然沒東西遮住，似乎很容易察覺家具有點陳舊而不搭調，地毯有點磨損，牆壁也有不少瑕疵。反正梅莉莎看來很高興，不過這整個過程讓她覺得有點疲倦。她還表示，已經決定要堅守這樣的做法。

專業整理師具有獨特的長才——懂得激勵人心、有耐心、對時間與空間的合理安排獨具慧眼——口袋裡也有一大堆可用的招式。聘請一位整理師協助，應該可以把家裡整理得有條有理，只不過得花上好幾千美元的代價。也許讀讀他們的書有助於你自己動手，又或者借助些簡單的工具，把空袋分類、鞋子擺好，也都只是舉手之勞。

不過就算不考量金錢支出，專業整理師和他們推介的工具，最後可能是弊大於利。

最大的問題在於家庭整理業者行銷時過於渲染——就算他們不是始作俑者，但的確讓大多數人覺得自己家裡有許多有待整理的地方。更嚴重的是，這些專家的建議暗示，整理是不是簡單的事，需要堅定的決心、專業的技能、很多時間，還得搭配一大堆因素才能成功。

本書有個主要觀點，就是目前各界對於整理的強調與建議已太過浮濫，所以我們主張，許多情況下未必需要那麼條理井然，當然也包括你的家裡。不過，希望把家弄得整齊一點，並沒什麼不對，這方面的協助或建議也有其價值。事實上，專業整理師的確也爲客戶們提供了一些有用的服務。但是整理工作的要點其實相當簡單，你不花一文錢就可輕鬆做到，毋需任何專業知識，而且可能比你現在的整理方式更省事。

我們現在就把整理的精髓加以歸納，並將最前面的字母縮寫合爲一個響亮的字：ACE（王牌）。

放輕鬆（Aw, relax）

撥出時間（Carve out time）

放輕鬆

丟掉東西（Eject some stuff）

一般人往往沒來由地對家裡的亂擔心太過。其實現代人工作與家庭兩頭忙，家裡亂一點又何妨。但是，除了媒體不但傳播「收納整理」的訊息，還有許多外在壓力迫使我們不得不把家裡整理得像樣一點。這些壓力可能來自友人、同事、鄰居和親戚，而且許多人會因爲你家裡太亂而留下負面觀感，甚至偶爾還會明白讓你知道。

佛羅里達某個氣氛融洽的社區裡，一對年輕上班族夫婦有兩個小孩，偶爾會把玩具或三輪腳踏車之類東西扔在院子裡。結果有一批鄰居——其中有些是比較清閒的家庭主婦或退休族——看不下去，有天早上趁他們不在家，過去把院子清理了一番。可想而知，那對夫婦發現這支祕密清潔隊時有多震驚。當然，鄰居不可能進到你家裡打掃，不過親戚或比較心直口快的朋友，有時可能就忍不住會對你家的亂象提出評論。至於初見面者雖然對此可能不置一詞，但腦海裡卻會留下不好的第一印象。根據德州大學奧斯汀分校的一項研究，如果走進陌生人的房間，而他剛好不在，我們還是會對此人形成相當強烈而仔細的印象——凌亂的房間帶來的印象，就是主人不夠「光明正大」。

所以你只能暗自期望，自己家裡的髒亂可別落到別人批評的眼光下。麥可．傑克森（Michael Jackson）因猥褻十三歲男孩而官司纏身時，法庭曾播放一卷當地警方搜索他豪宅時拍攝的錄影帶。根據各項新聞報導的內容，我們可以發現大家對這卷錄影帶感興趣的焦點，乃是傑克森的家裡並不符合傳統上整齊的標準。如CNN這麼報導：「錄影帶顯示，這棟房子散滿鞋盒、書籍，還有各類物品堆在地板上。」法新社則指出：「整體的形象是浮誇的豐富與散漫的混亂所構成的奇特組合。」至於搜索行動中發現同時印有傑克森與男童指紋的色情雜誌這項重要事實，在一些報導中只是輕輕帶過，甚至隻字未提。好像在大家眼中，眞正罪不容赦的是那些散落一地的鞋盒。

如果你爲人父母，家中太亂是否會影響子女前途？除了會把自己拙於整理的習性傳給小孩，根據賓州大學一項研究，家中太亂還可能影響子女的智力。這些研究人員檢視英國雙胞胎的資料，發現出身「沒組織」家庭的小孩，認知技巧偏低。不過，家庭秩序也與父母的社經地位和教育程度相關。但是研究人員還是認爲，把所有這些因素納入考量後，確認許多來自髒亂家庭的子女認知技巧嚴重不足，應該歸咎於沒有秩序這個因素。如果按照他們的說法，影響兒童測驗表現的並不是父母教育程度低、社區環境差、學校不好，而是家裡太亂。難道不可能恰恰相反嗎？但那些研究者卻不這麼認爲，其中一位說：「這很合理，如果小孩待在很亂的家裡，很難想像他們可以正常地學習。」

事實上，紊亂的家庭比起整理得井井有條的家庭，反而能提供更溫暖、更有養分的環境。原因之一是它可以展現居住者的人格特質，不致在細心收拾下遭到掩沒。散落周遭的身外之物，都烙印上我們獨特的內在自我。前面提過的德州大學對陌生人房間第一印象的研究，研究人員就曾引用約翰·史坦貝克（John Steinbeck）《查理與我：史坦貝克攜犬橫越美國》（*Travels with Charley*）的文字：

> 我坐在這個未收拾的房間裡，寂寞哈利的形影開始浮現。由他所留下來的零星片段，我可以感覺到這位離去不久的客人。

研究者不厭其煩地指出，寂寞哈利留下來的是洗衣收據、未寫完就扔掉的一封信、一個空酒瓶，還有其他我們認爲是垃圾的一些雜物。研究者寫道：「人們所營造的周遭環境，似乎充滿有關他們人格、價値與生活方式的資訊。」當然，如果這個環境一塵不染、沒有任何雜物，那麼我們除了知道主人是個潔癖者之外，大概什麼資訊也得不到。

凱特琳‧弗蘭納根（Caitlin Flanagan）提出一個假設：想尋求專業整理師協助的人，只要一覺得生活中有些地方不對勁，就往往誤認問題出在家裡太亂。她引用雪兒‧孟德森（Cheryl Mendelson）對這種熱中維持家中秩序者的描述：

他們根據色譜把鞋子排成一列，只要架上的毛巾不是全部朝同一方向就覺得焦慮。他們耗費大量精力在自己認定的家務事上，但他們的家經常並未令人覺得賓至如歸。有誰會對如此苛求秩序的地方感到自在？在家務整理上，愈多未必就愈好。爲秩序與潔淨所耗費的成本，不應超過由此獲得的健康、效率與便利。

室內設計界也有人開始把亂納入作品中。《家居廊》(*Elle Decoration*)前編輯艾爾絲‧克勞芙（Ilse Crawford）在倫敦開設一家知名的設計公司，她在近作《家是心之所在》

（*Home Is Where the Heart Is*）中放入多張照片，內容都是塞滿雜七雜八東西、大雜燴式的房間，裡面有不成對的枕頭、散亂的衣服，甚至還有垃圾。克勞芙稱家為「自我表達的畫布」，也解釋她的用意在於中和居家室內設計的主流風格，揚棄簡約與過度的秩序，營造更放鬆、人性化與私密的感覺，帶有強烈的「放任」色彩——她自稱靈感部分源自心理學家亞伯拉罕・馬斯洛（Abraham Maslow）的自我實現理論，以及這一理論所推崇的即興與化個人化。（提到家庭的亂與心理學，佛洛伊德的散亂可是積習甚深，他把兩千件左右的古董收藏塞到家裡和辦公室。）

把美感的偏好與情感的安適暫且放到一邊，先談身體健康吧。家裡整齊不也代表比較乾淨，可以減少致病的細菌滋生嗎？這裡並非刻意咬文嚼字，不過「乾淨」通常是指環境裡不存在可能帶有微生物或其他生物的汙穢，而整齊則是指沒有散亂無序的情況。我們可以想像凌亂但乾淨的環境，像是纖塵不染的東西任意散落在纖塵不染的地板上；或是整齊但不乾淨的環境，房間空無一物但牆上一層汙垢。不過，假定亂與髒有些重合之處，應該算合理的推斷。首先，要清理塞滿東西的處所就比較困難。而且你也不能否認，如果一個人忙到沒時間把家裡東西擺放整齊，同樣也不會有餘暇經常打掃或擦洗。

我們的社會好像得了「恐菌症」。一項對三千六百多位「童趣網」（ChildFun Web）的訪客所做的調查發現，三分之一受訪者說自己一天洗手八次或更多，而超過兩成的人每天洗手二十次以上。愈來愈多美國人有個蠢念頭，就是不希望在家以外的地方伸手觸及任何東西。一家名叫霧螢幕（FogScreen）的芬蘭公司，生產一種可以取代電腦或電視螢幕的物體，上面附著一片幾乎看不見的水蒸氣，可以反射影像。這種影像如同懸在空中，只要以手指點一下，就可與影像互動——如同選擇按鈕或鍵入數字。可想而知，這種可立即讓電腦或電視影像成形並飄浮空中的技術，當然有許多有趣的應用，不過該公司老闆麥克・赫匹歐（Mike Herpio）表示，近期最大宗的需求就是把這項設備裝設到供大眾查閱資料的詢問臺，因為很多人對接觸別人手指碰過的螢幕或鍵盤愈來愈不放心。

這類風險其實有過度膨脹之虞。《今日報》邀請一位傳染病專家到紐約市的商場、地鐵、公共廁所，針對一般人可能會接觸到的表面進行採樣，並詳實報導一些令人噁心的發現。（電扶梯的扶手上有排洩物成分！）不過報導最後附帶提及這位專家的評論，這些他忙了一天採集的東西，雖然帶有聽起來很恐怖的微生物，但都無致病之虞。至於從家中各種表面會接觸到的細菌就更不可能有什麼問題。所以，別太在意家庭衛生專家的建議，前不久他們不是建議別用容易藏汙納垢的木砧板，改用清爽、光潔的塑膠製品，以免滋生細菌——結果後來證實他們完全弄反了。

做家長的當然對衛生方面的警告特別敏感。前一章提過對有六至十二歲子女的家長所做的調查顯示，其中九十六%「相信小孩房間的清潔對他的健康非常重要或有點重要。」細菌不是唯一令他們擔心的問題，如塵蟎和寵物皮屑等過敏原也被視爲同等嚴重的威脅。三分之二受訪者每週至少會替子女房間吸塵一次。沒錯，家中的過敏原可能會加重氣喘和其他呼吸性疾病的症狀，而全美有這方面疾病的兒童與成年人高達五千萬。不過現在大多數氣喘與過敏專家都採取與過去不同的看法，認爲暴露於一般的過敏原未必眞會引發這些病症。

不過你一定猜不到，會誘發這些病症的是：太清潔的家。澳洲科廷科技大學（Curtin University of Technology）研究人員發現，暴露於家庭清潔用品與其他化學品氣味中的兒童，即使濃度未超過目前認定的安全水準，發生氣喘的機率比平均高四倍。另一項風險因子，說也奇怪，居然是家中過敏原過分偏低。根據英國醫學期刊 Thorax 的一篇研究報導，小孩幼年階段未充分暴露於過敏原中，稍長後碰到正常水準的過敏原，就比較可能產生過敏反應。至於一直接觸過敏原的小孩，日後比較不會變成過敏。那些以抗菌清潔劑洗手或清洗家裡的人請注意，愈來愈多證據顯示，清潔劑反而會使原本希望殺死的細菌演化得更厲害。

至於說孩子需要整齊有序的環境才能正常學習，這種根深柢固的觀念現在也不能成立。幾十年前成長的世代，母親往往是全職家庭主婦，家裡收拾得比較整齊，子女需要專心做功課時，也能提供安靜的環境。因此他們認爲要在凌亂、嘈雜的家裡唸書，不啻高難度的特技。不過今天的環境已大不相同，父母親往往都在上班而且工作繁重，要他們陪伴孩子讀書，並提供整齊安靜的念書環境已成奢求。但你會發現，現在的小孩可以在亂成一堆的書桌上做功課時，同時還輕鬆自在地帶著耳機大聲聽音樂，或是在電腦上同時與十幾個人聊天、玩手機等等。事實上，學習時發生的動作或各種形式的刺激，有助於產生「記憶戳印」（memory stamping）效果，而利於資訊的留存。康乃爾大學對上課時容許上網的學生進行調查，發現愈常把注意力放到網上的學生，得高分的比例愈高，不論是老師講授或討論型的課程都如此。現在許多中小學已經沒有圖書館，取而代之的是喧鬧盈耳的多媒體中心。如此看來，家長究竟該選擇花時間維持整潔有序的居家環境，還是該多陪孩子做功課、參與他們數不清的課外活動，並大致維持一種關切與支持的態度即可，其實應該不難抉擇。

房間整理要訣

廚房：下次如果你打算買一些廚房整理小玩意，像是售價八十美元的旋轉式調味罐架，附送十六個罐子以及定時器與食譜夾，不妨打消念頭，試試最好用的家庭整理利器：每個五毛錢的磁鐵。只要短短幾秒鐘，冰箱門就可以變成看似雜亂但卻價值無窮的寶庫，照片、重要帳單、購物清單、球賽時間表，全都一覽無遺。接下來你不妨看看嘉珀瑞·漢米頓（Gabrielle Hamilton）這位紐約梅子餐廳（Prune）的老闆兼主廚發表於《紐約時報》的文章，描寫她拜訪住在義大利鄉間婆婆的情景：

> 她會去秤食材的分量，純是方便我寫成食譜，不過每回看到她為了秤麵粉——由自家小麥磨的！——把車鑰匙和郵件從老秤上挪開，然後把銅質小砝碼扔到另一邊的盤內，總會讓我很開心。

看到她從抽屜裡拿出由舊掃把柄鋸成的小棍來擀麵糰，我快活地嘆了口氣，慶幸自己的身與心都與我餐廳那個不鏽鋼的廚房距離如此遙遠，那裡冷凍庫的溫度與國家衛生部標準不差分毫，削東西、剁骨頭、切片都有專用刀具，還有乾、濕式磨刀石各一，罕有隨機應變的必要。

衣櫥：根據《衣櫥》（*Closet*）雜誌報導，美國人一年花在衣櫥翻新上的錢超過二十億美元。有一大批公司專爲客戶提供衣櫥整理的系統與服務，收費通常爲一千至一萬美元，不過如果想大規模翻修衣櫥，就可能要一萬五千美元。除非你錢多到沒處花，否則爲了整理衣櫥值得花好幾千塊錢嗎？有家名爲生活秩序（Living Order）的公司生產的衣架標籤，就可以幫忙你把衣櫥整理得相當有條理，花費卻省得多。

臥室：你白天很少用到，晚上用到時大半已睡著，而且除非艷遇頻繁，否則也不會有什麼客人來此造訪。總之，臥室是挺適合任其凌亂的所在。有句話形容得很妙：早上起來舖床，就像鞋子脫下來還去綁鞋帶。

起居室：這個房間通常都維持相當整齊的狀態，因爲家人絕少使用，僅保留做爲待客用。換言之，沒有多少「起居」是在起居室內進行。這符合一項亂的法則：整齊與效用往往成反比。起居室常是放ＣＤ片的地方，而讓ＣＤ看起來有秩序並非難事，因爲不論橫放豎放，ＣＤ排在架上都顯得很整齊。不過ＣＤ該按什麼標準分類卻有好幾種選擇，就像尼克・宏比（Nick Hornby）的小說《失戀排行榜》（*High Fidelity*），主角把自己龐大的ＣＤ收藏除了按表演者、音樂類型、聆聽頻率來排列或重新排列，甚至還會以ＣＤ與自己生命事件的關聯排列，例如與一位特定女友的交往。不過請注意，不論你用哪一種準則來整理ＣＤ，從其他的準則來看都是一團亂。假使你是按演出者的姓氏，那麼由音樂類型來看就完全沒有規則。這又可印證另一項亂的法則：用一種方式來整理，從另一種方式看卻是弄亂。如果你打算花幾個鐘頭好好整理ＣＤ收藏，不妨先看看下面這個例子。話說蘋果推出的 iPod，號稱可以精細分類數千條歌曲，但出人意外的是，最受歡迎的卻是 shuffle 功能，也就是隨機播放。所以後來還出現 shuffle 型 iPod，以隨機播放爲號召，也成爲熱賣產品。

餐廳：有鑑於大多數人並不常在家中的餐廳吃飯，因此把餐桌當作多功能平臺來處理各種事情，諸如郵件、未分類的衣物、名片等，又有何不可？顯然不少人正是這樣做，因爲據專業整理師表示，他們最常接到的求助事項就是淹沒在一堆雜物下的餐桌。

車庫：有家名爲GarageTek的公司分送明信片形式的宣傳品，上面的照片是一家人驕傲地在新整修好的車庫內合影。車庫四壁是簡約、高科技的裝飾風格，單一樸素的色調，看來好像是進行口腔手術的場地，而不是更換除草機機油、放垃圾或擺小孩棒球手套和雪橇的地方。有誰需要這種整齊到家人都惟恐弄亂的車庫呢？

汽車：事實上，汽車講求整齊是有道理的。如果以待在車上的時間相較於車子有限的空間，兩者之比可能高過家裡任何房間或辦公室。掉在車內踏墊上的東西，最後歸宿可能是在腳下化爲塵土，可能鑽入座位之下，得動用去漬油或銳利的金屬才能去除，甚至可能滑到踏板下卡住煞車。至於座位上的東西可能被人坐上去，也可能造成汙漬或灰塵而弄髒乘客衣服，或是開車門時掉落車外。由於汽車通常爲密閉空間，灑出的食物或其他東西可能會散發強烈而難以消除的氣味。（廣播節目《汽車漫談》主持人建議車主，一旦車內地毯或座椅沾過魚類或乳製品，請把車賣掉。）沒有收好的物品在行車時滾動或撞擊，不但可能分散駕駛的注意力，也可能蓋過其他更重要的聲音，像是談話聲、喇叭聲、引擎雜音。車內散落的雜物可能擋住地圖、行車執照、閃光燈或其他緊急狀況或黑暗中必備的物品。任何擱在後車廂的東西都可能燒焦或結凍。還有，清理車子極其簡單——通常只要一兩分鐘時間，外帶一只空購物袋即可搞定。

撥出時間

亞特蘭大的專業整理師茱迪絲・寇柏格（Judith Kolberg）說了下面一段親身經歷：

有位女士請我幫忙她整理辦公室。我到了那裡，請她告知有什麼構想。她開始說明打算如何處理桌上那一堆文件，準備放到什麼地方。她一面口頭解釋，同時也開始收拾起來，而我就在一旁找個位子坐下看著她。一個鐘頭後，辦公室整理好了，整個過程中我只是不發一語坐在那裡。那位女士打量四周，告訴我：「太感謝妳了，妳眞是世界上最棒的整理師。」

寇柏格說，這個案例雖然有點誇張，但她還碰過其他類似的案例。當事人明明有意願、也有能力自行整理，但除非整理師上門，他們就是不抽出時間來。寇柏格在她略嫌嚴肅的外表與穿著下，蘊藏著溫暖而親切的智慧。她受過社工人員訓練，認爲整理師對客戶的影響類似所謂「陪伴在旁」（body doubling）的現象。老師與治療師常用這種技巧來面對有特殊需求或無法配合課堂活動的兒童。他們不積極介入協助這種孩子，只是站到他的身後，幾乎不說話地待在原地。在許多案例中，只要知道有人在旁邊看著，孩子就能本分地做該做的功課。（這是不是讓你聯想到第三章提過的霍桑效果？）

這麼說來，最後會求助於專業整理師的人，欠缺的並不是整理的技巧，而是抽出時間動手去做的決心。如果從小就慣於拖到最後，在師長催逼下才不得已去整理，那麼成年後又怎麼下得了決心去做呢？有些整理師建議，每天在固定的時間抽十五分鐘來整理——以規律的時間換取規律的空間。稍有點彈性應該也無妨，畢竟我們大多數人對事情的先後與時間的分配還算能掌握。如果你就是抽不出時間，那或許是因為和生活中其他事情比起來，雜物愈積愈多眞的沒那麼重要。要是你認爲自己在整理家務上得仰仗「陪伴在旁法」，大可請一位朋友過來站在一旁，然後你再到他家如法炮製，這樣一來一往可以省下好幾千塊呢。

丟掉東西

毫無疑問，我們絕大多數人遲早都得從家裡扔掉東西。我們買東西很在行——至少西方社會，尤其美國人的生活，幾乎是立基於購買上——可是東西一旦進了家門，好像就沒有什麼外在力量能把它們掃地出門，垃圾除外。除非東西實在堆不下，到了非處理不可的地步，我們往往會一直買下去，空間大一點的家庭還可以撐得更久一些。任何看過電視居家整理大作戰節目的人都知道，最重的一環就是丟掉一大堆再也用不著的東西。

不過扔東西對許多人而言並非易事。專業整理師應付這種抗拒心理經驗老到，也有許多破解的絕招，像是要求客戶盡量把東西扔到大型黑色垃圾袋或大紙箱裡，讓它們的形體迅速在眼前消逝，在你產生任何猶豫前就送走，或是請客戶回想上次用到的時候，並預測下次可能用到的時候，或是讓客戶替物品拍照，用影像做為替代。有位整理師說，如果客戶對某項該扔掉的東西真的很捨不得，她會請客戶向這件東西傾訴，就像對朋友一樣，讓他們覺得不好意思，也察覺自己對一件物品如此依戀實在很蠢。所有整理師都向客戶保證，把東西清走之後，你一定會快樂得多。

但眞的沒有人後悔爲了整理而送走某些東西嗎？在電視整理節目中，整理師要兩個小孩過來，看著一整櫃他們的東西放到箱子裡準備運走。他們跪在地板上猶豫地看著過去的家庭作業簿、好久沒用的棋盤、塡充動物，一旁的整理師絮絮叨叨，說著重新把這裡空出來有多棒，一面指示他們把東西扔到垃圾紙箱。母親附和這種說法，笑逐顏開地表示：「感覺好輕鬆！」。但孩子們顯然對很多東西戀戀不捨，或許這是很自然的。一般中年人偶然發現孩提時代的繪畫或過去家人常玩的 Candyland 遊戲，難道不會興奮莫名，甚至還想傳給子女嗎？

事實上，各種美好、珍貴、有用的東西，都被以整理之名給扔掉了。今天四十歲以上的人，一想到童年時代收藏的棒球卡、漫畫書或芭比娃娃，如果能保留到現在有多值錢，肯定會有椎心之痛，且不說還有情感上的價值。看到電視上播出的古董鑑定節目，某個從閣樓挖出來的寶貝居然價值連城，不禁讓人期望自己的曾曾祖父母當初清理房子沒那麼徹底。誰也說不準今日我們棄之如敝屣的垃圾，是否會成為未來的遺珠之憾。

那麼，究竟該怎麼決定哪些該丟、哪些該留？整理師會告訴你，如果不能取捨，以丟掉為原則。他們常建議一個判定標準，就是如果一年內都沒用過，就代表這件東西對你沒什麼用。其實，這種說法相當可笑：要是照做，你可能會丟掉一些價值不凡的東西，像是心愛的薩克斯風、暫時無處可放的傳家寶椅子、三年後可能相當有用的天然氣發電機。與其以使用頻率為標準，還不如以潛在價值與是否有替代性更為適當。就算一年會用到一次美國汽車協會行車指南，但取得新版本很容易，所以何不扔掉了事？

部分的問題也在於，一提起整理，大家往往想到的都是改頭換面的大計畫，不徹底掃除混亂誓不罷休，於是導致大量丟棄身邊的物品，不但讓人面臨痛苦的取捨，也可能造成日後的遺憾。所以何不改弦易轍，只丟掉適量的東西，騰出令人舒暢的空間，回復適度的整齊即可，也就是只扔掉那些可立刻判定沒有保留價值的東西。畢竟世上沒有其他地方像家一樣適合擺放帶有感情色彩的種種雜物。

史坦貝克或德州大學研究人員不約而同點出，要了解一個人的人格特質，由亂中往往比整齊中看得更清楚。因此當我們毫不留情清除身邊自然積累的東西，並仔細整理剩下的部分，其實某種意義上也是去除我們的身分。別忘了，我們身上至少都有些亂的成分——也因而變成更有趣的人。

7 亂與組織

失序

路易斯・史崔米許（Louis Strymish）畢業於哈佛，一九五七年決定辭職改行時是麻州一家皮革製造商的化學人員。他買下親朋好友口中全世界最爛的生意。當時有位替波士頓各報寫書評的女士，經常把書商送來的免費書一箱箱運到市集或圖書館，以很高的折扣出售，多少賺點外快。後來她懶得把書搬來搬去，乾脆把塞滿整個車庫的書和往來客戶名單以一千美元賣給史崔米許，而有五百塊史崔米許還是向朋友借的。不過他日後常說：「我買的是商譽和存貨。至少我有了一些存貨。」他宣稱，這項業務是邁向開書店的第一步。

開書店是史崔米許長久的夢想。童年時為失讀症（dyslexia）所苦的他極端內向，當時這種病症尚未爲人所知，所以有些老師懷疑他智力有問題。後來主要靠堅強的意志力，他學會如何應付一頁頁撲面而來混亂的文字，終能培養自己成爲博覽群書的愛書人，與書本結下一生不解之緣。在哈佛攻讀化學時，大部分學費要靠在波士頓火車南站附近的垃圾堆撿拾報紙，閒暇之餘他就花腦筋塡《紐約時報》的字謎。大學畢業後他在新英格蘭沒落的皮革廠擔任技師，但不論精神或金錢上的收穫都不能令他滿意。他轉向出版業發展，爲雜誌推廣訂戶，也就在此時碰上這個進入賣書行業的機會——當然與正規的書店大異其趣。他身兼新英格蘭流動圖書市集（New England Mobile Book Fair）老闆與職員，向逛地攤的人與圖書館員推銷書評家看過的書、有耗損或存貨過多的書，還有其他廉價書。一年後，他又跟同一位朋友借了一筆錢，在波士頓開了家小書店。

沒有秩序的書店

史崔米許開的書店有別於一般書店，爲充分利用既有存貨的優勢，他以小型批發倉庫的形態來經營，專攻折扣書市場，希望吸引圖書館人員與其他書店業主。這些批發的買主和一般書店顧客不同，通常不是爲尋找某幾本特定的書或某種特定主題的書而來，也不講究氣氛宜人，能悠閒地隨意瀏覽。為省時省錢，史崔米許直接把書籍擺在出版社原來裝書的紙箱裡，陳列在薄木板的書架上，就這麼把同一出版社的書集中一塊，不另做任何分類。對圖書館人員與書店老闆來說，如果需要任何特定書名、作者或主題的書籍，會自行檢索店裡的圖書出版目錄，找出是哪家出版社，更何況史崔米許對自己的存貨也瞭若指掌。這樣做省下書籍分類陳列的成本，自然可以提供顧客更大的折扣。

不打廣告，門前也只有塊不起眼的小招牌，當然不會有人誤認這是家傳統書店。即使偶爾有好奇的客人從街上逛進來，也很快就打退堂鼓。店裡裝潢俗氣簡陋，堆滿半開的紙箱和成堆未排好的書籍，整個看來一團亂。對一般逛書店的人來說，這一列列書架乍看之下毫無頭緒。如果詢問歷史類、汽車類或古典文學書籍該往哪裡找，史崔米許會漫不經心唸出幾家出版社的名字，或是往圖書出版目錄一指，讓一頭霧水的顧客自行查閱。這家書店從某種意義上來說，和當時波士頓地區開業不久的哈維五金行成為對比，雖然兩家店和競爭對手比起來好像都缺乏秩序，不過哈維的做法是讓店裡的顧客不得不倚賴店員的指引，而史崔米許卻要顧客自己搞定。

當然，不少人奪門而出，留下史崔米許在背後聳聳肩。不過低廉的價格還是足以吸引不少顧客留下來慢慢瀏覽。結果好玩的事發生了：一旦掌握如何按出版社選書的訣竅，顧客會滿喜歡這種方式。雖然一般人對於哪家出版社出哪類書籍大都沒什麼概念，但只要稍稍用心，就會發現特定出版社的書籍比較對自己的味口。而且當你瀏覽某家出版社的書籍時，或許能意外撞見某些原本不會注意到的遺珠。於是大學林立的大波士頓地區，愛書人之間開始口耳相傳，有家小批發書店雖然外觀有點矬，但很有意思，保證讓你收穫不少，因爲你可以由一大堆擺得很亂卻包羅萬象的書籍中任意挑選。

今天新英格蘭流動圖書市集，或當地人口中「史崔米許的店」，五英里之內有兩家波諾書店（Barnes & Noble）和兩家博德書店（Borders），賣場面積共約十二萬平方英尺。這間低矮而毫無特色的店面——原本是網球拍工廠——周圍環繞著以波士頓西郊富裕人士爲客源的服飾店和餐廳，雖然外面只有不起眼的招牌，但附近四家大型連鎖書店沒有一家的營業額超過這家獨立書店。

你或許馬上有個疑問，這麼一家貌不驚人的批發店，幹嘛要開到這個房價偏高的零售商業區？答案是史崔米許一九六五年開店時，周圍可不是這樣的景象；在第一家店給燒毀之後的幾年，他選擇在此落腳，當時附近盡是銲接廠與鋸木場，並沒有什麼高雅的行業，他的店還算是鶴立雞群呢。之後其他商店陸續在附近一帶設立，反而凸顯史崔米許在郊區商業開發上不可多得的遠見。（現在的店面實際上比原始店面來得大，不過同樣講求實用。）

新英格蘭流動圖書市集迄今仍是圖書館人員與其他批發業者的最愛，不過從幾十年前到現在，零售業務還是占了大半。但是許多顧客並不這麼想，因爲廣達三萬五千平方英尺的壅塞、陰暗空間內，約兩百萬種書籍把劣質書架壓得吱吱作響，穿梭其間，你會覺得自己進了大批發的暢貨中心。有哪家零售書店會讓顧客這麼難找到一本書？當然，想找一本特定的書，到這裡算來錯了地方。因爲流動圖書市集的優勢在於提供你一個機會，發現你並沒想找的書。即便如此，想找特定書名或特定作者的書，這裡也未必比連鎖書店來得慢，至少史崔米許的兒子瓊恩（Jon）是這麼認爲。因爲幾乎所有書店都把書籍按主題分類，但這種方式並不像一般人想像的那麼有用。瓊恩指出：「假想找一本茱莉亞・契爾德（Julia Child）的書，你當然會去找食譜類。可是不少書經常很難猜該屬於哪一類。」就以讀者你現在正在看的這本書來說，你能猜到書店會把它歸到哪一類嗎？一位巴諾書店的店經理就說，她也沒概念這本書會放到哪裡，不過又說這也是意料中的事。她表示，出版商通常會建議一個類別，還補充說：「有時我們就盡可能地猜，反正最後就是這樣。」華登書店（Waldenbooks）一位經理表示，一本書到底怎麼分類，有時取決於拆封那箱書的店員是誰。

顧客上傳統書店尋找特定的書籍或作者時，往往自認知道主題是什麼，所以往往會先到相關的區域，把架上的書掃瞄一番，結果通常無功而返，然後他們會再試個一兩次，才求助於店員。不過看到流動圖書市集古怪的陳列方式，想找特定書籍或作者的顧客很快就會打消此念頭，直接去查店裡的圖書出版目錄——或用終端機查閱已電腦化的目錄——找出是哪家出版社。（每家出版社的書籍按字母順序排列。）瓊恩說：「這就像杜威十進位分類法——你或許很難馬上猜中一本書的編號，卻很容易進一步查閱，找到你的目標物。」或許有人會辯稱，書籍按主題排列也有好處，可以讓讀者有機會瀏覽自己特別感興趣的相關書籍。不過這種說法的前提是一般人只想買恰好給歸爲某類標準主題的書籍，但事實往往並非如此。

史崔米許於一九八三年過世，現在書店的老闆是他兒子瓊恩和大衛。四十三歲的瓊恩個性略帶善感與純樸，卻是個背有點駝的大塊頭——就是古早年代書店店員的模樣。

他以笨重的腳步在悶熱狹窄的通道間快速前進，不時把一些放亂的書歸位，輕鬆地在一堆堆顧客間清出一條路；有個母親似乎感應到他的到來，把拉開小孩讓出路來。雖然店方會提供顧客有限度的協助，但一如過去他父親的時代，強調的是一切靠自己。瓊恩偶爾停下腳步，傾聽一位站在電腦旁、不知如何是好的新顧客喚來匆匆趕至的店員，要求協助找一本某位作者的書。「我弄錯了什麼？」顧客忍不住問道，因為店員很輕鬆秀出這位作者的著作清單。「不是你的錯，是電腦的問題，」店員親切地回答，然後說明操作程序。接下來，她迅速帶領顧客來到那家出版社的書架前——出版社的名牌是手寫的長方形紙片，貼在或釘在書架上——協助找到那位作者。瓊恩咕噥一聲，顯然感到滿意。雖然這得花上好幾分鐘的時間，不過又多了一位購書者知道該如何使用流動圖書市集的系統，此後可能都不必再尋求店員的協助。

即使不考慮踏出電腦分類這一大步，今天的流動圖書市集也絕不僅是死守史崔米許當年原始構想，只知僵化地擴大規模。事實上，它已經是一個相當複雜的企業，雖然並不是管理顧問公司會讚許的那種複雜。它就像五花八門的拼貼物，糅合好幾位經營者不拘一格、別出心裁的風格。公司並非全然一團亂，而是某些層面的某些部分會亂到某個程度，而且亂的方式還隨時間改變。稱之為可塑的半混亂或許較恰當。

其中一位經營者是史提夫・甘斯（Steve Gans）——公司的營運長兼總顧問，一九五〇年代兩度借錢給史崔米許創業的友人就是他父親。甘斯是瓊恩和大衛一起長大的玩伴，曾在波士頓大型法律事務所擔任律師，但一九九三年，他還是忍不住加入了流動圖書市集。他是個好脾氣、個性熱情的人，一身牛仔褲和球鞋打扮，就在通往屋頂的樓梯間辦公。其實他簽約加入時也想爭取一個房間當辦公室，但瓊恩卻回答，上帝希望把眞正的空間用來堆放書籍，要是有辦法在書堆中找到足夠的空間塞下辦公桌，儘管自便。由於甘斯的法務工作需要一定的隱祕性，因此他只得屈就整個龐大建築物中這個唯一閒置、靜僻的八平方呎空間。他指出，樓梯間之所以沒堆放書籍，純粹是要符合消防法規。不過即使如此，還是有數不清的紙箱盤踞他辦公桌以外的狹窄空間。

和公司每個人一樣，甘斯的職務內容有許多可自行發揮的地方，只要這些作為對企業有利，或至少無太大害處。甘斯在流動圖書市集旗下設立一家食譜出版社，名叫餅乾圖書。他說：「我們沒時間做這件事，可是又覺得會很有趣。」他的構想來自大衛・史崔米許與別人合創、名為傑西卡餅乾的食譜書銷售事業（用的是兩條狗的名字），而這個事業的緣起，又是因爲一家咖啡豆銷售公司偶然進口了一臺業務用烤箱。

流動圖書市集目前所面對的競爭，遠比老史崔米許時代爲激烈。首先當然是大型連鎖書店，不過甘斯對此倒相當坦然，因爲一九九五年第一家波諾書店以及博德書店在街頭開張時，流動圖書市集的營業額反而增加百分之十。雖然未公開發行公司並不公布財務資訊，但根據史崔米許兄弟與甘斯所透露的訊息，書店的營業額約爲一千萬美元上下，而且還不包括傑西卡餅乾好幾百萬美元的收入。相較之下，波諾以及博德的單店平均營業額大概只有這個數字的一半。

但亞馬遜網路書店（Amazon.com）又是另一回事。甘斯指出，「亞馬遜搶了我們好幾百萬的生意。」傑西卡餅乾受到的衝擊尤其厲害，因爲它的業務重心就是食譜書的網上銷售。甘斯描述，有次傑西卡才把重點推薦圖書目錄發送給客戶，幾小時之後亞馬遜立刻針對目錄中總共十二本書全部降價。二〇〇二年底，亞馬遜開始對二十五美元以上訂單免費寄送，傑西卡餅乾業績連續兩年急速下滑，直到找出有效的對策爲止。傑西卡強化客服中心以及交易的執行，迎頭趕上亞馬遜某些層面的效率，但努力避免像一個經營嚴謹的組織。就以公司的庫存室來說，情景和亞馬遜享有盛名、秩序井然、電動車來回穿梭的倉庫截然不同，反而更像個大垃圾箱。甘斯好像也明白外人的觀感，聳聳肩說出他的意見：「沒錯，這裡沒那麼有條理，可是如果顧客要某一本書，我們的人員可以立刻找到。」他還加了一句，傑西卡不時會扔一袋咖啡豆答謝顧客。

傑西卡的母公司流動圖書市集也同樣默默進行改革，幕後的推手就是瓊恩。不過他還是抽出時間，低調地建立起第二項專長，就是爲音樂家拍照，還有第三項更低調的樂隊貝斯手身分。這種多元焦點的策略他同樣運用到書籍的庫存上，新書與折扣書兼顧成爲該店的招牌特色。他所購入精裝與平裝書的種類，甚至超過大多數大型連鎖書店，但當初賴以起家的高折扣風漬書以及出版社滯銷的庫存書，也一直維持最龐大的數量。爲了逼出最大的折扣，瓊恩常會與出版社談判，收購所有剩書或風漬書，像是一舉買下五百本艾德華・戈里（Edward Gorey）的《無頭胸像》（*The Headless Bust*）——其他任何一家書店的訂單充其量只有十幾本。

冒險收購沒有明顯讀者群的書籍——賣不掉也不能退回出版社——在書店這行幾乎前所未聞。瓊恩說：「新書的業務有時候讓我很洩氣。這就像一種時尚行業，能大賣的只有這個星期電視上大力促銷的東西，其他的只能等著被退貨。收購折扣書等於作出承諾，相信總有一天它會遇到買家。」不過折扣書變數雖多，回報也很可觀。這些價格超便宜的五花八門書籍，不但是流動圖書市集的一大優勢，也是賺錢的金雞母。雖然新書占該店銷售金額七成，但獲利的七成卻來自折扣書。這是因爲瓊恩拿到的價錢眞的很低，所以即使提高三倍出售，每本也不超過五塊美金。另一方面，新書的利潤空間微薄，反倒像店裡的「特價犧牲品」。

流動圖書市集原本按出版社陳列的方式，也在即興與實驗的作法下逐漸改變。瓊恩容許員工自行擺設主題導向的專區，只要覺得適合的書籍都可放進去。這些類別未必符合傳統；例如店裡有傳統的旅遊專區，但也有紋身／身體藝術專區。有時員工會把分類玩得不亦樂乎，有人設置十個不同的宗教專區，弄得瓊恩有時也找不到書，所以他後來縮減爲兩個專區。還有些員工創意十足地融合出版社專區與主題專區，像是與平裝科幻小說專區比鄰的，就是專門出版科幻與奇幻類書籍的 Wizard of the Coast。有些書籍根本無法歸入任何一種類別，員工就會把它們放到靠近入口處的箱子裡或未標示的架子上，方便顧客自然瞄到，而不必費事尋找。瓊恩認爲：「這是一種混合的組織方式，似乎就這麼自然而然發生，而且運作得好像還不錯。我的目標是確保改變不要太快，免得行不通時也回不了頭。不過不管做什麼，總會有人不高興。」事實上，店裡頭很難看到顧客露出任何不高興的模樣。但是首次光臨者不在此限，即使到今天，他們進來之後還是會一頭霧水，只好很快轉身離去。

組織的性質某種程度上是由其組織的方式所界定。一般人的觀念都認定，成功與組織化的程度有關——愈高當然愈好，也與秩序的類型有關。這種偏見涵蓋的範圍從最基本層次的組織功能，如文書傳遞，到高階經理人的關鍵決策無所不包，也影響到組織結構的課題上。不過就像我們前面提過，很多時候秩序是爲個人或家庭製造問題而非解決問題，而亂也能在不少方面發揮作用。這樣的看法也適用於不同類型的組織，以下就是一些例子。

歸檔的盲點

雖然 Pendaflex 公司力求再接再厲，但自從它發明檔案櫃以來，有關紙本文件的整理方法始終不見什麼令人印象深刻的重大創新。不過事實上，還是有一項值得注意的創新：

10550

台北市南京東路四段25號11樓

大塊文化出版股份有限公司　收

廣告回信
台灣北區郵政管理局登記證
北台字第10227號

地址：

市　鄉／鎮　路　段　巷　弄　號　樓

縣　市／區　街

（請寫郵遞區號）

大塊文化 LOCUS

讀者服務卡

謝謝您購買本書！

如果您願意收到大塊最新書訊及特惠電子報：

- 請直接上大塊網站 **locus**publishing.com 加入會員，免去郵寄的麻煩！
- 如果您不方便上網，請填寫下表，亦可不定期收到大塊書訊及特價優惠！
  請郵寄或傳真 +886-2-2545-3927。
- 如果您已是大塊會員，除了變更會員資料外，即不需回函。
- 讀者服務專線：0800-322220；email: locus@locuspublishing.com

姓名：______________________ **性別**：□男 □女

出生日期：_____年_____月_____日 **聯絡電話**：______________

E-mail：______________________________

您所購買的書名：______________________________

從何處得知本書：1.□書店 2.□網路 3.□大塊電子報 4.□報紙 5.□雜誌
6.□電視 7.□他人推薦 8.□廣播 9.□其他

您對本書的評價：

(請填代號 1.非常滿意 2.滿意 3.普通 4.不滿意 5.非常不滿意)

書名______ 內容______ 封面設計______ 版面編排______ 紙張質感______

對我們的建議：______________________________

____

____

____

野口檔案系統。發明人野口悠紀雄是位經濟學者，在日本國內享有高知名度。他不但智力過人，更致力於設計並推廣個人組織系統，也就是他所謂的「超級整理術」，希望讓辦公室員工發揮最高的效率。雖然他的做法在日本以外並沒受到太多注意，但二〇〇五年一位名叫威廉・賴斯（William Lise）的人把相關資料翻譯成英文，放在他原本並不起眼的網站上，這大概是野口檔案系統首次引介到英語世界。讓賴斯大吃一驚的是，短短三週內就有約四萬人上網觀看這篇文章。

野口系統的要訣是：任何一份進來的文件都放到一個大信封裡，性質標明在信封旁邊，然後放到架子的邊沿，把所有信封像一本本書般排好一列。新來的文件插到這列文件的最左邊，任何文件抽出後也往最左邊放。經過一陣子，最重要、最常取閱的文件就都會集中在行列的左邊，而最過時、最不常用到的則會在右邊。理論上，因爲文件自動按使用頻率排列，取閱上更爲容易。如果你覺得這種方法聽起來有點耳熟，可能原因是：把這些信封橫擺起來，變成上下排列，然後堆放到桌上，再把信封都拿掉。這時出現你面前的就任何凌亂的辦公桌上都看得到的一大疊文件，時間較近、較重要的文件往往在最上面。所以下次有人批評你的桌子太亂，你大可以告訴他這是超級整理術的產物。

事實上，不論你怎麼整理自己的工作場所，總會有人挑毛病。有位學校行政主管就提到，每年九月開學前一週，雖然教室看起來十分整潔有序，但老師們還是忙著整理。問題就在於暑修課程時，老師們的教室都更換過，而每位老師都會覺得別的老師整理方式完全不符自己的要求，所以會重新擺設一番——書桌、辦公桌、書本、文具、檔案、牆上掛的東西。因此到了九月，原來的老師又得大費周章地把教室回復原貌。

當然老師並非整理的行家，那麼眞正專業人員又是如何處理繁瑣的辦公室整理工作呢？文件管理的起源，很有可能是爲大型公司客戶處理訴訟的律師事務所。無論訴訟、犯罪調查與法規爭議，開始時往往要求提供所有相關文件，數目動輒累積到好幾百萬張。配合要求提出這些文件還比較容易——往往只是從檔案櫃森林裡把所有東西都找出來，再放到紙箱裡運去就好了。問題出在事後的重新歸檔。有家負責一宗能源業重大法律案件的律師事務所，在訴訟結束後雇用一個團隊負責這項累人的工作。這個團隊花了幾天時間，仔細整理出相當於十個檔案櫃容量的文件，然後就宣告放棄，把其他百分之九十五的文件隨便塞到剩下的大概一百個檔櫃裡。碰到有人問起某些特定檔案該到哪裡找，他們的回答千篇一律：去找第一批那十個檔案夾。這似乎是合理的答案，因爲就像有個老笑話，一位醉漢在黑暗中弄丟了車鑰匙，卻跑到對面街燈下尋找——在似乎看得出頭緒的地方找東西，就算東西很可能根本不在這裡，至少比較不會有挫折感。

其他律師事務所的律師也同意，詳細歸檔或把爲數龐大的文件重新歸檔，不但白費力氣，而且造成的問題反而比解決的多。一個組織碰到別人要求提供特定文件時，通常最有利的回應就是誠實告知不知文件放在何處，但歡迎對方自行由好幾百個沒有整理的檔案櫃中尋找。只不過，美國公開發行公司現在已無法再以檔案沒整理爲藉口，因爲二〇〇二年通過的沙氏法案（Sabanes Oxley Act）四〇四節，要求財務文件必須可以廣泛而精確地追蹤。根據AMR研究所的一項調查，二〇〇五年企業爲配合此法案所付出的成本——這一年是四〇四節實施的頭一個完整年度——高達六十一億美元。國會在通過該法時就已預料，公司初期的配合成本一定很高，但也保證這些成本可望迅速下降。但AMR同一項調查卻預估，二〇〇六年的成本仍高達六十億美元。

邋遢與效率

大衛・克許（David Kirsh）是加州大學聖地牙哥分校的認知科學研究者，以淩亂與整齊的辦公室為研究對象。他對秩序價值的辯論沒興趣，只是希望了解凌亂與整齊辦公室的實況。克許大半時候都在一間嘈雜的小實驗室裡跑來跑去，那裡擠滿研究生和電腦顯示器，其中一臺大型顯示器就放在牆上一架攝影機旁，畫面呈現的是學生擠在另外一間小實驗室的情景。這個螢幕是一種「電子窗戶」，讓兩個實驗室的人員比較有連結在一起的感覺——他指導的另一間實驗室牆上也裝有類似的顯示器和攝影機。這種虛擬連結在高科技實驗室並非創舉，但克許的另一間實驗室其實就在隔壁而已；電子窗戶顯示的畫面就和同一地方安裝玻璃窗看到的情景一樣。（克許解釋說，他原本打算裝窗戶，但向學校詢價後，發現如果純粹為了看到隔壁的情景，裝顯示器和攝影機反而比較便宜。）

克許與他的學生在他們撰寫的長篇技術論文中，運用一些人類學家與電腦科學家的語言——信不信由你，scruffy（邋遢）是個電腦術語——分析辦公室「活動景象」。克許的研究有中有個關鍵概念，就是工作的「進入點」（entry point）。如果你的工作給打斷、暫時離開辦公室、轉換任務或任務完成時，你的辦公室環境中有哪些可以協助你重新拾起中斷之處，或順利展開新任務？他發現，整齊的人依賴少數「明確的連繫結構」，如清單、每日計畫、in-box 等，迅速而果斷地決定下面要做什麼。但另一方面，邋遢的人卻「看資料行事」——也就是不具體規畫或界定自己要做什麼，而從辦公室的環境獲得線索與提示，像是辦公桌上放的文件、檔案櫃最上邊的檔案、信封上註明的字句、貼在各處的便利貼便條紙（說也奇怪，許多整齊的人瞧不起這玩意）、翻開的書本等等。當然，如果認爲辦公室的環境能以這樣的方式來保存工作流程的痕跡，未免異想天開，而克許也表示，邋遢的人往往有些高估自己在混亂中找東西的能力，也低估行動漫無章法可能帶來的無效率。

不過邋遢的人的確能由周遭隨機的提示獲益良多，像是偶然瞄到的檔案恰好對手頭的任務很有幫助，甚至指引出另一項更重要的任務。邋遢者這種工作上的機會主義，克許比之爲到店裡打算買羊排的顧客，結果卻買了特價促銷的鮭魚。他也指出，亂的環境有助於提供一連串有用的線索，確有其科學的根據。資訊科學的一個分支敍述性複雜理論（descriptive complexity theory），研究的是解決特定問題所需的資源類型，認爲系統內的資訊量會隨著系統隨機性而增加。這似乎違背直覺的認知，但換個比較淺白的說法，比起收拾整齊的房間，凌亂的房間能告訴你更多居住者的背景。環境裡如有許多未經整理的事物，就更有機會蒐集到資訊。辦公室收拾得太整齊，不論在此工作的人是誰，看起來都大同小異，但比較亂的辦公室卻能由種種不同方式反映出工作者近期的活動。

克許並非主張邋遢的人一定比整齊的人工作效率高或低。他的結論是，不同工作者最能發揮的環境往往整齊程度各異，因此以單一的秩序強加於所有員工身上是錯誤的。他說：「人會逐漸塑造自己的環境，直到感覺在此工作自在爲止，但旁人可能認爲那裡亂得不像話。一旦你想指點別人如何整理，就是想讓他們的環境符合你的需求，這會造成問題。」他還說，要求邋遢的人整理環境，可能有損他們的生產力，而且他們最後是會回復到無秩序。他說，「他們是慣犯。」

電腦檔案與凌亂的手稿

隨著電腦化程度提高，更多的資訊都存在資料庫、電腦檔案與網路中，是否辦公室與辦公桌整齊與否也就愈來愈不成問題呢？未必，因爲多項研究指出，電腦化往往造成紙本文件增加而非減少，因爲員工還是爭相由印表機列印備份。更何況電腦檔案涉及檔案的命名、格式化、群組化、儲存、存取、備份與保護等問題，創造了新的混亂來源。偏好組織化的人士力促對這些層面設定嚴格的標準，但也有人認爲這種一致化的做法違背或限制他們的習慣與偏好，以致造成對立衝突與技術的問題。

二〇〇五年，麻州州政府的資訊科技首長宣佈，該州將把電腦檔案的格式標準化，與開放原始碼的軟體（即不受一家公司控制的軟體）而非微軟產品更相容，隨即引發熱烈的支持與撻伐之聲。接下來，這位主管花公帑出差、參加開放原始碼軟體會議的事情受到調查，然後州政府又發表聲明，準備與微軟合作，以期與該公司的文件格式維持相容，接著是微軟發表聲明，表示會讓本身的文件格式更接近一種開放原始碼格式。到了最後，州長米特·龍尼（Mitt Romney）也親自上陣，據說是擔心這場糾紛可能對他爭取總統大位不利。這一切的一切，都是爲了電腦文件的格式化。

除了紙本或數位文件如何整理的問題，我們也知道，數位文件通常要比紙本文件來得整齊，沒有汙漬、皺褶或塗改，可以隨時檢查拼字、調整字距、編頁碼，以你希望的版本完美地複製出來。如果你認爲這是向前邁進一大步，不妨回頭看看，二〇〇五年一份貝多芬潦草凌亂的《大賦格》手寫原稿重現人間，令許多音樂專家欣喜若狂，一百九十五萬美元的拍賣價也創下樂曲手稿的最高紀錄。這份文件的獨特價值，其實就在於它的亂，因爲據拍賣公司蘇富比的說法：

它是以棕色與黑色墨水書寫，有時寫在鉛筆字跡之上，還有事後用鉛筆與紅蠟筆寫的附註，有些是校正後的修改，用的是十格樂譜紙——樂譜經常往外延伸到紙張邊緣。由於寫在不同種類的紙上，可以展現貝多芬創作與修改的幅度，還可看到他刪除、修改、用力擦去的痕跡（有些地方連紙都擦出小破洞）、因更動而弄髒的汙跡，還有好幾頁是黏貼或用封蠟附加到原始稿件上。我們可以具象地看到貝多芬創作時的熱情與掙扎：音樂愈高昂或激烈，音符就愈大。隨著音樂推到前所未有的高度，樂譜的加線也大幅推升至紙張上方邊緣。貝多芬顯然曾在鋼琴或書桌上試彈某些段落，在手稿第二十三頁，就有一段他自己的指法記號。想像這位病痛纏身、耳朵全聾的作曲家，在鋼琴上彈奏這些他根本聽不見、但必然可由手指感受到的樂曲，的確令人動容。

對具歷史意義的創作而言，凌亂的手稿自有其特殊價值，但這種情況也適用於今天的辦公室嗎？根據葛羅福・佛格森（Glover Ferguson）的說法，答案絕對是肯定的。佛格森是芝加哥埃森哲（Accenture）公司的科學主任，研究如何把電腦晶片的智慧灌輸到日用物品中。他最喜歡舉的一個例子是，他開會時用一支灰黑色的粗筆做筆記，這支筆的筆尖有個小型感應器，能追蹤筆在紙上的位置，因此可儲存所有寫下的字跡。這項發明原本是供業務人員與醫療執業者使用，他們以這種筆所寫的任何記號或字母，都可轉換爲數位資訊，和由鍵盤輸入一樣，因而不必隨身攜帶精密而昂貴的電腦。不過佛格森的理由卻不同，他希望自己記的筆記不但儲存爲數位檔案，同時手稿的原貌也能保存下來。他說：「每個塗鴉、汙漬或曲線都是線索，讓我可以回憶起會議的情景。塗掉的字跡提醒我發生過的激烈爭辯；箭頭標示達成重要決定的各個步驟。如果最後只保有這些筆記的電腦檔案，就會喪失一切相關情境與微妙之處，而這些才是精采的部分。」

其實一般的數位文件也能透露不少額外資訊，只不過你未必樂於公諸於外。例如，有些文字處理程式，特別是微軟的 Word，會緊抓著早先輸入的版本，甚至還有些不相關的檔案。這些額外的資料通常不會顯示在螢幕上，因此你或許一直渾然不覺，可是和你分享某一文件的人卻知道該如何叫出這些資料。二〇〇五年，美國民主黨全國大會與聯合國所傳閱的文件都發生尷尬的意外，因爲外界能從中攫取原本並未打算公開的資訊。加州一家律師事務所發表一份譴責檔案共享軟體的文件，結果後來外界由背後隱藏的資訊得知，原來在幕後協助撰寫這份文件的是某片商團體。毫無疑問，這些露出馬腳的單位一定寧願忍受潦草的字跡和咖啡汙漬，交換那些看似整齊有序的數位檔案。

企業檔案如果講求整齊有序過了頭，甚至可能招致公共危險。美國西北鐵路（Amtrak）二十輛的高速亞斯拉（Acela）列車，一度全都出現足以導致撞車的裂痕，必須停駛三個月。追蹤之下才發現，問題出在維修手冊經過刪減。原本的手冊清楚規定，檢查煞車時必須留意裂縫的形成，但鐵路公司爲了提供維修人員更精簡的手用，在刪刪改改的過程中，這項有關煞車檢查的警語就不見了。

亂式組織結構

公司成長是壞事嗎？阿姆斯特丹自由大學（Free University）研究科技變遷對企業影響的經濟學教授彼得．尼坎普（Peter Nijkamp）認爲，在這個顧客喜好與需求變動快速的世界，的確常發生這種情況。問題就出在公司的成長通常導致尼坎普所謂的路徑依賴（path dependency）——也就是變得只用一種特定方式來做事。尼坎普點出箇中癥結：「動態的市場不利於路徑依賴，因此組織擴大會有風險。」

不過尼坎普指出，問題未必出在成長本身，而是公司成長的方式。一旦公司規模變大，往往就會傾向採取更有秩序、更正式的組織結構與策略，督促員工以整齊有效的步調達成共通的目標。不過正是因爲這些制式結構，公司面對快速變動時會產生種種摩擦。即以風行不衰的「六標準差」（six sigma）來說，對此奉行不渝的公司會持續徹底分析所有流程，期望接近完美，但遇上瞬間崛起或消失的市場，卻註定無法快速應變，立即設立新事業單位或推出新產品。對大公司而言，僅僅決定要進軍新市場，就可能得經過一番繁複冗長的流程。說來也很諷刺，有時公司爲擺脫傳統金字塔結構的層層拘束，改採後現代的網絡型組織架構，結果卻適得其反。在這些較新型架構中，權責關係可能複雜到荒謬可笑的地步，甚至根本搞不清楚哪個職位的人有決策權。例如ＩＢＭ於一九九〇年代採取八維矩陣的管理結構，要想完全弄清楚它的運作，大概得先精通物理學的弦論才行。有些公司在成長過程中不斷採行極具企圖心的新組織架構，部分原因是擔心公司可能朝不樂見的方向發展——使得組織的行爲難以預測、不夠平順或缺乏協調——另一方面也是滿足高階主管的成就感。採取更有秩序的新架構之後，總是能暫時激勵公司績效，有點像安慰劑的作用。這類似第三章提過的霍桑效果，也就是工作環境中任何刻意的變動，往往都有暫時的效果。但事實上，面對當前絕大多數的市場起伏如此劇烈，幾乎所有高度組織化的架構最終還是難以因應。

相反地，不妨看看住於麻州瓦特罕（Waltham）和英國劍橋的無專利科學公司（Scientific Generics），員工雖然有三百人，但卻沒有眞正的「主要」業務。公司提供一些諮詢服務，但大多時候是在尋找任何市場中尙待開發的利基，然後設立專責單位去開發或取得滿足這些利基的技術，再採取最能讓這項技術有利可圖的策略：註冊、設立專門的事業單位、衍生成立新公司、與既有公司聯盟，或任其自生自滅。過去十七年，無專利科學業創設或參與聯盟的約有七十家公司與事業單位，產品範圍涵蓋顯示器、玩具、醫療器材等等。有些新業務又會帶來其他新業務。例如一九九八年，原本爲掌上型電腦開發感應筆的事業單位衍生出另一個單位，專門開發汽車的定位工具。該公司副總喬夫・韋特（Geoff Waite）指出，「一般公司的研發通常只會聚焦於現有的策略需求，因此比較缺乏新點子，以致錯失機會。」

該公司更爲自由的組織結構，基本上是聚焦於新的「衍生」事業單位，能把握機會乘勢迅速崛起，並與公司內其他單位競逐資源。如果衍生的事業一片榮景，公司容它無限制地快速拓展，由別的單位攫取所需的任何資源，即使公司其他部分因而受損也在所不惜。如果衍生的事業不成氣候，也會很快有個了斷。這是對公司的另類思考方式——公司不是一個密合的整體，而是由暫時性、半獨立單位所構成不甚緊密的集合體，有的單位突然出現並快速成長，但另一些則中途夭折，而員工與資金在其間自由而快速地流動。米蘭大學研究者馬里歐·貝納西（Mario Benassi）稱這類支持發展衍生事業單位的公司為「模組」（module）公司，並歸納出三種特質：片段而非全體的成長；對成長遲緩的單位迅速縮減或去除，轉而投資前途看好的單位；隨時準備好調整資源，聚焦於公司的任何單位。他指出：「模組公司焦點更集中，動作更迅速，可以很快擺脫不再感興趣的業務。」相較之下，傳統型公司往往太過僵化，只顧維持既有的核心業務，以致對富有潛力的新市場未能好好經營，甚至完全忽略。雖說找到好的衍生事業構想並不容易，但整個流程最困難的部分，應該還是即時下決斷，終結沒有前景的點子。尼坎普認為，衍生事業失敗率為六成就算很了不得。由此可知，維持快速的淘汰率是致勝關鍵。從這點看來，衍生事業的構想與其說是高明的事業規畫，反倒比較像嘗試錯誤。

衍生事業並非高科技事業的專利。機靈的時尚與運動用品廠商為把握即時趨勢，也會另創獨立新品牌。大型廣告機構通常由數十個較小單位組合而成，以配合不同的產業利基。還有一些精明的餐廳業者，如費城的史蒂芬・史塔（Stephen Starr）或紐約的丹尼・梅爾（Danny Meyer），成長之道不是讓個別餐廳變大，也不是繼續開同類餐廳，而是把全新的創意加入事業群，並不時關閉或重新投資已退流行的店面。

亂式創新

華盛頓州的法爾夫軟體公司（Valve Software）熱賣的電腦遊戲「戰慄時空2」（Half-Life 2），最早可上網取得的時間是二〇〇三年底，不過當時法爾夫尚未正式發行，但駭客破解了程式，張貼網上供人免費下載。網路駭客當然已是見怪不怪的現象，不過接下來發生的事情倒是頗爲新鮮：法爾夫的全球客戶群起搜捕駭客。爲什麼這群素來不尊重版權的線上遊戲者，要追捕提供他們渴望已久軟體的「英雄」？

答案就在有些公司採取了創新之舉。印第安那大學發展策略研究所主任，也是《創業家社會》（*The Entrepreneurial Society*）一書作者大衛・歐德列區（David Audretsch）認爲，拜全球化之賜，今天美國企業面對的最重要課題，要算尋求創新的解決方案。僅僅中國一地就匯聚龐大的資本與廉價勞工，打得美國製造商節節敗退，不論襪子或電子晶片，連服務業也無法倖免。歐德列區指出，「你沒法在價格上競爭，只有靠全球其他公司都沒有的新點子才能生存。」公司如果只顧業務，墨守以往的成功經驗——提供高品質產品並搭配優質服務、創意行銷、壓低成本、謹慎管理現金流動——卻不能像高科技事業那樣重視創新，前途還是相當堪慮。

不過高明的點子從何而來呢？一般公司受限於傳統上精密的分工，對於創新的策略僵化，總認定研發工作（R＆D）該由科學家或工程師在高科技公司的實驗室內進行。歐德列區認爲，現代企業對創新應抱持較寬鬆的想法，才能誘發每位員工的創新力，同時也要借重外部的專業力量，如公司董事、創投業者、供應商與合作夥伴等。舉例來說，亞歷桑那州一家成立四年的三河（Three River）公司，行銷輪圈容易轉向的輪椅、可控制電玩遊戲的手動健身腳踏車，還有供殘障者使用的其他創新產品。三河僅有六名員工，和其他小公司一樣雇不起專職研究人員。因此公司四處尋訪設有「人體工程」研究實驗室的大學，發掘可申請專利的點子。創辦人兼總裁隆恩·波寧傑（Ron Boninger）說：「我們的專長在於判定新型產品有沒有市場，還有就是把實驗室的原型改良到可銷售、可大量生產的地步。」三河把所有生產外包給其他製造商，並鼓勵他們除了生產創新外，也可就設計變更提出建言，以強化產品的品質並降低成本。例如有家製造供應商構思出以新方法生產橢圓形鋁質的輪椅輪圈，把鋁加熱後像牙膏般由橢圓孔中擠出，而不必採用其他製造商慣用較昂貴的模鑄模流程。

公司創新的最佳源頭，或許正是來自與傳統上工程師在實驗室進行R&D相去最遠的一環：顧客。電玩社群在這方面向來領先群倫，就以法爾夫為例，該公司一九九六年開張後不久，經理人就注意到一批高明的玩家已經破解槍戰電玩的程式碼，並發展出場景與武器更為驚悚的修正版。公司先是覺得心驚，但隨即發現這些符合顧客口味的遊戲爭取到新的愛好者，因此決定提供新軟體，讓玩家更容易進入修正版。其中有個版本大受歡迎，公司乾脆雇用那位修正者，並將衍生的新版做為獨立產品。哥本哈根商學院研究員拉斯．波．傑普森（Lars Bo Jeppesen）曾研究顧客對法爾夫與其他軟體公司如何產生貢獻，他指出：「讓玩家不斷為遊戲添加新東西，可以延長產品壽命，並填補原始產品無法滿足的各類市場利基。」

顧客與員工的界限趨於模糊，獲益的並不限於軟體公司。位於奧勒岡州的范氏航空器（Van's Aircraft）是家小型個人飛機製造商，它的做法是把所有組件運交客戶自行組裝。公司的愛好者組成一個活力十足的社群，除了網上聊天，也有飛行聚會，就飛機的改良相互合作或交換意見，並研究零配件的設計，包括各式引擎以及機艙遮陽板等等。范氏總經理史考特・萊森（Scott Risen）指出，公司五位最高階經理人每週合計花二十五小時上網，了解客戶在做什麼，並投入許多時間參加飛行大會，以親自了解某些創新。最傑出的設計公司會納入飛機之中，或是透過公司的零配件型錄販售。萊森指出：「我們提供各式由顧客設計的品項。如果看到某架飛機裡頭有我們喜歡的東西，我們就會找出是誰做的，並要求代爲行銷。」公司在這方面的做法相當有彈性，可能買斷相關權利，或是擔任收取佣金的經銷商。例如最近型錄中增加了一種電子開關，只要按一個鈕就能完成相當麻煩的襟翼調整；這項發明是一位顧客的傑作，由范氏代爲接單。

伊利諾大學額本納－香檳商學院教授宋納莉・夏赫（Sonali Shah）研究使用者社群的創新，她指出，有些產品擁有以分享爲導向的顧客社群，而且成員行動迅速，因此容易由顧客的投入而受惠。滑翔翼、溜冰、滑板的愛好者，多年來一直開發並推動新產品的演進，他們原先透過各項活動或雜誌與同好以及公司分享看法，現在又多了網路的管道。用各項新奇零件拼裝的小型車來表演搏命特技的玩家，會透過網路把理念傳送給幾千家汽車改裝零組件公司，也帶給大車廠不少啓發：福特與本田就分別在 Focus 與 Civic 車款納入修正後的玩家點子。還有一些病患也在網路上集結，爲藥廠分擔部分責任：美國食品與藥物管理局因某種腸躁症藥品可能導致不良副作用，強制葛蘭素史克（GalaxoSmithKline）藥廠必須將其下市，結果在腸躁症患者的網路社群遊說下，成功促使食品與藥物管理局重新考量這項決定。

動員網路社群的顧客替公司承擔某些工作，往往簡單到只需開口提出要求即可，法爾夫正是如此。它在網站上張貼訊息，要求愛用者協助公司緝捕駭客，結果數百人馬上開始行動。連領薪水的員工都不見得多認眞的任務，顧客們卻如此熱情投入，看來似乎不可思議，但不受公司驅使、全憑社群力量的開放原始碼世界，就是如此神奇：一件員工眼裡的苦差事，外人看來卻是充滿刺激的挑戰。加州大學柏克萊分校教授史蒂芬・韋伯（Steven Weber）研究開放原始碼的原則該如何應用於企業與政府，他指出：「一九九〇年代，公司進行人才戰，想盡辦法留住最優秀的員工，到頭來還是無法讓他們全力以赴。而開放原始碼方案下，參與者的投入程度要高出一倍。」韋伯舉例說，如果汽車工程師接到改善車內杯架的任務時，有多少人會感到驕傲？可是車主如果有過清理打翻咖啡的慘痛經驗，卻會競相投入這項工作。至於相互提供技術支援，則更不在話下——這正是許多網路社群的主要活動。

要引發顧客的創新，有時只需提供正確的工具與指令即可。德州統計軟體銷售商史塔塔公司（StataCorp）提供客戶編製新型統計報告所需軟體，並把新版本供其他顧客使用。加州安維爾製箱（Anvil Case）生產有高度安全保障的運送箱，會提供顧客詳盡的指示和圖解，以利他們配合，好比說，影音顯示器或樂器等物品特殊而複雜的形狀，設計箱子的內部。之後公司就可比照這些設計，爲未來有相同需要的顧客打造合用的箱子。

動員顧客比較沒有制式的做法，因此協調與設定目標成爲高難度的挑戰。顧客或許樂於助公司一臂之力，但這並不表示他們會像員工一樣聽公司使喚。經理人必須訴諸顧客的內在動機，而不是告訴他們該做什麼。「想運用他們的生產力，你就必須放棄控制，」開放原始碼計畫（Open Source Initiative）總裁、也是開放原始碼運動的領導者之一的艾力克・雷蒙（Eric Raymond）這麼表示。他還指出，管理志願者的重要原則包括：迅速對問題開放而誠實地回應、對他們的努力設立公開肯定的機制。雷蒙說：「他們會不惜投入驚人的氣力來獲取這種獎勵。」但說也諷刺，終極的獎勵經常是提供正式的職位——的確也有些顧客把這種自發的幫忙視爲一種面試機會，而法爾夫和范氏航空器也聘用過表現優秀的顧客。不過公司不可能倚賴顧客提供源源不絕的好點子，而夏赫也表示，絕大多數的點子並不管用，有賴經理人辛苦地由砂中瀝金。她指出：「能鑑別哪些顧客創新符合市場需求的公司，將具備眞正的競爭優勢。」

至於贏得線上偵探效忠的公司則會發現，這些業餘者的表現更勝正牌偵探。法爾夫的行銷主管道格・倫巴地（Doug Lombardi）說，竊取「戰慄時空2」的駭客在公司發出求助後的六個月，就被遊戲愛好者給糾出。他表示：「這個遊戲開發了五年，耗費我們好幾百萬美金的成本。能得到這些幫助眞的很好。」

亂式資訊系統

美國聯邦調查局曾研發一種電腦系統，可以讓情報員和其他情報員或其他機構相互分享案件資訊。但此案在進行五年並耗資一億五千萬美元之後，卻於二〇〇四年宣告放棄。國會議員對此舉交相指責，聲稱如此鉅額資金居然浪費到一個沒有成效的計畫上，實在令他們大感震驚！不過他們顯然忘了，許多聯邦機構，包括聯邦航空署、國稅局和軍方的每個單位，全都有過胎死腹中的大型科技方案，蒙受的損失還慘重得多。

我們很容易把這種虛擲公帑的現象歸咎於政府機構顢頇官僚，無力管理好相關的計畫，但事實上，不論哪種組織，所費不貲的資訊系統變成廢物都不算特例，而且還相當普遍，只不過發生在私人公司，不會鬧到上報而已。加州大學聖地牙哥分校電腦科學研究者約瑟夫・葛根（Joseph Goguen）指出：「一半以上的大型顧客系統，最終都未能到達眞正使用的階段。通常它們就這麼給取消掉，有時還對外宣稱計畫成功，事後卻從未使用過。」他還說，即使中小型企業也不惜耗費鉅資，打造這些大而無當的錢坑，當然營收上受到的打擊也相對更嚴重。

看在外人眼裡，電腦專案流產，應該怪專案經理無能。其實就算技術上素負盛名的公司，也未必能免於這種重大的挫敗——ＩＢＭ為也曾在一九九〇年代美國航管系統的改造上徒勞無功，幫忙燒掉納稅人十五億美元的血汗錢。葛根指出，根據專家研究發現，挽救失敗的電腦專案所支出的成本，僅兩成左右與程式或系統的設計有關，另外約兩成與專案未能解決組織所提出的需求有關，其他百分之六十的成本，則是花到眞正的罪魁禍首上：組織根本沒弄清成員對專案眞正的需求是什麼。葛根說：「開發人員最後設計與打造的根本是錯誤的系統，但是他們直到快結案時才察覺。」

你或許會認爲，了解對電腦系統的需求是件簡單的事，怎麼可能成爲專案殺手？問題癥結在於電腦系統通常有高度秩序、相對缺乏彈性，必須以特定的方式運作；但電腦使用者卻往往沒有如此規律的工作軌跡。有時候負責規畫者壓根就忽略比較散亂的工作模式，而假定只要系統功能夠強，使用者自會配合調整——事實證明，這個假定並不成立。還有些時候雖然調查了使用者的工作模式，但負責調查的電腦專家卻錯誤解讀了資料。這兩種情況都會造成電腦系統與使用者扞格不入。

採取比較無秩序的方法建立電腦系統，或許可以有些幫助。一般資訊科技方案通常會先徵詢新系統潛在使用者的意見——看起來似乎很合邏輯。不過洛杉磯一家律師事務所的資訊主管賈斯汀・海克塔斯（Justin Hectus）卻指出，如果平空詢問別人的工作方式如何，可能會發生很可笑的事，就是他們會完全弄錯。因爲一般人未必意識到自己工作流程的獨特之處，所以對於電腦系統能提供什麼協助，自然也答得文不對題。爲取得正確資訊，海克塔斯與部屬會扮演人類學家的角色，花好幾天工夫待在潛在使用者辦公室裡，低調近距離觀察他們的工作實況，取得第一手資料，以確定他們對新系統有何需求。他指出：「我們花在研究別人如何工作的時間，遠比花在程式設計與開發上的時間要多。」例如，他的團隊觀察事務所八十位律師與助理，發現他們經常會緊急尋求事務所內其他同仁——不管什麼人都行——伸出援手，幫忙處理忽然湧入的突發事件。海克塔斯了解到，律師工作負荷起伏很大，可是沒什麼好辦法可以平均一下，因此他決定，未來的系統要能讓事務所的每個人可以透過移動式設備掌握其他人的工作負荷，如此忙著在法院裡出庭的律師，可以很快得知事務所裡哪位同事比較空閒，能臨時支援幾個鐘頭或幾天。像這樣的系統雖然事前沒人指明有此需要，但結果人人都很歡迎。

加州大學的葛根還指出，一般人陳述自己需要系統哪些協助時，總是信心滿滿，但一看到結果時，卻立刻改變主意。因此他認爲關鍵在於找出一套更快速、更便宜而較不制式的做法，先行了解使用者可能如何改變主意，而不必採行複雜耗時、循序而進的系統開發流程，到頭來也不過得到大同小異的結論。例如，葛根的學生接下一個委託案，爲當地爵士音樂節規畫一套網上系統，他就要求學生找來使用者代表，請他們坐到模擬電腦螢幕的紙箱前，上面貼著手寫的網頁，如此就可不費什麼成本，先把系統過濾一次。

經過這樣的程序，他們有好幾項重要的發現，其一就是爵士樂迷往往較爲年長，喜歡螢幕的字體大一點以便閱讀——這項更動雖然簡單，但如不是事前發現，到時候整個網站都得重新設計。

即使系統開發者清楚掌握使用者的眞正需求，專案還是可能失敗。加州行動應用設施供應商好科技（Good Technology）的創辦人兼執行長丹尼・謝德（Danny Shader）指出，問題在於公司是處在一個沒有秩序、快速變遷的經營環境中。原本系統設計時的需求，等到一年半之後系統完成時，早已成爲明日黃花。謝德表示：「如果你提供給開發者的資料是公司的現況，就很可能會出問題。」而他認爲解決之道是假設無論如何設計，系統一定有某些方面無法滿足使用者，所以需容許頻繁而廣泛的修正。這種亂式系統一開始的功能或許不及設計嚴謹的系統，但最終的功用卻大得多。

合約的內容最好也含糊一點。組織聘請顧問公司負責重大電腦專案時，往往以冗長的合約詳列專案結束時應有的成果。但這樣做只會讓顧問公司把心思放在符合各項細節上，而未必在乎使用者屆時如何看待這些成果。目前有些公司開始採用「選項範圍」（optional scope）合約，實際上就是一些有彈性小型合約的集合體，每一小型合約只涵蓋幾個月或一段期間。等到每一期結束時，客戶可以選擇啓動下一階段的小型合約，或是整個計畫就此打住，又或者根據已發現的問題或組織需求的變動，重新談判下一個小型合約。在這種情況下，合約還不算定型，因此會激勵大家持續留意有何不當之處應加以修正，即使問題無法解決，至少也可以減少損失。當然這樣做很可能會爲原本秩序井然的開發流程帶來不少曲折，甚至還會增加成本，延誤進度，而且功能比原先設定的目標縮水。但你可能因而不必聽到一堆國會議員的憤怒指責，質疑你的組織能力。

8 亂式領導

艾伯特‧「柏特」‧魯坦（Elbert "Burt" Rutan）的事業軌跡和典型的經理人大不相同。雖然他現在是成功的執行長，但一九六〇年代晚期，由於工作之故，他有次坐在一架往下墜落的F－4幽靈戰機中。在此之前，F－4碰上失控狀況全都難逃撞毀命運，但這回飛機竟然得以保全，部分也是歸功於他高超的技術。不過魯坦並非戰機飛行員，只是負責調查的工程師，希望了解爲何該型戰機在越南的失事率偏高。換作其他工程師同僚，大概就在辦公室裡敲敲計算機，但魯坦卻堅持要實地飛上空中。這次差點失事的經驗，不但導致F－4戰機的重大修正，也更讓魯坦堅持自孩提時代造模型飛機即抱持的信念，那就是要造出更好的飛機，不能只是坐在那裡把設計弄得盡善盡美，而是要觀察飛到空中的實際狀況，再想辦法解決出問題的地方。

儘管秉持這種信念讓他碰上差點出事的狀況，但一般時候其實未必有那麼危險。測試飛機性能未必要拿人命冒險——你可以把機翼或機尾綁在卡車上，然後高速行駛以模擬可能的情況。這正是魯坦一九七〇年代初提出的方法，當時他成立一家公司，爲業餘的飛機製造者與駕駛設計先進的試驗機。魯坦喜歡親自操控飛機的駕駛桿，而且早在拿到駕照前已先取得飛行執照。他堪稱一位行動派奇才，即使目前已六十三歲，仍然精神奕奕，還略帶一絲憨態。一九八二年，魯坦成立比例混合（Scaled Composites）公司，從事飛機設計與原型業務，如今該公司由金屬浪板搭建的廠房已形成一個工業城，蜿蜒在洛杉磯東北八十英里的莫哈維沙漠中。

魯坦讓公司順利發展的管理法則是什麼？他堅稱自己沒什麼法則。「我不喜歡規則。如果沒有明文規定的限制，事情會很容易改變。」魯坦認爲良好的管理與良好的飛機設計大同小異：不必苦苦尋求最佳方式，或是不容絲毫違背，而只要試出一套方法，然後不斷修正即可。不過他還是承認，他已經爲公司歸納出幾項概略的指導原則。其中之一就是，別太在意聘用的工程師學歷背景如何，也不必努力爭取一般航太公司喜歡的專門人才。他反而偏好和他一樣對飛機設計具有熱情的人，不拘機身或門把都樂於研究學習。有了這樣的員工，他會給予他們自由發揮的空間。

魯坦的另一項原則是鼓勵所有員工隨時對公司所有事項提出質疑，尤其是質疑本身的工作。魯坦保證員工指出錯誤時，得到的是讚賞而非懲罰。

還有一項適用於他本人的原則，就是避免花太多時間經營公司。他早就訓練好公司董事會別再浪費時間，詢問他不懂或不願回答的行政或財務問題。公司的運作由八人管理委員會負責，他也是成員之一。不過他大半時間都忙著一兩項自己感興趣的方案——公司隨時都有十多個案子在進行——參與相關的團隊，擔任設計人員。

不講求先進的設計、不根據員工的背景與訓練分派任務、不走專業分工、打造不以質疑與錯誤爲恥的文化——這些做法爲魯坦帶來什麼成果？只有一百名員工的比例混合公司，在這個利潤長期遭受挑戰的產業內，曾連續八十八季均有獲利。該公司固定客戶包括美國太空總署和各大飛機公司，而且大家公認，凡是碰上讓飛機飛得更高、更快、更遠、更靈敏，或是成本更低的問題，找比例混合就對了。該公司從未折損任何一名試飛人員，而且三十年內推出二十六款新機，對比之下，其他各大飛機公司往往得耗上十年才好不容易推出一款。

正由於魯坦不願墨守成規、計畫過度、限制員工、按既有方式行事，所以比例混合開始設計並打造第一艘可重複使用的民間太空船時，表現特別亮眼。該公司的太空船一號採用幾乎完全嶄新的設計，包括旋轉機翼以及靠砥石與笑氣運轉的火箭引擎，二〇〇四年一週內兩度安全進入太空邊緣飛行一百公里以上。此舉為魯坦團隊贏得一千萬美元的安薩里X獎（Ansari X-Prize），並爭取到替維珍銀河（Virgin Galactic）打造五人座太空飛行器的合約。這家由維珍大西洋航空（Virgin Atlantic Airway）創辦人理查・布朗森（Richard Branson）所設立的公司，從事的是送付費乘客上太空的業務。比例混合將會持續主導這一計畫，因為按魯坦的說法：「把這項科技移轉給其他團隊來製造與經營，風險實在太高。」他看過太多飛機公司在重重規則、計畫、既定程序以及監督下，卻把案子搞砸。

我們很容易認定，強勢經理人能把公司經營得井井有條，而弱勢經理人則會使公司變成散亂無序。的確，欠缺意願與能力的經理人，無法展現指導與激勵員工的領導力，可能導致公司陷於混亂而生產力衰退。但先前提過，組織的亂也可能發揮很大功效，而有些經理人就善於培養這種有益的亂，不過這絕非由於他們軟弱。以下我們就舉出不同行業中的案例，看看經理人如何容許各類不符常規的做法進入組織之中。

回應需求的產科病房

在井然有序的組織中，經理人如果發現可以運用較為散亂無序的方式來把握商機，首先就難免面對來自員工、上司與顧客的懷疑。這時候先從組織的一部分做起，而不要一舉投入，不但可以減少各方疑慮，也可以爲更全面的變革預作驗證。

四十四歲的派屈克·夏梅爾（Patrick Charmel）是康乃迪克州葛里芬醫院（Griffin Hospital）的執行長，他對這種做法的功效知之甚深。話說這家社區醫院幾年來一直看到病患流失，轉往位於較富裕社區的醫院，因此醫院董事會決定投資蓋一棟新的產科大樓。夏梅爾的管理團隊於是委託一項調查計畫，訪問近期生產過的婦女，請她們說出最希望產科病房內有什麼設施。結果得到的答案包括：產婦不只希望生產時先生能陪伴，最好子女和父母也能一道；希望住的房間不像病房；希望擺放雙人床，以便先生——或不管什麼人——能睡在身邊；希望按摩浴缸；希望大窗戶和自然採光；希望寬敞舒適的會客室，讓客人可隨時聚集一堂；希望護士能一直注意照料，醫生能一直關切。

身材瘦長、語氣溫和但行事直截的夏梅爾，看到如此多彩多姿而匪夷所思的意見，決定看看是否已有競爭對手做到其中一部分。他請醫院一位女性經理人在衣服下塞個枕頭假充孕婦，陪他一起走訪車程一小時以內的每家婦產科，聲稱希望了解院方相關設施。管理團隊其他成員則負責察看郡內其他醫院的產科大樓。結果是：沒有任何一家醫院照顧到這些需求。於是夏梅爾決定，葛里芬醫院要在合理範圍內盡可能滿足調查顯示的相關需求清單。

顯然第一步工作應該是仔細篩選這份清單，排出優先順序。例如有些想法似乎很蠢，像是讓小孩進到產房；有些看來無關緊要，像是自然採光；有些似乎太過危險，像是按摩浴缸，因爲分娩期間盆浴容易感染；至於雙人的醫院用床——根本就沒有。還有，醫生和護士往往高度維護既有的做法，該如何改變他們的行爲？五金行的購物者能在紊亂店面中找齊想買的東西是一回事，但醫院又是另一回事。更何況排定優先次序並集中焦點，乃是高階管理者的基本職責。資金、時間、技術和其他資源的供給有限，但運用方式無窮，因此經理人要在一大堆紊亂的需求中理出頭緒，主要方法就是排出優先順序。

這也是爲什麼董事會聽到夏梅爾主張免去篩選、聚焦與排定優先順序，逕自去做清單上所有事的時候，感到大吃一驚。夏梅爾解釋說：「我們詢問她們需要什麼，她們給了答案。現在我們就照做吧！」董事會勉強同意，但不允許每平方呎設施經費超過州內其他醫院的平均水準。

新的產科大樓有家人可以聚在一起的房間，有自然採光，還有一套按摩浴缸。（研究發現，原先容易造成感染的說法並無根據。）院方也特別訂製雙人床，替子女與祖父母開設協助生產課程。院方還安排「優先照顧護理」，讓每位產婦都有一位專屬護士負責，以確保產婦的一切需求都能滿足，而且醫生也給予必要的照料。新大樓並未超出預算，一方面多虧承包商與供應商大力配合，另外也靠主事者發揮創意、能省則省，像是選在當地折扣商店大減價時採購部分家具。更重要的是，產婦的反應立即而熱烈。不過有些護士向夏梅爾抱怨，這些做法讓醫院失去規矩和秩序。像是一群群親友利用會客室舉行披薩派對或打牌到深夜，而夏梅爾的反應是：「好極了，這個房間本來就是供這些用途。」有些值晚班的丈夫下班後鑽到雙人床上，驚醒母親和嬰兒，對此夏梅爾則表示：「等到產婦出院後怎麼辦？她們的先生一樣會下晚班回家，把太太和嬰兒吵醒。所以只要他們自己沒抱怨，我們剛好可以讓他們在這裡先熟悉一下。」許多護士和醫生抱怨患者時時刻刻而且毫無節制的要求，有些也因此離職。不過這棟獨特新大樓的事蹟在醫界傳開後，有些頂尖的產科醫師，包括不少備受準媽媽歡迎的年輕醫師與女性醫師主動希望加入，而且產科患者的人數也比原先加倍。

夏梅爾接著徵詢高階管理團隊：「我們可以把整個醫院都打造成這樣嗎？」他們繼續做調查，患者的需求也陸續回報過來。他們希望高檔一點的家具、全套廚房設施、地毯；護士最好隨時待在病床附近——老年患者常喜歡按叫人鈴，並不是哪裡不舒服，而是要確認附近有人，以防萬一；他們希望有魚缸；希望配偶或家人也能有床可睡，以便在病房內就近照料；他們不希望在醫院大廳裡摸不清方向；希望住雙人房，以免落單，但同時又想保有隱私；他們也希望更了解自己的病況。同樣地，夏梅爾這次仍然照單全收，毫不打折。

今天來到葛里芬醫院的人，一進入大廳就會有員工趨前接待，絕對不會讓你迷路；院方不准他們只比比手勢或指指方向。走廊舖有地毯；推床的輪子經過特別改裝，以免不易推動。特別設計的L形雙人房既可讓患者保持隱私，同時又都能靠窗。有些病房為「照料夥伴」房，讓照顧的家人能睡在可拉出的沙發床上。護理站採分散而非集中式，每位患者由床上一眼就能看到護士坐在幾公尺以外。食材豐富的家庭式廚房對所有患者與訪客二十四小時開放，經常烤著瑪芬蛋糕。醫院鼓勵病人檢視自己的各項檢查數據以及相關病歷，如果患者想學到更多，還有一個以非專業人士爲導向的圖書館可供瀏覽與研究，一旁經常坐著查閱醫學期刊的醫師。由於院方無法確保患者寵物的衛生是否沒有問題，所以引進一些經過特別淸潔與訓練的狗做爲替代。至於精神科陳列的魚缸採用防彈玻璃，以符合安全法規。

患者滿意度往上衝到九成六，在醫院這個行業堪稱空前，而且患者人數以每年二％速度成長。葛里芬無優先順序、無篩選的做法已成爲一種獨門特色，每年約有四十家醫院願意支付三千美元，派遣行政與醫療人員來觀摩設施，還有一百家以上的醫院每年繳交一萬五千美元，成爲葛里芬轄下懸鈴木（Planetree）組織的一員，以複製葛里芬的成功模式。把單一科別的亂式管理推廣到整個醫院，這樣的績效應該相當令人滿意。

找出折衷點

兩個在整齊程度與秩序上相去甚遠的人結爲夫婦，可能經常衝突不斷，兩家這樣的公司結合，情況也類似。只有經驗老到的經理人才懂得折衷之道，既保留較散亂組織的長處，也避免發生失控的衝擊，同時也能協助較嚴謹的組織適時接納少許的亂。

要和一家秩序井然的公司共事，再沒有比米桂爾・德・伊卡薩（Miguel de Icaza）更不合適的人選。一九九〇年代初期，一頭長髮、行事激進的他就讀墨西哥國立大學，恰好在電腦上發現開放原始碼軟體運動（open-source software movement）程式設計師的電子佈告欄——散居全球各地的獨立程式設計者透過網路溝通，藉鬆散的組合開發軟體並免費傳播。德・伊卡薩迅速在開放原始碼的社群打響名號，因爲他不但寫出試算表這類小巧好用的程式，還成功闖入墨西哥最大的超級電腦，以證明它多麼脆弱。一九九六年參加微軟面試時，他向經理人大談開放原始碼的軟體爲何優於微軟，搞砸了工作機會。接下來他徵召全球幾百位志願的開放原始碼程式設計師加盟，共同撰寫GNOME，把過去運用開放原始碼軟體時難解的指令之上，加一層類似微軟 Windows 那樣容易使用的圖像界面。這關鍵的一步促成開放原始碼走向大眾化，受到熱烈歡迎的GNOME吸引成千上萬的使用者，也包括惠普、Novell、紅帽、昇陽以及其他與微軟或主導市場的 Windows 軟體處於競爭的主流軟體業者。

一九九九年，德‧伊卡薩和一位友人在麻州劍橋成立名爲西米安（Ximian）的公司，開發更多開放原始碼程式，靠使用或訂製這些軟體的公司取得收入。到了二〇〇〇年，他突然閃過一個點子——拜一盒玉米片之賜，因爲隨盒附送的免費電玩，和絕大多數軟體一樣，只能在Windows上使用。不可否認的是，只要Windows維持如此強大的主導力量，大多數程式設計師就只會寫能在Windows上執行的程式，而不去寫開放程式碼的軟體，如此反覆下去，造成Windows的勢力牢不可破。德‧伊卡薩領悟到，想到有個全新的公平立足點，唯有開發一組程式工具，讓程式設計師能撰寫可同時適用於Windows與開放原始碼的電腦。在一千五百萬美元創投資金挹注下，德‧伊卡薩開始動員西米安和全球程式設計師全力投入這項計畫。他稱之爲Mono，西班牙文「猴子」之意。

布萊迪‧安德森（Brady Anderson）二〇〇二年時擔任猶他州軟體製造商Novell的頂尖程式設計經理，在公司已有十六年的資深經歷。Novell是一家使用Windows系統的大型保守軟體公司，岌岌可危的產品線每年以一成以上的速度流失業務。公司主管認爲，與熱門、年輕的開放原始碼軟體公司攜手，或許是一條自救之道，所以派遣安德森到劍橋泥濘的街道上造訪西米安公司。一踏入西米安辦公室，眼前的景象可沒有帶給他什麼信心。這裡看起來比較像間宿舍，而不是做生意的地方——一大片遊戲場地，可供年輕的嬉皮以水槍互射，上面懸掛一顆充氣的麋鹿大腦袋。Novell 鴉雀無聲的隔間迷宮與此眞是天壤之別，那裡所謂的「互動」，就是指會議室裡的正式會議，九點整開始。

等到安德森的目光移到德・伊卡薩身上，感覺就更差了。這個身穿T恤、像個大男孩的傢伙骨瘦如柴，不是減肥過度就是營養不良。不過德・伊卡薩很快就展現待客長才——友善、健談、適度的自信，而且一點也不古怪。他暢談對 Mono 的計畫與抱負，帶著宗教般的熱誠，連安德森也沒料到，自己居然會贊同他的一切論點。他回憶說：「由這段談話，我決定我們大部分的開發工作都要採用 Mono。」他回到公司，告訴其他決策主管，他看到、聽到了公司的未來。此時，德・伊卡薩也告訴同仁，他對安德森有一種志同道合之感，而他先前曾拒絕過好幾家尋求合作的大公司，因爲懷疑它們對開放原始碼是否眞心投入。下一年，西米安就併入了 Novell。

Novell 長期習於由一群組織嚴密、座位相鄰的員工共同來開發軟體，該如何才能調適自己的營運，包容一家作風截然不同的公司？要知道西米安的核心骨幹有二：一是組織鬆散、各自在家工作的駭客族群，凌晨兩點生產力最高，大都靠網路溝通；二是幾百名散居世界各地的志願程式設計師，完全依自己的喜好行事。

德・伊卡薩知道，西米安在開始的階段該變得有規矩一點。他說：「爲促成兩家公司的整合，我們必須放棄自己獨立的文化。」西米安的四十位員工同意搬到劍橋比較保守的新辦公室，有嚇人的隔間和會議室——不過至少麋鹿頭可以一起搬過去。德・伊卡薩原本習慣中午才進辦公室，可是現在會夠意思地晃來參加一早召開的會議。有了 Novell 員工加入團隊，也爲了讓 Novell 的投資者了解進度，專案的時程必須定得更淸楚，而且職責也得更嚴謹劃分。德・伊卡薩說：「現在我工作的動力之一，就是拿人薪水，必須做出成果來。」不過另一方面，他仍有辦法維持一貫的亂式管理技巧。分散全球各地的人員，幾乎完全經由網路溝通；他用人不看履歷或面談，而是直接提供職位給線上表現令他欣賞的開放原始碼的程式設計者；只要早上沒有開會，他通常還是由中午工作到凌晨；他也讓西米安的員工維持最適合個人的工作方式。

在此同時，安德森也決定把德・伊卡薩某些活潑而散亂的風格引入 Novell 穩重的文化中。他好幾回帶德・伊卡薩訪問公司總部，並鼓勵他四處走走，散播開放原始碼的態度。Novell 業務部門主管麥特・亞賽（Matt Asey）承認，他們花了一陣子才習慣「這個波西米亞入侵者」，這是他給德·伊卡薩的封號。他說：「起初大家不舒服，因為他們不喜歡這樣。」不過改變逐漸發生，過去安德森的程式設計師總是在會議室或辦公室內相鄰的隔間敲定專案細節，但現在逐漸習慣把工作逐日貼在網上，讓從未謀面的程式設計師可透過網路批評指教。他們也學會容忍專案中其他程式設計師不同的作風，而不再拘泥以單一標準化的方法解決軟體問題。安德森說：「如果有三種不同的方法可以做某件事，米桂爾不會預設立場。雖然沒有效率，可是如果你告訴某人不能按他的方式做事情，他很可能就不幹了。」

Novell自此完全採用開放原始碼的程式設計。二〇〇四年，公司連總部也搬到麻州，離西米安僅二十分鐘的車程。這種種改變使得公司股價自併購西米安以來上漲了一倍。近期Novell出現一些業績衰退現象，但並非由於投入開放原始碼陣營，而主要是太多公司開始模仿。Novell宣佈加入開放原始碼之後的八個月內，三家電腦業的龍頭公司——IBM、昇陽，還有最重要的，微軟——都宣布要把產品線中關鍵的一部分轉換到開放原始碼領域。

德·伊卡薩與安德森融合軟體開發界散亂無序與秩序嚴謹兩種風格的努力，或許有助於爲電腦業的未來指引可行的方向。

混在一鍋煮

如果想爲公司注入一些亂的因子，新設的公司占了很大的便宜，因爲無須面對根深柢固的流程、慣於例行公事的員工，還有篤信計畫與秩序而不願貿然放棄的投資人。創業者要在某些層面中引入亂的做法，遭遇的阻力要小得多。

當你走近紐約曼哈頓的塔布拉（Tabla）餐廳，想必不會與「亂」聯想到一起，因爲餐廳位於麥迪遜廣場公園側一棟氣派十足、裝飾藝術（art deco）風格的建築物之內。不過進到餐廳裡頭，一切都開始變得帶有混搭風，在強烈的建築形式下，優雅地融合木頭、馬賽克與金屬等材質的裝潢，營造出既異國又熟悉的氛圍。混搭風在菜單中也看得見，除了高檔的西方美食，如龍蝦、小牛肉、鱸魚外，還有印度以及亞洲風味料理，從香菜、椰漿、咖哩到蓮藕與荳蔻，應有盡有。這種融合風格似乎奏效：七十五美元的套餐並未嚇走絡繹不絕的食客，儘管第二大道一帶的印度菜是以十美元的價位爲大宗。紐約沒有像這樣的餐廳。

塔布拉令人稱奇之處，也在於其實是八家紐約餐廳連鎖的一員，隸屬餐飲人丹尼・梅爾（Danny Meyer）所創設的聯合廣場餐飲集團（Union Square Hospitality Group）。不過八家餐廳無論裝潢或菜單都看不出任何關聯，其中一家是供應漢堡與奶昔的速食店、一家是高級正統餐廳、一家是爵士樂俱樂部、一家是博物館咖啡店……紐約其他的餐廳老闆，只要有一家店能在這個競爭白熱化的環境下維持個五年，就大可向人炫耀。可是梅爾不但讓旗下所有餐廳都存活下來，而且其中四家曾入選 Zagat Survey 紐約十大餐廳之列。

聯合廣場集團的餐廳之所以成功，與多元化有關。其他餐廳集團就算不是每家店千篇一律，也至少有個共通的主軸，像是依循最新的餐飲趨勢、堅持高檔新潮風、走家庭路線等等。但梅爾打造優質餐廳的模式卻截然不同，讓它們由不一致的風格中成長茁壯。第一個步驟就是尋找對餐廳抱有個人獨特構想的合作夥伴。梅爾本人的構想展現於聯合廣場咖啡館（Union Square Café），它也是不少人心目中紐約最好的餐廳・，塔布拉則源自聯合廣場前主廚麥可・羅曼諾（Michael Romano）的構想，他現在是集團的正式合夥人。有了概略的想法後，就交由主廚積極根據經驗發揮創意，完全自主地設計出他認爲適合的菜單。每家餐廳都是獨立的公司，由集團、合夥人與主廚共同擁有。事實上，梅爾與集團對每家餐廳設下的唯一限制，就是不能和市面既有的餐廳有任何雷同，而且差異愈大愈好。有時雖然原始的發想來自既有的事物，但演變到最後絕對不同於傳統。公司一位董事蘇珊・莎爾加多（Susan Salgado）舉集團的爵士標準（Jazz Standard）爲例說：「爵士俱樂部通常漆黑昏暗，食物又差勁，但我們的爵士俱樂部乾淨、寬敞、食物絕佳。」

集團極力維持每家餐廳的獨特性，寧願放棄某些規模經濟的效益，像是紙製品就沒有標準化。當然，集團也不是全然袖手旁觀，還是會提供一些電腦、會計、行銷與行政上的服務。更重要的是，梅爾爲整個事業灌輸一套鬆散的經營哲學——其中之一就是經理人不可以在餐廳專制自爲。聽起來像是合理的規範，但對頂尖大廚來說未必那麼容易適應，因爲他們通常受的是法式傳統訓練，主廚即使不像作威作福的暴君，至少也擁有壓倒性的權威。塔布拉主廚富婁伊・卡多茲（Floyd Cardoz）走到我們桌前，談及他過去也採這種威權式作風，後來經過一番調整。他說：「我比較喜歡現在這種方式。」梅爾之所以堅持主廚不能專制，也是爲了尊重員工。集團的待遇相當好，並提供免費的醫療與牙醫保險，還有401K退休方案，以餐飲界的標準來看的確十分優渥。不過更重要的是，梅爾希望他的餐廳廚房中充滿集體即興創作，而不是威權之下的一致與嚴謹。卡多茲說，他做菜經常沒有既定食譜，而是在二十二種不同香料間任意揮灑。「我就是在玩。」他如此道出自己的料理創作之道。

強調即興是梅爾經營哲學中很重要的一部分，除了廚房之外，也適用於服務人員與顧客的互動。塔布拉的服務生好像在餐廳內四處遊蕩，尋找需要服務的顧客。不過他們既不顯出超高效率帶來的迫切感，也不至於過分殷勤，而是一派從容與專注。如果客人點菜時提及難以在兩道菜之間抉擇，上菜時可能會驚喜地發現，侍者端來的是兩個小盤，一盤裝一種菜。如果想嚐嚐三十五美元一杯的點心酒，但又覺得太奢侈而作罷，最後這杯酒可能還是會送到桌前——侍者招待。種種意外驚喜使得用餐的經驗化爲長存的美好記憶。爲了確保侍者善於臨機應變，在梅爾的經營哲學中，雇用員工時不那麼看重傳統的服務技巧。莎爾加多表示：「我們要找的是情感上能散發出好客特質的人。」梅爾認爲重要的是關心別人，而且能以創意方式表現出來，其他的部分都可以透過訓練補強。

不過餐廳的經營不可能全靠即興。以塔布拉而言，任何時候都有五十道菜餚在準備階段，必須精準拿捏好完成與上桌時間——這個精密複雜的流程不容一絲失誤，否則用餐經驗會大打折扣，即使菜單再誘人、侍者再周到也不管用。大多數餐廳的侍者都盡量避免與顧客有太多不必要的互動，而專注於在適時把正確的餐點送到正確的座位上。不過梅爾卻希望盡量提供顧客意外的驚喜，也因此烹調與出菜方面就更需要極其精密的系統，才能讓侍者能在其他方面配合顧客需求而隨機應變。用一套秩序來支援隨機性的作法，正是集團經營的最終支柱。

以塔布拉為例，舉凡食材準備、餐桌鋪設、飲料調製，乃至客人與侍者的桌次分配，全都有詳盡而明確的系統：每位侍者負責用餐進度不同的兩桌。廚房的「催菜人員」就像一個秩序井然的介面，身處廚師與顧客的雙重即興之間，靠彈簧夾板追蹤每份送到廚房的點菜單和每道送出的餐點，以確保幾十道菜都能在正確的時間按正確的順序烹調並上桌。為了對制度進行微調，並且讓顧客都能得到適當的驚喜，所有員工每天開會三次，每次長達一個半鐘頭，以便協調職責並解決問題。莎爾加多指出，梅爾的餐廳模式就像一首爵士樂合奏，背景主題固定，但各種樂器可以環繞主題而即興發揮。

換言之，讓梅爾的餐廳獨樹一格的意外驚喜，其實還是奠基於餐飲業的某些標準作業流程。不過就像生活一樣，不時也需要來點變化做為調劑。

更多成功案例

散亂的巨人：即使小公司成長爲大公司，創辦者的個人特質仍可能保持不墜，尤其是已深入公司文化之中的亂。一個有趣的例子是微軟與蘋果電腦的對比。蘋果無論在媒體形象與口碑上，往往都勝微軟一籌，部分原因在於它像屈居業界霸主微軟之下的弱勢者，同時也是因爲蘋果產品以風格取勝，贏得愛用者傾心。蘋果就像大衛，面對宛如巨人歌利亞的微軟，因此一般人難免把蘋果聯想爲自由不羈的反叛者，而微軟則是遲緩僵化的官僚組織。但事實上，微軟一直採行適度散亂的模式，反倒是蘋果的秩序嚴苛。只要觀察蘋果執行長史提夫•賈伯斯與微軟董事長比爾•蓋茲，這樣的情況並不令人意外。

賈伯斯素以吹毛求疵、只穿高領衫聞名。他是個控制狂，只要團隊稍微偏離精確的目標與時程，就會遭到怒言相向。蓋茲則向來鼓勵團隊獨立往多個不同、甚至相衝突的方向發展，對於遲延或變更也比較容忍。(蓋茲的衣著一向隨興，不過近年來整齊了一些。）蘋果一直集中全力、聚集於單一狹窄的目標——一開始是時尚的PC，等到這方面難以進展，就把重心轉到時尚的多媒體設備，近期最有名的就是iPod。同一時期微軟卻廣泛涉足電腦世界的每一角落，由PC到公司伺服器、應用軟體、多媒體、搜尋引擎。蘋果對開發中產品守口如瓶，直到完成時才鄭重其事地盛大上市。微軟卻經常不搞神祕地推出尚有瑕疵的第一代產品，然後不斷修正、更動、微調，最終成爲最受歡迎的產品：該公司 Xbox 360 遊戲機匆促推出的第一代不但容易摔壞，有時還會跳電，但後來還是贏得死忠的支持者。至於 Windows、Word、Excel 在各自領域都是壓倒性的主導產品，很難想像剛推出時，曾被嘲諷爲徹頭徹尾的災難。蘋果最後靠 iPod 聲勢大振，不過二〇〇六年初分析師預測，iPod 市占率可能很快會衰退。

亂以應變：美國陸戰隊和所有軍種一樣，都採取嚴格的金字塔式運作系統，這通常意味著每位軍官手下有三名下一層的軍官，如此由將軍一路到下士。不過遇到緊急狀況——尤其是作戰時——如果這種指揮鏈變成延誤的累贅，根據陸戰隊各級人員所受的訓練，他們應承擔任何必要的決策責任以完成任務。因此陸戰隊出任務前的規畫會議——不會早於任務的前一晚，因爲「計畫太早、計畫兩次」——對於任務命令的指示相當鬆散，只說明大目標和限制，而不提及明確的行動。既然面對瞬息萬變的戰爭，嚴格的行動指示很快就會派不上用場，又何必要費這個事？如果戰爭是一種「亂」，作戰的人也該以亂來對應。

亂式組合：對於擁有多家公司的企業家而言，單從個別公司或許看不出亂的蹤影，但擴大到他整個投資組合，就可能反映出適度的亂。而高明的企業主總想辦法在這種業務分散中找出致勝之道。以大衛．史婁森（David Slawson）爲例，他以往的投資依序包括：漢堡店、按摩治療院、另類療法學校、環保汽車製造廠、有線電視生態頻道、草本營養品經銷商。他最近的投資是設立並經營一家名爲斯特林能源系統（Stirling Energy Systems），業務是蓋太陽能電廠，迄今已獲得美國能源部三百萬美元的補助，而且還爭取到一項初步合約，預計二十年內提供一家大型公用事業價值二十七億美元的電力，目前也正和另一家公用事業洽談十四億美元的案子。史婁森之所以能爭取到這些合約，一個原因就是與其他替代能源業者不同，他吸引私人投資的紀錄相當輝煌，過去九年平均每年有二百萬美元。他的募款祕訣何在？透過以往一連串投資，他逐步在另類醫療與環保領域累積起財力雄厚的豐沛人脈，其中不少人對於乾淨的能源也相當有興趣。

看過這麼多例子，你或許想從中歸納出亂式領導與管理的祕訣。但事實上，把不同程度的亂成功引入自己組織的經理人，似乎各有不同做法。不過，這正是重點所在。亂意味著彈性、變異、不一致、出乎意料，如果有萬無一失的方法可用，還能叫亂嗎？對有志成爲精通亂式領導的企業人而言，最佳的忠告莫過於：找出你自己攪亂公司的方法。

9 亂的政治學

組織是個神奇的東西。有什麼景象比納粹的紐倫堡集會看起來更有組織、更爲神奇？但見旗幟招展，喇叭聲四起，成千上萬排列整齊、密密麻麻的有組織人群，全都高呼一致的口號，想著同樣的事情。

——拉夫・艾斯特林（Ralph Estling），〈存疑的質問者〉（Skeptical Inquirer）專欄作家

有一段時期，城市的發展全然沒有任何規畫，只要有資金，房子就一棟棟冒出來，甚少考慮整個社區最後會包括哪種建築物或哪些居民，或穿越其間的道路是否彎曲、狹窄、甚至無法連貫。一八五〇年代的巴黎，正是這種毫無節制、雜亂無章的都市發展的最佳寫照。雖然壅塞的巷弄與參差的公寓建築宛如迷宮，但這個亂得令人發昏的城市，居然還是騰出空間容納了著名的公園、宮殿、紀念性建築物和博物館，成爲舉世公認在

人類文明中達到文化與社會巔峰的城市。當時執政的拿破崙三世，對無所不在的群眾、擁擠的交通、下水道欠缺、貧民窟等充斥於巴黎生活中的現象日益不滿，於是一八五三年任命豪斯曼男爵（Baron Georges-Eugène Haussmann）負責進行整頓。

個性極度吹毛求疵的豪斯曼，就此展開耗資五億法朗的都市更新大計畫，基本上把老巴黎的市中心完全剷平，並拆除或改造約六成的市內建築物，迫使許多經濟條件不佳的人口遷出。他在市內以凱旋門為中心，向外開闢十幾條輻射狀大道，用以凸顯各個重要地標，同時也在於劃分獨立的社區，把整個城市切割為二十區。大功告成之後，豪斯曼也為歐美一代又一代的都市計劃人員樹立了新典範。設計者的都市是龐大的三度空間藝術品，讓居民——至少有足夠品味與財力的那批居民——能幸福地生活其間。

喬爾・柯特金（Joel Kotkin）是一位精力充沛、作風獨特的美國城市發展專家，也是新美國基金會（New America Foundation）這個公共政策智庫的資深研究員。他對豪斯曼的作風不以為然，也指出新都市主義（New Urbanism）某些方面堪稱豪斯曼在今日的承繼者。這一運動在一九九〇年代的新經濟中風行一時，即使新經濟泡沫化後依然勁道不衰。新都市主義者倡導，每個都市都應有稠密的都心，做為吸引力的源頭，裡頭有時尚的公寓建築；繁榮的商業中心，林立著廣告公司、電信業者、顧問公司與其他「創意階級」的商家，取代傳統的港口或高汙染的工廠；還有最重要的是，以行人為設計導向的巷弄間，可以找到咖啡館、書店、餐廳與藝廊。新都市主義者主張，繁忙的市中心外圍應環繞「外環」的郊區，容納大量公寓大樓、雙併住宅與獨棟住宅，並以輻射狀輕軌電車與都心連繫。

柯特金指出，這種條理井然、高度秩序化的都市概念堪稱完美，也影響了波士頓、華盛頓、舊金山、西雅圖等美國各大城市的都市規畫。不過完美有個前提：你得和那些新都市主義的設計專家屬於同類人物，也就是屬於擁有高學歷的專業人士，喜歡時髦的都會生活、經濟狀況與文化素養較高、有設計概念、專注工作、喜刺激、對理念的認同不亞於對地域的認同。這些人通常較晚成家，而且生育不多，甚至根本沒小孩。換言之，都市設計者往往按自己的形象來打造城市。正如柯特金所言：「他們是為富裕的游牧族建築短暫的城市。」

柯特金指出，這種稠密、時尚的都心，加上以住宅為主的外環區，對於百分之三十六家中有未成年子女的美國人，還有其他幾千萬協助養育或打算養育子女的人來說，並沒有提供適當的條件：供一家人居住的房子，旁邊有足夠的空地種植野花（好啦，草坪也可以），而且靠近上班地點、購物商店與娛樂設施。在新都市主義規畫下，這樣的住宅原則上可在最靠近市區的外環中找到，只不過房價必然高昂。因爲人人都想靠近資源優渥的核心區，所以近距離的外環區必然以興建公寓式住宅爲主。想住獨棟住宅的人，大都只能往更遠的外環落腳，與都心種種完善設施距離遙遠。的確，新都市主義者認定最適合居住的美國城市，往往正是把家庭往外趕的城市。舊金山十八歲以下人口的比例爲美國各大城市中最低，只占百分之十五左右；波士頓與亞特蘭大僅百分之二十三的家庭有十八歲以下的子女；至於西雅圖，狗的數目還比小孩多；波特蘭目前兒童人數爲八十年來最低水準；聖荷西則年年都有學校關門。柯特金說：「我們的態度大轉彎，從貶抑不生子女的人到稱頌他們。」

對於以家庭生活爲重的人——也就是希望實實在在生活於城市之中，而不是把它做爲規畫對象——來說，更好的城市模式是打破新都市主義者的都心與及其外圍，並加入更多獨棟住宅與更多元化的行業，然後全部在一起攪拌，以去除所有的規畫與秩序。如此一來，出現的一批類似小城鎮的半郊區住宅，夾雜一些類似市區的商業與公寓大樓。

柯特金認爲，美國需要的是延伸、混雜、模糊而沒有組織的城市，也就是更多洛杉磯這類的城市。

柯特金本人居住在洛杉磯的山谷鎭（Valley Village），那裡有許多小型宜人的獨棟住宅，也有幾條商店街縱橫穿插。雖然商店街是都市規畫者的眼中釘，柯特金卻頗爲青睞。他指出，洛杉磯的商店街其實就像袖珍版的新都市主義的都心，方便附近住家採購，也反映多元的品味與種族認同。他以自己住家附近一家餐廳爲例，供應的食物巧妙融合日式與美式口味，裝潢也相當怪異，顧客無須排隊等位子，價格也算合理，這樣的餐廳在其他地方並不多見。柯特金卻發現，洛杉磯各處都可找到獨特的商店街餐廳，夾雜在辦公大樓、倉庫與機械工場之間。商店街與小型工業區或許不夠時尚、不夠可愛，但卻可滿足偏遠社區在地居民的需求。

柯特金也指出，洛杉磯的無秩序有各種不同的規模。在小型市鎭之間，零亂穿插較大片的都市與郊區，包括高樓林立的市中心區、高雅的貝萊爾（Bel-Air）、林肯高地的移民區，嘉年華氛圍的威尼斯（Venice）等等，加上雅俗文化設施並陳，如蓋提博物館（Getty Museum）與環球影城的購物街（CityWalk）——新都市主義都心的卡通化家庭版。行走於洛杉磯市內繁複的道路迷宮，未必比一百六十年前的巴黎市區來得輕鬆，不過這正反映洛杉磯的資源與景點分散，未經刻意規畫。柯特金說得好：「生活並沒有固定的結構，其中許多部分你最好開車隨意而行，自然會發現。」

柯特金認爲，如果設計時排除這種「亂」，形同拋棄城市的精神與靈魂，代之以看似高明而動人的設計，終究難以讓大多數人民產生共鳴。他指出，營造井然有序的都市烏托邦並非出自一般民眾心願，而是由所謂的「清談階級」給弄出來的，這些人包括學術界、專業期刊，還有待遇優渥的顧問——如果都市需要仔細思考與規畫，他們會是主要獲益者。其實柯特金曾在培普丹（Pepperdine）與其他大學從事研究，也寫過幾本書和許多雜誌專文，發表的「清談」不算少，因此他的嘲諷有點令人意外。不過柯特金辯稱他的清談屬於另外一種，證據是他常受到其他清談者撰文或以其他方式詆毀。他還說，更何況他只有高中文憑。不過最令他洩氣的事，莫過於看到他現在南加大建築學院的學生大都躍躍欲試，想在某個雜亂無序的城市上一展自己的設計長才。他說：「他們個個都想當豪斯曼。」

柯特金總喜歡指出，豪斯曼於一八七〇年遭拿破崙三世革職，除了因爲龐大的更新方案帶來沉重的財政負擔，也與多數巴黎人深深懷念那個紊亂的老巴黎不無關聯。

亂與無序，還有我們對之的排斥感，都會融入社會的脈絡之中。無論個人或機構，舉凡建立關係、獲取利益、作戰、自衛、相互幫助、溝通、自治、自我療癒、整合各項基礎建設等廣義的「政治」行爲，都可因我們對無秩序的寬容而得到修正、協調與充實。不過談到亂在上述任何一個層面所扮演的角色，都需要許多章的篇幅才夠，因此本章所探討的亂與「政治」——採最廣泛的定義——自然有相當的局限，也難以深入。不過即使由這些信手拈來的例子也可以看出，城市和國家與個人和組織相似，紊亂或秩序的程度與方式各不相同。

全球「亂」象

美國

美國人常自認多元、思想自由、獨立，也認爲美國這個國家沒有過重的政治與社會秩序包袱。由於美國歷史上長期接納世界各地的移民，所以民族大鎔爐的稱號當之無愧。

即使有些人努力尋根，想盡辦法找出清教徒時代的祖先，認同的還是自己移民者後人的身分。美國豐富多元的種族組成，提供了超越單一族群的國家認同，而開放的機會與社會流動，也遠非許多社經階層森嚴的國家可及。

但另一方面，現在的美國卻同時極力把子民拒於國門之外。據二〇〇五年 Sigma Xi 這個科學研究學會的調查，美國大學裡非美國公民的博士後學者，近六成在出國之後返美時遇到麻煩，雖然這些外來人才堪稱美國勞動力中最優秀的精英。調查還發現，他們的美國同僚已經算是工作辛苦、薪資偏低，而他們工作時間還更長，待遇也更差。但另一方面，有助美國經濟發展的創新科技研究，約有三成是出自這些人的貢獻。雖然對於由全球湧入的移民，美國政府已放寬壓制，但民間卻有人開始熱中此事，例如亞利桑那州的義勇兵民間防衛公司（Minuteman Civil Defense Corps）就雇用武裝平民巡邏墨西哥邊境。根據美國輿論調查網站 Rasmussen Reports 所做的調查，美國人對這類做法是好是壞，看法剛好各半。也就是說，追求更好的工作機會而非法入境者 vs. 荷槍實彈、以追蹤這些人爲業餘消遣的平民巡邏員，何者更能代表美國人對獨立與機會的尊重，仍然是個懸而未決的問題。

美國人最自豪的一項特質，就是面對濫用威權能迅速起而反抗，不容制式化秩序強加於人民身上。這種「別騎在我頭上」的心態經過第二次大戰之後，似乎更顯得可信，美國心理學家紛紛提出解釋，表示德國人性格中有唯命是從的因子，致使希特勒之流反社會的病態者能肆行高壓統治，而美國人的性格則顯然不同。爲驗證這種說法，耶魯大學的史坦利・米爾格蘭（Stanley Milgram）著手一項實驗，請一位演員以進行學習與記憶的研究爲名，指示參與測試者把「電擊」施加於別人身上，而且強度逐漸增加——受測者並不知道電擊純屬虛構。米爾格蘭原本預期，美國人應該不會聽從這種病態的指示，拒絕去電擊無辜的人，習於聽命行事的德國人則會照做。但結果他似乎根本不必去德國了；因爲每位美國受測者最後都聽從指令，向佯裝尖叫的受害人施加三百伏特的電擊，罔顧開關上標有「危險：嚴重電擊」的警語，更有三分之二的人還繼續聽命行事，讓電壓到達足以致命的四百五十伏特。在另一項類似的實驗中，三分之一受測者遵守指令，強制受害者以手接觸會發出電擊的裝置。

另一個例子沒那麼駭人聽聞，但造成的困擾更爲普遍，那就是美國和其他大多數已開發國家都無法倖免的噪音汙染。噪音由某個程度上來說具有隨機性，可算是一種「亂」，也可能造成很大的干擾。不過像紐約這種一直很嘈雜的都市，噪音問題反倒未必那麼嚴重，因爲我們的大腦相當善於過濾持續性的噪音。比較大的問題是，當噪音程度再增加下去，可能會危害健康。紐約時代廣場的分貝值爲八十九，在全球各大城市中名列前茅。專家警告，長時間暴露於這種程度的噪音中，可能導致高血壓，並對高頻率的聽覺造成永久性傷害。二〇〇四年，紐約市長彭博（Bloomberg）公開向紐約的噪音宣戰；《紐約》雜誌以噪音爲封面主題；選區在紐約北邊的眾議員妮塔・羅威（Nita Lowey），也協助推動通過聯邦政府對城市噪音的管制法規。不過仔細探究下來，紐約客對噪音其實沒有什麼好抱怨的。美國最刺耳的噪音不是來自地鐵、市區交通、鑿孔機或街頭叫賣，而是來自曳引機、收割機和打穀機，由四分之三的美國農人聽力受損即可得知。這些農人如果有機會造訪紐約，或許反而覺得有機會享受片刻的耳根清靜呢。

德國

漢斯・林迪斯巴克（Hans Ridisbacher）是洛杉磯郊區波蒙那學院（Pomona College）的教授，有天晚上，他穿越空蕩蕩的十字路口，身後人行道上忽然有人生氣地大吼：「你是色盲嗎？」然後指著前方的紅燈。林迪斯巴克一時間頗感意外，畢竟眼前根本沒車輛通過，不過他隨即想起，自己此時正在德國訪問。在這個國家，不論法條、企業或社會規範，只要稍有踰越，即會遭致強烈指責。

在瑞士德語區成長、目前從事德國研究的林迪斯巴克表示，德國人經常在公共場所對陌生人吼叫，對鄰居也一樣，只要他覺得你違背應有的秩序。舉凡走在錯誤的通道、弄錯排隊的窗口、或把垃圾放到不對的垃圾箱，都可能遭旁邊的人指責。這些令來訪的美國人很不能適應，因為他們在家鄉的賣場排隊結帳時，看到有個傢伙明明買了十四樣東西，卻溜到十二項商品以下的快速結帳櫃檯，當然也會惱火，但通常不至於大聲呵斥這個陌生人。林迪斯巴克指出，就算你是外來訪客，不諳德國當地情況，也不會得到較多的諒解。事實上，德國人對看來不懂規矩的外來客發生踰矩行為，往往更明顯地表現不滿。

林迪斯巴克推論，德國人公開批評行事不符合常軌者其來有自，可以回溯幾百年前行會（guilds）的傳統——這種匠人組織嚴密控制大多數領域工作者的養成與雇用，從泥水匠到會計莫不如此。在行會主導下，一個人職業生涯的起步通常是學徒，必須花幾年工夫跟隨嚴格的「師父」學習，稍有差錯就受到苛責。等到終於熬成師父之後，就會用一模一樣的方式對待他的徒弟。雖然行會早已消失，但無形的影響力在德國仍感受得到，主要是透過強勢的工會，還有勞工權益相關的法規，致使公司很難解雇或調動員工，更別說要求他們用不同的方法做事。林迪斯巴克指出，雖然較寬鬆而動態的美式企業作風開始在德國萌芽，但「你怎麼敢不這樣做」的文化仍然屹立不搖，而且影響工作以外的領域。

有人認爲，德國人對秩序的要求和他們的語言特性有關。德文和英文不同，結構嚴謹而一致，不論文法、拼字與發音均鮮少例外情形。英文的句型安排容許一定的彈性，但德文卻謹守動詞放在句尾的規定，因此聽者或讀者有時得經過一長串複雜的名詞、形容詞和介系詞之後，才弄清楚某句話究竟要講些什麼。部分理論認爲，學習以這種較爲嚴謹與深思的語言來講話，必然會影響一個人的思考方式。事實上，德國的思考模式及其語言的關聯，有一度普遍獲得到認同，但過去幾十年趨於沈寂，直到腦部掃瞄研究興起，讓語言—思考的強力連結似乎得到驗證，於是科學家也再度開始討論這一議題。

德國人對於亂的容忍度特別低，也許還有另一個與語言相關的原因：德文其實並沒有「亂」這個字。意思最接近的unordnung，其實是指沒秩序（unorder），因此德國人一想到亂，只能想它「不是」什麼，而不是亂本身究竟是什麼，就像把「涼爽」理解爲「不熱」一樣。如果你對某樣東西只能由它「沒有」什麼其他東西去了解，自然比較難體認它的眞義，尤其如果它所沒有的又是一般認爲具有正面價値者，問題就更嚴重。英文單字或片語中許多與亂相關的概念或活動，完全沒辦法翻成德文。林迪斯巴克舉「庭院拍賣」（yard sale）爲例，由於德國家庭有院子或車庫的不多，就算有，裡頭也不會擱了幾百件沒用的東西，更別指望別人還會來買。

德國強烈的環保主義也有過度重視秩序之嫌，在資源回收上特別明顯。在某些人的眼中，一堆未分類的垃圾裡就像某種令人不舒服的違法行爲，因爲明明不同類的東西卻靠得那麼近。林迪斯巴克解釋說：「一片水果、一件內褲、一隻泰迪熊，分開來看都沒什麼問題，可是如果扔在一塊，就很不對勁了。這違反日常物品的社會秩序。」資源回收的垃圾分類可以讓這種秩序回復一部分——德國人因而極度熱中回收工作。

不過德國人對亂的敵視，並非每一層面都高過美國。林迪斯巴克指出，他們至少在工作上比美國人放鬆，除了休假比較多，交際應酬逗留時間較長，而且較早下班。他們在必要時也有高度創意的一面，汽車業與其他工程就是如此。至於談到排隊，他們隨心所欲的程度可能會嚇到許多美國人，因爲收銀臺旁的人潮往往沒有任何隊形，大家爭先恐後，不理會擺在那裡維持隊伍順序的障礙物。這倒不是他們不遵守排隊的規矩，而是因爲根本就沒有任何公認的排隊規矩，因此每個人都依自由心證行事。

雖然當年米爾格蘭在美國的「電擊」試驗結果太過震撼，以致他未按原定計畫在德國進行同樣的實驗，不過後來根據其他研究人員的試驗結果，德國受測者在相信電擊已達致命程度下仍施加於無辜者的比例，比美國受測者還高出百分之三十。

法國

對於法國居民——尤其是外來移民——的種族組成，法國官方長期以來抱持不尋常的制式觀點，也就是基本上主張這種差異並不存在，或至少不應該存在。你很難想像美國或英國政府會拒絕承認移民的文化與宗教差異，而且這些國家至少表面上會稱頌多元化的好處，也曾以多種方式承認它的正當性。德國與奧地利爲因應移民帶來的挑戰，將他們區分爲兩類：一類擁有完整的公民資格，另一類則是「外來工作者」。後一類移民由於容許保有不同的行爲或不同的需要，必須犧牲部分的權益。相對而言，法國卻規定，法國公民資格所賦與的國家認同，凌駕其他一切認同之上。因此政府不但拒絕爲可能遭受歧視或有其他難處的移民制定任何特殊方案或提供協助，甚至不肯針對移民問題進行特定的調查，或從事相關研究。

不過法國政府倒是有工夫對清眞寺加以規範——法國有光塔的清眞寺僅六座——並禁止在學校戴宗教的頭巾，這些措施自然難以爲占總人口近十分之一的五百萬穆斯林所接受。他們不少居住於巴黎附近的貧民區，這裡正是當年豪斯曼改造計畫下遷徙貧窮巴黎居民的外環區，而現在此地二十五歲以下勞動人口的失業率幾乎到達五成。二〇〇五年由巴黎蔓延全法、歷時兩個多星期的暴動事件，就是由這些年輕的穆斯林發動，不但動搖法國國本，也賠上國際形象。這個事件當然造成嚴重的亂象，不過巴黎郊區居民長期以來的形象似乎一直與「亂」脫不了干係，至少法國前總統席哈克是這麼想的，因爲他一九九一年公開提及當地移民家庭散發「噪音與烹調氣味」的問題。

外國遊客造訪巴黎的公園時，身旁經常冷不防出現穿制服的警衛，語氣急促地告誡勿踐踏草坪，如果帶著小孩，就得移駕到公園的另一區，雖然周圍根本未見任何警告標示。這並非無端騷擾旅客，而是要讓他們有機會領略法國社會重要的一環：除非能夠確定，否則最好先假定某項事物是遭到禁止的。法國人相當熱中在全國各處豎起紅白分明的 INTERDIT（禁止）標示，不過它們的數量比起你該知道的遭禁止行爲比起來，還是瞠乎其後。公共場所溜直排輪、觸碰商店內特定商品、未隨身攜帶護照或身分證、跑步趕地鐵列車、白天開著停車指示燈——諸如此類不勝枚舉的違規行爲，都可能讓你接到罰單、被捕，甚至驅離目前居所。法國人常覺得外國人——尤其美國人——很幼稚，才會因爲不遵守禁令而受到懲處時那麼火大，卻沒想過這些多如牛毛的限制往往沒什麼道理可言，根本讓外人摸不清頭緒。這是因爲法國人從幼稚園階段就習於無所不在的「禁止」。有些童書的內容完全是向稚齡孩子說明，爲什麼他們舉目所見那許多的「禁止」，對社會的順利運作如此重要。以下就是一本名爲《禁止，通通禁止，爲什麼？》（*Interdit, Toujours Interdit, Mais Pourquoi?*）童書的內容：

> 我們周圍與日常生活中，好像沒有什麼事不受到禁止。你一定覺得奇怪，自己到底還有沒有任何權利！不過事實上，這些禁令都很重要，而且也有好的一面。所

有這些禁令的意義何在？……如果樣樣事都許可，我們的生活會變成怎樣？

這種說法從某個程度上而言，也有它的道理。兒童的確該學會別在街上奔跑，或在池邊吃糖，可是小孩給制約到能接納無所不在又未盡合理的限制加諸於生活每一層面，這似乎爲法國人所獨有。

另一方面，法文中有關「亂」的辭彙相當多彩多姿，包括 pêle-mêle，英文借用爲 pell-mell（亂七八糟），還有 bordel，轉爲英語的 brothel（妓院）。法國人常會激動地說：「Quel bordel!」翻成英語即「What a mess!」（眞是亂七八糟！）不過以妓院來代表亂其實相當普遍，法文並非特例。balakhaana 這個字在波斯中部是指「上面的房間」，後來傳到土耳其，並出現在俄羅斯、波蘭、意地緒、希伯來等東歐與中東語言中，變成了 balagan，這個字今天普遍用來指「妓院」或「亂」。（英語則轉借爲 balcony，即陽臺或包廂之意。）至於古印歐語 bherdh 意指木板，後來指木棚，演變爲法文的 bordel，波蘭文的 burdel、俄文與希伯來文的 bardak，同樣兼有「妓院」與「亂」兩個意義。英文則是變成 board（木板），還有 bordello（妓院），後者英國人有時也用來指「亂」，而美國則沒有這種用法。

至於義大切文 casino 的本義爲「小房間」，但同樣也有「妓院」與「亂」雙重涵義。看到妓院與亂之間的文字糾結如此源遠流長而普及各地，不禁引人遐思，「亂」這個字一度該帶著更有趣、更煽情的氛圍吧。

日本

日本產業巨擘富士通美國子公司的一位中階經理人，某次造訪他的事業部位於日本總部的辦公室。結果他給帶到一個寬敞的房間，裡面整整齊齊放了幾十張桌子，只不過擺的方式並不十分對稱，而且桌子之間沒有隔板。據接待人員表示，事業部的經理們就在此辦公。這位經理人對於高階主管居然和資淺人員待在同樣的工作環境感到驚訝，不過他也發現，較高階經理人集中坐在房間的一邊，而且四周間隔的空間較寬敞。他突然領悟，原來辦公桌的排列與該事業部的組織圖完全一致。每當經理人進來上班，由辦公桌往前看，或是去開會，甚至上廁所，都會明確地察覺自己在組織內的位置。接下來，他又給帶到一個會議上，與會者是十幾位日本經理人，由一位副社長主持。當大家熱烈討論一項議案時，只見副社長垂下頭來，閉上眼睛，不久就鼾聲大作。更令美國經理人吃驚的是，其他與會者似乎對此毫不在意。等到討論告一段落，副社長也醒了，詢問結果如何，然後表示欣然同意，會議就此結束。後來美國經理人才得知，副社會打瞌睡並不表示不感興趣，或得了什麼嗜睡症，而是面對棘手的管理問題常用的解決手法。在這個堅持集體共識又尊重上司意見的社會裡，如何才能在開會時不至於排斥主管參加或不採納他的意見，同時又能達成團體決議？很簡單：上司只要在開會時放手不管，睡個大頭覺，等共識達成後再醒來。

日本對秩序的執著在全球各國名列前茅，社會在這許多刻板的組織與紀律中維持運作，得耗費不少資源。有些秩序是出於必須，例如由於人口稠密而都市房價高昂，大多數日本家庭只能住狹窄的公寓，但他們經濟能力不遜於美國，所以往往得在狹小的空間內塞進一大堆東西。爲了避免房子擁擠到不可收拾的地步，日本人的床舖往往可捲好收納，並在地板下與天花板上的空間放置雜物，同時每樣物品都有固定擺放的位置。爲容納新東西，他們汰舊的速率也比較快，加上買別人用過的舊貨被視爲不夠高尚，所以唯一的方法就是扔掉。日本街角因而常堆放一些相當不錯的「垃圾」。許多日本城鎮有嚴格的垃圾分類規定，項目多達四十四種，細分到筷子、瓶蓋等等。像是把鐵罐與鋁罐混在一起，或舊手帕丟棄之前沒洗乾淨，都可能接到垃圾分類志工的書面警告，屢犯者甚至可能遭逐出居所。

日本人謹守秩序有時到了不理性的地步。有的停車場不許摩托車停放，因爲摩托車不是汽車。下雨天走在尖峰時刻的東京街頭，舉目所及可能有上萬人潮，但每個人拿的幾乎全是一樣的黑傘。日本人對準時的高度執著，導致二〇〇五年的一場悲劇。當時一班開往京都的火車晚了一分鐘——在日本這是不得了的過失——駕駛加速到時速八十英里，也不管那段軌道的速限是四十五英里。結果列車出軌，衝入一棟公寓，導致七十三人死亡，四百多人受傷。

日本社會階層的嚴格區分，也反映在語言上，按交談者的性別、年齡，以及相對的社會、家庭或職業地位，區分爲四種不同的恭敬程度。（如果不同層面的階級相互衝突，這套制度就會變得很麻煩。好比說弟弟在工作上是哥哥的上司，那麼哥哥在工作上對弟弟使用敬語，但在其他場合卻以長者的語氣說話。）至於文字系統，除了糅合和語與漢語，更夾雜許多直接音譯以片假名拼音的外來語。日本也殘留了種性制度，有一百萬以上的國民不能從事比較像樣的職業，有時連住屋也受到限制，純粹因爲他們出身賤民。

不過由其他國家的標準來看，日本也有混亂的一面。東京及周圍好幾萬平方英里之地，都市往四散擴散幅度之廣堪稱全球佼佼者，大片人口稠密而未嚴格區分用途的土地混雜著住家、商業、重工業、甚至農地，有些就緊鄰東京市區。造訪東京的外地人，聽到別人告知大多數建築物都沒有地址，也就是沒有街道名稱和門牌號碼，都會以爲是玩笑話，但事實的確如此；這裡的地址就是指一些複雜、沒有規則可循、外人幾乎無從理解的町目系統。想找到某棟建築物，唯一可靠的方法，就是請熟悉當地者告知附近有什麼知名的地標。

摧毀亂的武器

世人都擔心恐怖分子一旦取得核彈，可能將一座城市瞬間夷爲平地，導致百萬生靈滅絕，整個國家籠罩於輻射塵中。製造核彈需要鈽或鈾，鈽核彈可能不是恐怖分子財力所能負擔，以鈾爲原料的簡易核彈就比較沒有這個問題。但如何弄到必要的五十公斤濃縮鈾，倒是比較棘手。令人擔心的是，恐怖分子有好幾條途徑可以取得這種原料；但幸好放射性物質由於原子不穩定，因此具有一種重要特性：一塊濃縮鈾的原子核每秒都因微小的斷裂而瞬間爆開，向外發散細微的能量，稱爲伽瑪射線。換言之，如果擁有適當的監視設備，濃縮鈾其實可以偵測。政府想破解恐怖分子的核彈行動，就得在「亂」下工夫。

美國目前採用好幾種敏銳的偵測器，杜絕濃縮鈾走私出境的行徑。邊境檢查哨、機場、海關的偵測器可查出行李中的伽瑪射線，或是否利用鉛或其他重金屬防護以阻絕伽瑪射線，企圖逃避偵查。部分通往大城市的幹道或收費站也裝有這類偵測器。問題是，恐怖分子知道這樣的佈署之後，可以採取簡單的「以亂反制」之道。他們把少量有防護的鈾隱身於成千上萬的貨櫃或貨車之間，在尖峰時間入關或進入市區，讓檢查人員與設備應接不暇，因爲許多貨櫃或貨車內都裝有可能觸動偵測器的無害物品。布魯克海芬國家實驗室（Brookhaven National Laboratory）的新輻射偵測器、計畫負責人卡爾‧札可斯基（Carl Czajkowski）指出：「香蕉、止瀉藥、海砂、露營燈、煙霧偵測器、貓砂、釉料——這些都是天然輻射物。」擁有濃縮鈾的恐怖分子也可規避官方的邊防檢查哨、海關與大都市的主要入口，由未設防的其他路徑潛入。

面對這些伎倆，政府有兩種策略可用。其一是更嚴格查緝鈾原料走私，投入幾千億美金更嚴密監控長達兩萬英里的海岸線與邊境；各大城市除了幾個入口嚴密警戒，還要花幾千億美金強化防範；所有經過這些地點的車輛或貨櫃，都必須徹底經過掃瞄——這一流程勢將導致美國的邊境、港口、城市間運輸、乃至整個經濟陷入完全停頓。

第二種對策是因應走私者難以捉摸的行蹤，把偵測器散佈於更廣泛的範圍。偵測器有的僅手機大小，可以發放給所有公務人員，甚至幾百萬名一般民眾，並普遍設置於公共場所。勞倫斯・李佛摩國家實驗室（Lawrence Livermore National Laboratory）目前正在研究一套輻射偵測器與照相機網絡系統，能辨識載有濃縮鈾的行駛中車輛；太平洋西北國家實驗室（Pacific Northwest National Laboratory）則設計一種彈性玻璃纖維材質的偵測器，可以埋入柏油路中。以上這些設備在全美各地大量裝置，目前可能得耗資幾千億美元，不過小規模在各城市附近佈署，財力上應可負擔，而且效果應該還是優於現有措施。再者，和嚴密監控邊境與城市不同，偵測器的成本下降相當迅速。比較大的挑戰還是在於如何區別無害的放射性物質，例如，全美每兩千六百人就有一人因醫療而導致血液含放射性物質。新世代監測器在這方面已有些進展，例如更能鑑別鈾與貓砂。

任何大幅改善偵測濃縮鈾能力的方案必然耗費驚人，但漏洞依然很大，還會造成許多不便。將「亂」的概念應用於恐怖分子威脅上，或許最有效的方式就是體認到，至少由國家安全的角度而言，美國人長期以來享受的是異常整齊有序的生活方式，因此也和所有高度秩序化的系統一樣，面對破壞時格外脆弱。史丹佛商學研究所教授勞倫斯·韋恩（Lawrence Wein）從事港口安全的研究，他指出，美國人一方面要有心理準備，不必耗費所有資源去防止幾乎無從規避但殺傷力有限的攻擊行動，如髒彈（摧毀性不強但會散佈發射性物質）或自殺式炸彈；但另一方面應力促政府盡全力防範可能造成重大災難的攻擊，如核彈或炭疽病等。這種災難的分級當然令人不舒服，不過只要有助於遏止無從想像的災禍，也沒有什麼好反對的。

道路障礙

距波士頓地區知名的一二八號公路與九號公路交叉口一英里左右，有條蜿蜒狹窄的兩線道（部分路段三線），穿過百貨公司、高檔精品店，還有我們熟悉的史崔米許書店。由於眾多商店吸引當地遠近的消費者，以致這條彎曲的道路不是行車牛步，就是走走停停。

一九九〇年代末，停&購超市（Stop & Shop Supermarket Companies）發現，由於此地往來的購物者眾多，何不在此開設一家大型超市？可想而知，在地的紐頓（Newtown）社區居民表示反對，因爲新增巨型超市，必然會使交通狀況雪上加霜。停&購的回應是，別擔心，該公司樂於投資改善這條道路，一定足以補償可能帶來的負面衝擊。預計以一條寬敞、現代的四線道，取代原有狹窄的二、三線道路，並配合設置入口與出口匝道以及有時間控制的交通號誌。

當舊有道路因車流量超出原先預計水準而不勝負荷時，代之以更寬敞、更筆直、更有規畫的新路似乎順理成章，自人類有道路以來，交通工程師與都市規畫似乎就一直持這種看法。你一定認爲，無論市、郡、州、乃至中央政府，改善道路絕對是贏得民心的德政。只不過這種做法有個小缺點：開闢一條更寬、規畫更完善的道路後，交通經常變得更糟。

原因很簡單。如果兩個地點之間興建一條更好、更寬的路，受惠的不僅是經常往來兩地的車輛，也會引來新的車輛加入。何況道路改善不僅吸引開車族，居民也會希望住到附近，從而商家也希望爭取過往的人潮。或許由某些觀點而言，這種發展是件好事，但交通量增加也是無法改變的事實。這種交通工程師所謂的「誘發性交通」，往往把新道路帶來的改善效果完全抵消。加州大學研究人員針對十個都市化的郡進行研究，發現新路里程每增加百分之一，交通量就增加百分之九。另一項研究估計，大辛辛那提區道路擴增的結果，導致塞車情況暴增百分之四十三。至於前面所提停&購的道路改善方案，據估計每天至少增加八千輛車流量，足以讓該區交通近乎癱瘓。比較狹窄、彎曲的道路，雖然沒有精確配置的出入口，也沒有經過精確設定的號誌燈，看起來比較紊亂一點，但比起寬敞道路在完善規畫下的交通堵塞，行車速度反而要快一些。

整頓交通方案施行成果不如預期，誘發性交通只是原因之一。根據威斯康辛大學都市運輸研究中心的交通預測專家亞倫・霍洛維茲（Alan Horowitz）的說法，交通規畫之所以不易正確，更普遍的原因是所有事情都可能有出乎規畫者意料之外的發展，包括政治的變動、經濟衰退、人民對居住與工作地點偏好的改變。霍洛維茲說：「三十五年前，我以爲交通規畫可以像玩「模擬城市」（SimCity）一樣——只消劃分好土地用途和人們想去的地方，一個完美的運輸系統就會神奇地出現。後來我終於學到，你必須跟著情況走，不斷回應隨機、無組織的變數。」他還指出，規畫道路的最好辦法，就是「把看似沒組織的模式納入規畫中。」換言之，既然一般人的駕駛需求有點亂，那麼道路系統亂一點又何妨。

停&購超市的道路改善方案，紐頓市議員諸公明智地未予通過。不過該公司的律師也不是省油的燈，使出另外一招，指出議會決議過程中有某項文書作業疏失。結果法院裁定，公司可以蓋超市並「改善」道路。看來秩序的一方占盡上方，不過此時亂方卻殺出一位程咬金，他就是流動圖書市集的史提夫·甘斯（我們在第七章和他打過照面）。甘斯等人提出辯護狀，成功促使麻州最高法院制止停&購的行動，將此案封殺出局。

建造更寬、更有規畫的馬路，並不是唯一可能引發副作用的交通整頓措施。許多社區都發現，原本用來減少交通事故而強制減速的路面隆起設施，有時卻適得其反。因爲有些駕駛原本未察覺，一直逼近眼前才突然發現，於是來個緊急煞車，結果不但可能造成車輛失控，更會導致後車追撞。還有些駕駛發現，通過隆起時加快速度，反而不像低速通過那麼顛，因爲輪胎承受的震動來去速度很快，所以避震器根本來不及傳送到車體。由此引發一連串的打滑、追撞、飆車，應該是設計路面隆起者所始料未及。

針對這類問題，一九九〇年代英國一所交通實驗室的研究者致力以更周密的設計來重整秩序，似乎也找到了解決之道。他們提出的是所謂「減速突起」（speed hump），高速下會釋出較大的震動，而低速下則震幅較小。這種突起設計立即在英國、澳洲與加拿大廣受歡迎，美國某些地區也採用。不過最近幾年，這些國家有許多專家提出質疑，認爲減速突起所導致的傷亡，可能反而超過所減少的傷亡。最大的問題在於高速行駛的救護車——尤其運送分秒必爭的心臟病患者——不得不減速下來。倫敦心臟病突發者存活率偏低，多少應歸咎於市內設置超過兩萬個減速突起。減速突起使奔赴火場的救火車速度變慢，而如果速度不放慢，劇烈的震動足以造成救火員脊椎永久損傷。其他像方便殘障者的低底盤設計，即使低速通過，也難以避免劇烈的震動。目前研究出減速突起的英國交通實驗室已建議各社區另採他途。

當然也不是所有整頓交通秩序的方案都有反效果。大多數波士頓地區開車往市區或機場方向的民眾都承認，於二〇〇四年大致完工的「大挖」（Big Dig）道路方案的確縮短了行車時間，有時候差異相當顯著。這項方案包括在波士頓港口下方挖掘隧道，以及在市區地下興建一條幹道。不過許多專家警告，這些改善措施幾年後還是會導致另一波交通堵塞的問題。雖然目前尚無法證實這種看法，但在此時波士頓居民不妨仔細思量一下大挖的成本：一百四十六億美元，如果納入物價變動因素，這一金額是開鑿巴拿馬運河成本的兩倍。其實原本通過的預算爲四十億，就已引發激烈爭議，因此很難想像假使料到最後的成本還要多出一百億美元以上，會有什麼人願意支持。

不過就算波士頓日後真的又恢復塞車，這一百多億的錢還是有足堪誇耀之處。該項方案的重點之一就是拆掉貫穿市區的一條高架主幹道，而在原地興建一條新都市主義風格的人行步道商場，而且有幾條輕軌路線與外環住宅區連結。

10 最適度的亂

在紐約曼哈頓鬧區待上一陣子，一定會看到街頭上有些外地人站在那裡有點不知所措，因爲每當車潮出現空檔，就會看到一些紐約客匆匆穿越馬路，好像閃動的「禁止穿越」燈號是朝鬥牛揮動的紅布。即使美國其他大城市的訪客——也就是對城市的繁忙並非一無所知的人——對於曼哈頓行人罔顧交通號誌與人行道，在車陣中如此奮不顧身地衝鋒陷陣，也不禁瞠目結舌。紐約前後兩任市長朱利安尼與彭博，都曾強力壓制這種違規穿越馬路的文化，指責這種危險行爲會干擾交通秩序，甚至可視爲一種輕微的犯罪，勢將助長社會不守法的風氣。

任意穿越馬路是否會導致搶劫或吸毒等犯罪行爲，不在本書討論之列。不過，這些違規者眞的會妨礙精密設定時間的交通號誌發揮效能嗎？果眞如此，華盛頓、東京、倫敦等行人較少違規穿越馬路的城市，步行者密集地段的行人移動效率就應該比紐約來得高嗎？但事實並非如此。這些城市的行人乖乖在街角等待綠燈亮起，形成擁擠的人潮。到了燈號一變，大家陸續橫越馬路時，往往還是擠成一團，因爲有人步伐較慢，防礙了人潮行進的速度。等到這批人走到下一個十字路口，人潮又繼續擴增。這些擠在一起的行人很容易彼此衝撞，阻塞人行道，甚至膨脹到讓車流打結的地步。

曼哈頓行人移動反而比較順暢，這倒多虧違規穿越者發揮了疏散人潮的功能。當然無視交通號誌的情況並非愈多愈好，像墨西哥市和曼谷就因太多人違規穿越馬路，導致交通秩序長期紊亂不堪。不過大多數人都遵循號誌指引的交通系統中，混入一些機動穿越馬路的行爲，倒是能運作地相當不錯。

行人略爲踰矩的行爲不但加快群眾移動的速度，還可能救人性命。雖然確切的統計數字取得不易，但根據報紙的交通事故報導，美國人在人行道給車子撞到的可能性，似乎比在人行道以外的地方還高。這雖然有點不公平，但其實很合邏輯。因爲人行道通常位於道路交叉口，來自四面或更多方向的車輛匯集，當行人遵守號誌放心穿越馬路時，往往只會直視前方，卻忽略綠燈轉彎的車輛，更別提還有一些恍神、酒醉或反社會病態的駕駛人，完全不尊重合法通過的行人。

違規穿越馬路者通常不需要四面張望、小心步伐，往往同一時間只需注意一個方向的來車，因爲他們不是半路橫過馬路，就是「禁止穿越」燈號仍在閃時直接闖過去，而此時對街汽車因爲紅燈停住，反而不致發生轉彎撞到行人的意外。或許這就是紐約還有波士頓警方爲何很少對違規穿越馬路者開罰單的原因。（據說波士頓是 jaywalking〔違規穿越馬路〕一詞的發源地，jay 是過去的俚語，意指鄉巴佬。）不過也別掉以輕心，違規穿越馬路在新加坡可能會讓你坐上半年牢。

亂的利弊分析

不論企業、家庭，或行走紐約街頭，愈亂不見得愈好——關鍵在於要亂到最適當的水準。個人或組織囿於偏見，對整齊與秩序往往重視過了頭，這也是本書爲何大力爲亂提出平反的原因。不過不管是太整齊還是太雜亂，往往都不是個人或組織的最佳狀態。

當然也有不少例外。藥房與自動櫃員機都要求絕對的秩序，不容許絲毫的混亂；但與人相互碰撞的狂舞或舊車互撞比賽，只要有一絲秩序，就會喪失很多趣味。不過個人或組織往往是在適當混合亂與秩序下達到最佳狀態。就這層意義來說，亂與秩序是可以調整的變數，你大可經過不斷實驗，找出最佳組合，而無須一味辛苦地追求更多的整齊與秩序。亂的實驗原則很簡單，可適用於個人、機構或技術領域：嘗試在某方面亂一點，然後看看情況是否有改善。如果答案是肯定的，嘗試再亂一點。如此繼續下去，直到情況似乎開始惡化爲止，這時你可能得嘗試多一點秩序。大致就是如此。

亂爲何有最適的水準？由理論的觀點來看其實很簡單。如果把一個系統的亂度提高，可能會得到特定的利益（如彈性、產生出人意料的連結、節省整理成本），但也有一些負面影響（通常是在傳統效率層面）。還是以我們最喜歡舉的書桌爲例，當書桌變得稍稍凌亂時，更多文件與其他物品會以相當合理的方式分成好幾堆，反而比較容易找到，不至於歸檔存放後就給忘得一乾二淨。等到凌亂程度再增加，也許有更多東西可以隨手拿到，但另一些卻變得很難找到。到了所有東西全都堆積爲一座小山時，整個系統也就完全失靈。

當亂的程度增加，相關的利弊得失並非隨之等比例變動。在大多數系統中，一開始增加少許亂，會立刻出現明顯的好處，而沒什麼副作用。但隨著亂的程度增加，正面效果開始趨緩，終至消失不見——已經混亂不堪的桌子，再亂一點也不會有太大作用。而在此同時，負面效果逐漸累積後，最終會來到一個臨界點——桌子亂到只剩少許空桌面時，只要再放點東西，就會變得完全無法運作。由此可知，隨著亂的程度增加，某一點的負面效果會開始蓋過正面效果。所以少數人違規穿越馬路可能是好事，但過分氾濫時卻會造成大問題。

請記住，亂也可以分成不同的層面，有時彼此並不相關——例如你可以把辦公室整理得較有秩序，而不會影響到安排得井然有序的行程表。但有時改變某一層面的亂，會導致其他層面發生變動——例如行程表安排得更緊湊，可能就沒有充分的時間打點自己的儀容。事實上，對任何系統的亂進行多元最適水準的分析相當困難，所以還不如自己到處試試，看看成效如何。

沒有班表的飛機

西崔克斯系統（Citrix Systems）是一家規模七億五千萬美元的電腦伺服器軟體公司，成立於一九八九年。創辦人兼執行長艾德·艾可布奇（Ed Iacobucci）每週出差好幾次，卻苦於許多小城市之間沒有直飛班機，而必須到航線中心的大都市機場轉機。這可不僅是浪費一點時間而已，有時本來可當天往返的行程，卻不得不在外過夜。爲什麼航空公司不能在小城市之間直飛，讓大家可以晚上回去和家人團聚？

原因有三。其一，每天希望往返兩個小城市之間的旅客有限，充其量只能塡滿一架速度慢、容易受天候影響的螺旋槳小飛機。其次，兩個小城市往返的載客量不穩定——前一天可能有四位客人，第二天卻一個人也沒有——甚至連小飛機維持固定航班都有困難。第三，由於每天載客情況差異很大，票價該如何設定？載客四人有利可圖的票價，只有一兩個乘客時卻可能虧大錢。當然，你也可以包機，只不過一趟橫跨幾州的航程通常索價五千美元以上，顯然不是可以普及的解決之道。

艾可布奇仔細思考過這些障礙後，提出另一個問題：航空公司是否可能每天變更路線與航班？如果沒有固定的路線與航班，飛機可以依據顧客需求的變動而機動出勤。關鍵就在於找到一個方法，讓飛機可以眞正替個別獨立的散客提供服務，而有別於傳統昂貴的包機模式，專門滿足單一客戶的需求。

在回答這個問題之前，我們先來看另一個問題：有一條路線的公車間隔時間長，但總是準時到達，還有一線公車班次較密，但有時會慢個五分鐘，你會選擇何者？公車族通常認爲，準時是最重要的因素。不過準時是個複雜的課題。如果公車總是晚點到站，交通部門通常會把時刻表往後調，導致行車變慢，班次減少。不過對乘客來說，只要事先知道，並不太在意車子晚到。倫敦是一個擁有眾多資深公車族的城市，當地一項研究發現，只要能告知最近一班車會晚多久到，乘客對公車服務的滿意度就會提高一倍。沃爾普國家運輸系統中心（Volpe National Transportation Systems Center）是位於麻州劍橋的交通智庫，中心研究分析人員馬修・拉卜金（Matthew Rabkin）指出，「許多乘客在意的是，『我有沒有時間去星巴克買杯咖啡？』」因此，愈來愈多公車系統透過全球定位系統（GPS）追蹤車輛所在的地點，並將預定到達時間傳送到電子化的公車站牌、網站，甚至手機。如此可以紓解乘客苦苦等候的煩惱，也讓規畫人員可以安排密集但較不規律的班次。

其實，爲什麼公車要有固定班次？由於現在許多乘客以「智慧卡」支付票款，加上公車上的感應器可以記錄上下車的人數，所以公車路線可以配合乘客數的增減而每天變動，理論上連每個鐘頭調整都辦得到。已上路的車子如果載客數過少，可以通知改變路線，以發揮更高效益。誰規定公車一定要死守一成不變的路線？畢竟公車又不像火車那樣給卡在固定軌道上。華府外圍經常塞車的馬里蘭州蒙哥馬利郡，公車裝有GPS，有專人在類似美國太空總署的控制室內負責監控，可以指揮公車司機繞過塞車路段，甚至可以用遙控方式啓動綠燈，讓車行更順暢。（誰規定紅綠燈一定要按固定的規律？）

既然如此，公車幹嘛要有固定的路線呢？有了GPS、車上電腦顯示器與配置最新型路徑安排軟體的控制中心，公車系統可以不斷更動行車路線，在任何時刻都能迅速服務想搭車的乘客。維吉尼亞州威廉王子郡（Prince William County）東部與曼那沙斯（Manassas）地區，任何人都可以打電話要求特定的公車繞路來接人，也可要求在站牌以外的地點下車。其他如威斯康辛州麥迪遜、鹽湖城、底特律郊區等地的公車路線也都有一些彈性，另外還有許多地方正在密切評估中。

對艾可布奇而言，公車系統可以提供一些啓示。不過要把彈性路線與班次的概念轉換到飛航上，其實沒那麼簡單。一家大型航空公司通常會在三十個城市間飛行約五十條路線，但如果其中每兩個城市間都有直飛班機，就得開闢一千六百萬條路線，更遑論一家小航空公司想以彈性路線服務好幾百個小城市呢。別忘了，還有飛機與機組人員的調度，以及繁雜的維修安排問題。此外，城市間的商務客人需要預先確認訂位，而不能當天早上才去機場看看有沒有自己希望的航班。至於票價的制定問題，也與只是零頭小錢公車票不可同日而語，因爲飛機票相對較昂貴，而且要反映可能大幅波動的載客量。

艾可布奇最初認爲飛行小城市的航空公司難逃賠錢的下場，不過二〇〇〇年他離開西崔克斯之後，又開始思考或許可以找出成功之道。其一，有家位於新墨西哥州阿布奎克（Albuquerque）的日蝕飛行（Eclipse Aviation）公司正在製造新款六人座小型噴射機，無論速度、效率、舒適性，乃至適應天候能力，均可媲美大型客機。艾可布奇也相信，以目前先進的電腦科技能力，有關安排每日飛行地點與航班所涉及的龐大運算與配對工作，應該能以合理的成本迅速完成。

最重要的是，艾可布奇構思的業務計畫中，看似零亂的彈性航班與路線，加入了一定程度的秩序。艾可布奇把他的航空公司命名爲「每日噴射」（DayJet），乘客可以先告知希望飛行的城市與日期，由公司據以安排每天的最適路線，希望以最有效率的方式滿足最多的乘客，並計算合理利潤的票價水準。可別忘了，大型航空公司每隔幾個月爲找出最適路線，就忙得焦頭爛額。而對比之下，「每日噴射」可能的路線組合多上不知多少倍，但電腦每個鐘頭就可重新運算一次。

還有一點很重要，「每日噴射」不會只爲一次航程計算一個固定的票價，而是提供兩三個報價。乘客在搭機時間上愈有彈性，價格就愈優惠，因爲這便於公司把當天同一路線的乘客集中於同一班機上，每位乘客的平均成本可大幅降低。在這種運作模式下，幾乎每接到一通客戶電話就得重新調整一次時刻表與票價。艾可布奇解釋說：「我們盡可能讓每件事處於流動但可隨時中斷的未定狀態。不到最後一刻，我們不會把班表固定下來。」秩序不斷弄亂，再重新形成。艾可布奇以實際的數字舉例說明，由阿拉巴馬州的蒙哥馬利（Montgomery）到維吉尼亞州的丹維爾（Danville），每日噴射的票價約六百美元，時間爲兩個半小時。相較之下，如果搭乘需轉機的廉價班機，費用爲三百五十美元，但得花五個鐘頭；至於一個半鐘頭就可到達的包機，費用是四千美元。

下次你在芝加哥機場等待轉機到威斯康辛的艾潑頓（Appleton）時，這倒是不失爲一個可以殺時間的思考課題。

搜尋引擎

面對一堆紊亂的東西，隨意瀏覽的方式或許能有不少收穫，例如逛跳蚤市場、翻閱一大疊報紙夾頁傳單、檢視分手情人留下的紀念品或書信、在街頭咖啡館觀看鬧市中往來的人群。網路也是一個龐然無邊的混亂世界，幾乎是百無禁忌，任何人都可按自己喜好設立任何類型的網站，只有如中國對網路的檢查、美國以法律制裁從事網路賭博與色情行爲等少數的例外。除了網頁內容顯示該遵守的技術原則，還有各網站都有一個網址之外，網路整體的內容也沒有統一或共通的架構可言。

走走看看在跳蚤市場或許很管用，但在網路世界卻不能真正成爲一個選項。目前並沒有簡便好用的網站一覽表可供瀏覽，就算眞的有，你也無從想像超過八十億個網頁該如何安排，才能讓視線察覺到你感興趣的網頁。爲什麼是八十億？這個數目是Google宣稱編目索引的網頁數，經過整理可供搜尋使用。Google與其他搜尋引擎可以協助使用者找遍包含特定關鍵字的網站，其實也是爲網路建立某種秩序，使得原本龐大紊亂到難以接近的資訊變得出奇有用。

Google的影響力已經往網路搜尋之外擴張，投入購物、地圖、書籍與圖像領域。未來很可能還會延伸到實體世界，因爲隨著可植入無線傳輸器的廉價微型晶片日益普及，Google或許可以擔負找尋失物的功能，協助你找到汽車鑰匙或走失的小孩。想像一下，你可以毫無顧忌地把東西隨便扔進儲藏室，等到想找某樣東西時，只需借助Google，就能輕鬆確認它在儲藏室裡的位置。簡單來說，面對一大堆誰也懶得花時間整理的資訊，Google不失爲一種好用的方式，可以協助你從中找出特定的資訊。

Google已成爲我們日常生活中的一部分，由於用慣也覺得效果不錯，因此很容易忽略它的缺點。其中之一就是拉帕波特所謂的「樹蔭問題」（你或許還記得，此君就是第二章提過的捍衛自然景觀的律師，他常喜歡以植物用語談事情。）他解釋說，假使律師事務所接到一宗案件，內容是某德州客戶因爲鄰居一棵樹的枝葉太過茂盛，妨礙他院子部分草坪照不到太陽而生長不良，以致產生糾紛。負責蒐集與本案相關案例的法律助理，只要上Lexis網站——法律世界的Google——敲入幾個關鍵字：樹、草坪、鄰居、樹蔭，就會出現一些案子。他整理一下，大概只要五分鐘就可交差。要是在三十年前，這位法律助理可得翻遍德州法律專書，仔細查閱相關的課題與索引。一開始他可能從「樹」找起，不過又發現下面還細分有樹屋、橡樹、灌木等子目。而在查閱某些特定的案件時，不時又會有些有趣可能也相關的其他案子跳出來。整個過程或許要花上半個鐘頭，而最終這位法律助理可能從一大堆書籍中發現，最有用的是一樁關於葡萄蔓藤生長到鄰居游泳池的案例，而這個案例中壓根看不到樹或草坪這些關鍵字。更重要的是，這種費時較長的多樣化搜尋方式，可以培養法律助理對此一主題的看法乃至專業素養，不但對手頭上的案件有幫助，日後也可以應用到其他案件上。經過一段時間不斷進行這樣的磨練，就可以廣泛累積對許多課題的專業見解。換言之，正是由於相對於 Google，傳統搜尋流程不夠精準而效率又低，反而意外造就更多累積專業的機會，雖然得付出時間的成本。

有鑑於 Google 完全符合的搜尋方式所產生的缺點，近來已有一些搜尋引擎希望有所改進。Clusty.com 等搜尋引擎採用「群落」（clustering）技術，除了完全符合你詢問的網頁之外，也會列出其他可能有用的搜尋類別供參考。例如，你要搜尋的是「熱狗」，出來的結果可能會建議你也查閱香腸、康尼島（Coney Island）、食譜等——如果瀏覽《香腸事典》之類的參考書，這些都是可能會碰到的類別。有家名爲快速（Fast）的公司提供數種搜尋引擎，有些是依據美國軍方爲找尋恐怖分子資訊而開發的技術，可以由掃瞄的文本中推演出特定的意義與結構。舉例而言，同樣是提及「炸彈」網站，這些搜尋引擎可以區別這兩個字是出現在電影片名中，還是指導如何自製土製炸彈，而且會列出雖未提及「炸彈」，但卻包含「爆裂物」字眼的網站。還有一家叫欣逢你（Cymfony）的公司所提供的搜尋服務，則同時涵蓋網站與部落格，追蹤帶有特定主觀感受的內容——例如，在搜尋對某家公司的相關評論時，可區分其性質爲正面或負面。

還有數不清的搜尋引擎專精於網路某一部分，或是特定的非網路資料庫，而且這類搜尋引擎經常納入特定的搜尋準則，鼓勵搜尋者更深入探索。一個著名的例子是亞馬遜的書籍搜尋引擎，你可以在書目中搜尋，比如說，二〇〇三年出版有關鬼怪的西班牙文書籍。（接下來你可以再參閱亞馬遜對每本書的排名，了解哪本會讓你的錢花得最划算。）還有些公司致力於影音資料的搜尋技術。像ＩＢＭ二〇〇五年就與全美橄欖球聯盟（NFL）談妥一項合作案，把聯盟所有比賽錄影做這類處理，因此教練如果想了解對手球隊以往各場比賽中第三次觸地、離目標四碼的表現，只要五秒鐘就可調出所有資料，而過去可能得花上六個鐘頭。還有就是搜尋引擎 BananaSlug（香蕉蛞蝓），搜尋時除了鍵入關鍵字，另外還要再任意加入一個隨機字眼，像是「珊瑚」或「正義」之類。雖然聽來很荒謬，但只要你試試，就會發現效果還眞不錯。

這些搜尋引擎所運用的技巧，有的比 Google 包含更多的秩序，有些則相反。快速公司一位經理人慣以三十個搜尋引擎的組合來追蹤資訊。說到底，面對龐大紊亂的資訊，尤其是像網際網路如此廣闊無涯的世界，大概沒有任何單一搜尋引擎或是某一特定程度的秩序能永遠最合用。不論怎麼說，這好像挺合理的。

由電子晶片到撲克牌

廉價晶片vs.可更改晶片：內含電子晶片的產品，使用的晶片大致可分兩類：客製化晶片與可程式化晶片。前者將客製化電路燒錄於晶片內，顧客不能更動；後者則提供一系列標準化迴路建構方塊，可供顧客以軟體程式組合——雖然效率不算高——來執行產品功能。兩者間的取捨很明顯：前者可能得耗費數千萬美元，並經過數年的設計與製造研發，之後就無法輕易更動，但由於晶片內容固定而且有高度秩序，所以速度極快，而且前置工作一經完成，每片生產成本微不足道；另一方面，可程式化晶片只需少量前置投資，很容易設計並修改，但在彈性高背後的缺點，就是每片平均生產成本可能超過一百美元，而且速度通常比前者慢十倍。不過現在你未必要做這麼痛苦的選擇，因爲愈來愈多公司選擇綜合兩者特性的晶片，除了部分客製化的電路，也適度納入可更改的部分。這些半客製化晶片讓高績效商品可及早上市，而且前置成本與單位生產成本也不致太高。《採購》（*Purchasing*）雜誌預估，到二〇〇八年，半客製化晶片的市場將比二〇〇三年躍升十倍，達到十四億片。

自由搏擊vs.拳擊：各種類型的自由搏擊並沒有太多規則，兩名選手在固定的場子內相互攻擊，直到有一方認輸或倒地不起。長期以來，很多人認爲這是一種血腥、邪惡、虐待狂而又極度危險的競技，帶有殘忍的病態心理。參議員約翰・麥肯（John McCain）把自由搏擊貶爲「人類鬥雞」，使得這種運動經常成爲雜誌與電視新聞修理的對象，也一度在美國被視爲非法，僅一州例外。

如果和廣受推崇的拳擊相比，一般人普遍認爲自由搏擊比較危險、殘忍。對自由搏擊大肆詆毀的媒體，卻例行性正面報導拳擊的賽事。不過里溫德・強森（Leavander Johnson）這位輕量級拳王的親朋好友，卻未必認同這樣的觀點。因爲強森在二〇〇五年九月一場拳賽後過世，是該年度第二位死於拳賽的選手，也是第四位腦部嚴重受傷者。多年來，因拳擊場所受傷害而致死的拳擊手約有一千兩百人。而在自由搏擊賽到目前爲止僅一件致死案例，那是有位美國選手在烏克蘭首場出賽時，頭部遭到四次重擊後倒地不起。

不過這位選手原本就因訓練時曾出現意識暫時喪失，而在美國遭到禁賽。

當然拳擊的賽事遠多於自由搏擊，所以很難拿兩者統計數字相互比較。不過如果同樣就一場比賽而言，不難說明爲何拳擊要比自由搏擊更危險。自由搏擊在許多層面看來比不上拳擊有那麼多秩序與規定，選手可以用手肘抵、用腳踢、勒脖子，尤其是只戴薄薄的半手套，所以經常會出現頭部遭擊——經常是從背後下手——鮮血流出乃至飛濺的場面。對照之下，拳擊顯得比較井然有序，選手只能站立出拳，而且手上戴著厚厚的手套。可是關鍵也就在此：拳擊賽中連續出拳重擊頭部，會對腦部造成嚴重傷害。厚手套可以讓傷口減到最小，確保賽事能長時間進行下去，不致因出血嚴重而中止，但這卻使得選手頭部有更多機會遭到重擊，以致讓腦部撞擊到腦殼。（拳賽中的擊倒其實是一種輕微的腦部傷害，可能永遠無法完全復原。）拳擊手邁入中年，常有口齒不清的現象和其他毛病，或是中風，因爲拳擊的後遺症全在腦部，而腦部又是人體最脆弱也最難恢復的部位。《美國醫療協會期刊》的編輯曾指出，出賽二十場以上的拳擊手，百分之七十五有明顯的腦部傷害。反之，自由搏擊選手卻未曾出現過嚴重或慢性的腦部傷害。

如果更多人知道這些事實，或許自由搏擊可以爭取到更多的拳擊迷，比如說那位麥肯參議員——一九九五年拳擊手吉米・賈西亞（Jimmy Garcia）腦部遭受致命傷害時，據說他就坐在拉斯維加斯的場邊觀賽。

晃動的控制桿：飛行員和汽車駕駛一樣，希望飛機能可靠而精確地操控。因此飛機製造商多年來一直留心控制系統的性能，也往往借助電腦，希望飛行員透過駕駛盤的每項輸入，飛機都能平順和緩地回應。只不過這種改善有時會好得過了頭。當飛機速度太慢，可能因喪失浮力而有墜落的危險。對這類潛在危機，一項傳統的示警方式是駕駛盤發生晃動，提醒有嚴重問題存在。不過高科技的飛機卻不再保存駕駛盤晃動的示警方式，而往往透過警報聲、閃光乃至電腦語音通知有失速的危險。問題是飛行員如果會讓飛機處於速度過慢狀態，必然是發生其他緊急狀況讓他無暇顧及——如機艙失火或與其他飛機過分接近——因此就算再發出一次警報聲或閃光，飛行員可能還是不會發現。爲此飛機製造商現在把原先認爲比較突兀而取消的做法，又回復了部分，讓駕駛盤在飛機即將喪失浮力時會晃動。高度秩序下的小漏洞，還得靠一點「亂」來堵住。

晶片白老鼠：康乃爾大學研究員麥可・舒勒（Michael Shuler）很清楚，藥物的效果不易預測，一個重要原因就是藥物進入人體之內，經過的是一段混亂、高壓的歷程，可能被肝臟分解，或被腸道吸收，也可能被脂肪所包圍。以試管測試藥效的做法太過單純，無法模擬眞實情況下許多化學反應；但動物或人體測試又太過混亂，因爲藥物與生物體內器官的互動觀察不易，很難理出清楚的頭緒。這也是爲何每種新藥平均要花上十年時間與八億美元進行這類研究，才能取得生產許可，但最後仍有不少新藥，如Vioxx，因爲非預期的副作用而被迫下市——至於有多少療效良好的藥物因爲測試的疏漏以致最終無法問市，更是沒人知道。舒勒與研究夥伴葛瑞格・巴斯特（Greg Baxter）想到一種折衷之道：在晶片上淺淺刻劃小室與蜿蜒通道，放入人類或動物細胞，再打入人造血液與測試藥物。這種晶片可模擬生物器官的許多錯綜複雜作用，但研究人員同時可以清楚地進行觀察。製藥大廠嬌生（Johnson & Johnson）已經簽約將此種晶片納入測試流程，而根據一些專家預估，每項新藥測試可省下的成本在一億美元之譜，更不必提實驗室裡每年可減少幾百萬隻小動物的冤魂。

不帶運氣的撲克牌：撲克牌近年來大受歡迎，愈來愈多美國人休閒時都在桌上磨練牌技。不過話說回來，玩牌時技巧有多重要？看起來運氣，也可以說是隨機性，似乎扮演更重要的角色，因爲迄今爲止，撲克牌世界大賽（World Series of Poker）尚未有人贏過兩次冠軍——這項比賽從一九八〇年開始舉辦時，參賽者不過數十人而已；二〇〇〇年參賽者超過五百人之後，也只有兩位選手曾連續入圍最後九名決賽者。或許正因如此，有些人就動腦筋設計出一種純憑技巧、不帶運氣的撲克牌遊戲——多少也是希望在禁止線上賭博的美國，能合法經營撲克牌網站。不帶運氣的撲克牌有點類似橋牌賽，每桌選手拿到的牌和其他各桌一模一樣。選手的表現並非與同桌其他人相比，而是與其他桌拿同一手牌的選手一較高下。這種遊戲方式出現於二〇〇三年，但自此後就沒什麼下文。原本行銷此種遊戲最力的網路公司Poker.com已在二〇〇四年破產。（目前Poker.com網站的所有者已不再提供不帶運氣的撲克牌遊戲。）新聞快報：一般人還是喜歡撲克牌兼具技巧與運氣。不喜歡有運氣成分的人可以去下棋，或是參加橋牌賽；不喜歡講技巧的人可以去賭輪盤。

11 亂式思考

一年一度，幾十位業餘天文愛好者齊集美國亞利桑那沙漠，由黃昏至黎明，瞄準微弱而難以辨明的天體獵物進行一場追捕。觀測者調整手中的望遠鏡，梭巡於星雲、星團與銀河之間，不顧氣溫急遽下降，遠方還不時傳來土狼嚎叫聲。某個特別不易觀測的銀河即將落入地平線之際，多數觀測者開始把鏡頭固定瞄準，但一些老手的舉動卻頗不尋常，來回晃動手上的望遠鏡。你或許會認為，用望遠鏡觀測億萬光年外捉摸不定的銀河漩渦，需要絕對的穩定，不過有位天文學者卻解釋說，透過望遠鏡觀測某個微弱不明的天體，與其固定不動，反而在視野晃動下比較容易看到。

一般人往往認為，當思緒有條理且集中、目標與意向都相當明確、四周混沌的情況都理出清晰的頭緒時，我們的腦子就能發揮最大的作用。然而人類的心智其實建立在好幾個層次的無秩序上，由原始感官資料的處理，到繁雜理念的推敲琢磨。人的腦子因應外在紛亂的世界而演化，如果你堅持以有條理的方式思考，有時反而會讓自己的心智無法充分發揮所長。事實上，我們自以爲周遭世界已在腦子裡理出完美的秩序時，卻最可能誤入歧途。

隨機的靈光

網路行銷顧問史帝夫·尼爾森（Steve Nelson）有次和一家汽車保險公司的經理人進行腦力激盪，結果在廣告活動的新主題上陷入瓶頸。提出的點子似乎都不理想，大家好像都江郎才盡。汽車保險的行銷確實難有新意，基本上不外價格、便利、理賠協助等因素。雖然公司希望另闢蹊徑，但會議還是在一些老方法上繞圈子。經過大概一分鐘的沉默之後，尼爾森由手提箱中掏出一疊自製的卡片，請一位經理挑出一張，然後大聲唸出來。只聽到那位經理人唸道：「藍色。」好，藍色，尼爾森說，我們就從這裡開始。

藍色。憂鬱、感受、快樂、恐懼。恐懼什麼？恐懼……車禍。什麼人恐懼車禍？母親。是否該把保險賣給母親，而不是那些注意價格、便利與理賠協助的男性？賣點在哪裡？協助她們不害怕車禍？要協助她們不遭遇車禍。安全。以安全爲賣點，提供安全駕駛要訣。汽車保險公司鼓勵客戶更安全地駕駛，以避免車禍。

這項安全駕駛的宣傳大獲成功。一個隨機挑選的字眼幫忙扭轉整個團隊的思路，不再瞄準汽車保險傳統的購買者，改以不同的訴求打動家裡有影響力的其他成員。其實尼爾森是隨機字的熱愛者，他也是上一章提過的 BananaSlug 的創始者，這個搜尋引擎在搜尋時會加入一個隨機字。尼爾森的正職是經營與別人共同創立的數位行銷公司，不過他以前當過程式設計師，現在還是以開發不同的軟體方案爲嗜好。他曾寫過電腦遊戲，並基於興趣把一些網站結合起來，包括 SpellWeb——專門統計網路上兩個不同名詞或同一個字兩種拼法的相對普及性。二〇〇二年，當他著手一項新計畫時，有位彈四弦琴的友人偶爾提及，透過 Google 不易搜尋到有意思的四弦琴網站，因爲搜尋的結果太過浮泛，總共有兩百萬頁，根本無法一一瀏覽，但他又找不出什麼有效的方法來縮小搜尋結果。尼爾森的建議是，何不隨意在 Google 搜尋中加入一個有趣的字，結果眞的成效不錯，於是他就創立了 BananaSlug。(香蕉蛞蝓是尼爾森母校加州大學聖塔克魯茲分校的吉祥物。) 當然，想要找出最有用的網站，另一個辦法就得由專家全部過濾一番再依序排列，也正因如此，BananaSlug在二〇〇五年經《個人電腦雜誌》(*PC Magazine*) 列入一百大頂尖網站。

爲什麼在網路搜尋中加入一個任意字就能產生效果？尼爾森提出三個理由。首先，這樣可以添加「相關的驚喜」，包括某個任意字的網站對一個課題的探討可能與你的焦點不同——但仍然有些相關，畢竟其中也包含你眞正搜尋的關鍵字。其次，這樣比較有機會碰到不尋常的網站，因爲會提及兩個風馬牛不相及概念的網站，至少更可能有其獨創性。（爲了避免太稀鬆平常的字眼弄砸了搜尋結果，BananaSlug 提供多彩多姿的任意字類別供你挑選，包括動物、莎士比亞主題、都市字典等。）第三，這樣可能會找到多元化的網站，因爲關於兩個不相同概念之間的連結，一個網站和另一個網站的看法不太可能一致。尼爾森說：「假如你想搜尋，好比說，網球明星（tennis stars），然後加入一個任意字「獅子狗」（poodle），可能會找到一些很有趣的網站。（他只不過隨口說出這個例子，但結果還眞的頗具代表性。如果直接以 Google 搜尋「網球明星」，前六十筆全都是球員的名單，但加入獅子狗，第四筆變成一本談意識的書，第五筆是大衛・波依（David Bowie）貝斯手的一篇訪談，而第十三筆則是談不穩定表的數學論文。BananaSlug 的搜尋結果往往就是這麼出人意表。）

引入隨機概念而激發創意，尼爾森並非首創。在許多創意產業如顧問、圖書、軟體與網路等，以隨機、不相關或任意組合的概念來誘發腦力激盪或其他點子創造方式，幾乎已成慣例。尼爾森表示，創意的問題癥結在於人類思考容易墨守成規，以致努力思考的結果可能就像陷入泥淖的車輪般空轉。創意專家、史丹福大學教授蘇頓（第一章提過他）倡議，解決問題時可放進隨機性的投入，他在《11½逆向管理》（*Weird Ideas That Work*）一書中這麼說：「無論你多努力避免想到過去的經驗、不理性的偏見、個人的好惡，但很多研究發現，這些因素和其他種偏差看法還是影響力很大。」只要能把思緒放到與問題沒有直接相關的任何事情上，應該都有助於脫離這些成見，跳出創意的陳規之外；正因隨機性投入幾乎不可能有任何相關，所以效果才會不錯。換言之，隨機的提示可轉移思緒的焦點，成爲慣性思考的一劑解藥——焦點與慣性往往是創意之敵。

雖然腦力激盪時投入一個隨機概念有助擺脫思考的成規，但未必能就此帶領你走上豐收之路，反而可能很容易把你引入死胡同，屆時或許你得再試試另一個隨機的概念。不過就算不一定有什麼神奇的效果，至少你會因此比較容易發現一些對無秩序持開放態度的人。把無關主題的字眼或概念納入思考，只是促成發現的一種方法。雜亂無序的行爲則是另一種方法，弗萊明發現盤尼西林就是一個例子。但弗萊明偉大的突破絕非孤例，紊亂的實驗室確實常導致重大的科學發現。二〇〇〇年諾貝爾化學獎頒發給導電塑膠的發現者，而這項發現又可以追溯到有位研究者測量一種化學混合物的某種成分時，把量度標準弄錯了一千倍。第一屆諾貝爾物理學獎頒發給發現X光的威海姆·倫琴（Wilhelm Röntgen），他的發現是因爲在實驗室中任意射出電子後，偶然看到那裡出現一片神祕的光亮。另一位物理獎得主是貝爾實驗室的科學家，他們湊巧碰上一種怪異、雜射的無線電訊號，後來確認是宇宙誕生的大爆炸所遺留的輻射。查爾斯·固特異（Charles Goodyear）因爲爐上煮滾的一鍋東西溢出，發明以高溫與硫磺處理橡膠的流程。如果以BananaSlug搜尋關鍵字「意外發現」（discovered by accident），加上隨機字「同伴」（companion）——相較之下，Google搜尋「意外發現」所得到的九萬八千八百筆資料，比較讓人摸不著頭緒——我們會看到更多這種匪夷所思的例子，搜尋結果前十筆的意外發現包括尼龍、二〇〇二年觀測到一顆與地球共用軌道的小行星、大麻、聚乙烯，還有糖精、磺醯銨酸鹽（Cyclamate）、阿斯巴甜、蔗糖素（Sucralose）等人工甘味。

顯然如果以各種形式讓我們的心智轉移注意，不再刻意聚焦於特定的主題，有時能發揮最佳水準。你不妨思考一下這點——不過一分鐘就好了。

理出頭緒

不論世界如何紛亂，人類似乎就是不想承認這點。我們使盡辦法，避免去接納無秩序與隨機性，但由理性的角度來看，這應該是人類心態的缺陷。下面是一些例子：

找出合理化的藉口：心理學家一直很清楚，人類往往認定遭遇某種不幸者或許理該如此，也就是所謂的「世道公正假說」。四十五歲即死於心臟病的人，身體一定不好；遭強暴的女性或許行為有些不檢；遊民一定不是眞心想工作。當然，經常有完全無辜者也遭到厄運，只不過一旦承認這點，我們就不得不面對人生中的混亂與隨機。因此，我們會去找種種說詞加以否定。

視覺與聽覺的秩序化：我們的大腦似乎不喜歡視覺上無秩序的東西，因此看到墨漬或雲朵，總會想像出某種具體的形象。電影製片人都知道，電影的配音不必緊扣銀幕上的動作，因爲觀眾的感知自會調整到如此；事實上，即使任意配上一段音樂，看起來也會頗爲搭調。

拼湊的記憶：我們大都有這樣的經驗，那就是某件自己明明記得淸淸楚楚的事，可是後來聽家人或朋友說起，卻完全不是那麼回事，甚至純屬子虛烏有。我們的記憶並非外在世界的精準記錄；而是部分根據事實，部分根據我們的需要或期望建構而成——以一種回溯的方式把周遭世界整理一番。這樣的過程可能導致記憶出現嚴重瑕疵，像是國家運輸安全委員會的飛安意外調查報告中，證人說詞往往天差地別，就可以很淸楚看到這種現象。飛機出毛病會發出什麼聲響或出現什麼狀況，一般人都毫無概念——和車禍事件不同——大腦中並無既有的模式可資依循，因此彙集起來的景象難免失眞，不過自己卻仍堅信眞相就是如此。

精算機率：你願意把兩毛五的銅板丟到哪裡？是一臺剛吐出一千美元的吃角子老虎，還是另一臺已經吃了幾百個銅板、好久沒吐過大錢的機器？大多數人會選第二臺，因爲直覺認定它「該」吐大錢了。其實這種推理並不正確。吃角子老虎經過精密設計，同一機型不論哪一臺機器，每次拉把或按鍵中大獎的機率都完全相等。由於吐錢的模式完全隨機，所以根本無從根據機器過去吐錢的紀錄，而推算投進銅板的「適當」時間。

這種現象部分是由於一般人對機率的認識不清，不了解機率在眞實世界的運作。例如，假設擲銅板連續五次出現正面，許多人就會猜下次出現反面的機率比較大，其實正反面的機率永遠都是五十比五十。至於對賭徒來說，又是另一種情況。賭徒總是認爲不管哪種賭博，自己都有辦法占上風，在這種扭曲的看法下，他們自認可由隨機中找出規律。孟菲斯大學（University of Memphis）心理學教授詹姆斯・魏藍（James Whelan）也擔任該校賭博教育與研究機構共同指導人，他發現沈迷於吃角子老虎的賭徒有時堅信，自己不斷丟進銅板的那臺機器馬上就要吐出大錢，因此寧願尿褲子也不去上廁所，免得唾手可得的好處便宜了別人。

要死守好一陣子沒吐大錢的機器，這類信念就是一種粗略的「必勝法」（system）——根據這套方法，賭博在賭徒眼中隨機性降低，贏面可望提高。有些必勝法簡單直截，像賽馬就永遠押最看好的一匹，可是有些就比較複雜。賭博機率專家約翰・葛羅喬斯基

(John Grochowski) 曾廣泛就賭場遊戲發表文章，以下是有關某種輪盤的必勝法的描述：

> 有位好友喜歡賭輪盤，除了押黑，也押相同的金額在第三排。因爲第三排有八個數字是紅色，所以我的朋友等於押了三十八個數字中的二十六個——十八個黑色數字加上八個紅色數字。如果出現的是第一、二排中的黑色數字，他算打平，因爲顏色押對，但排數押錯；如果出現的是他押的八個紅色數字中的一個，他獲利一單位，因爲排數的賠率是二比一，但要扣掉在顏色上押錯輪的錢；但如果出現的是第三排中的四個黑色數字之一，他就贏三倍——一倍是顏色押對，加上排數押對賠雙倍。
>
> 當然，有十個討厭的紅色數字沒押到，還有0和00，只要出現這些數字，他就賠雙倍。

如果你不懂輪盤，這些聽起來沒什麼意思，不過你該可以抓個大概：必勝法說得天花亂墜，以致模糊了一個基本事實，那就是不論怎麼做，長期下來輸的一定是你。葛羅喬斯基指出，像輪盤的勝率是一．〇五二六比一，所以不管如何下注，最後你還是會輸。（如果你押0，00，1，2，3，贏面還更小。）

魏藍與同僚曾長期研究賭徒和他們的必勝法。他指出，賭徒的必勝法往往是立基於錯誤而不理性的信念，沒有什麼事實根據。一個明顯的例子就是撲克牌二十一點的算牌，其中最簡單也最普遍的一種方法就是記住上次洗牌後出過多少十點的牌；如果數字偏高或偏低時，這項資料的確可以改善某些牌局的贏面。可是業餘的算牌者通常對一個簡單的事實視而不見：雖然算牌可以讓你的贏面提高些許，但絕不可能高到壓過賭場；賭客輸錢的機率大致要高半個百分點，視賭場的規則與賭徒是否能堅持遵循某一完美的必勝法而稍有出入。（有些更複雜的算牌方式，理論上可以把賭客的勝面提升一個百分點，但這有賴密集的練習、精通數字，還得有搭檔掩護，免得讓賭場察覺你精於算牌後將你掃地出門，甚至列爲拒絕往來戶。）

另一種可以應用到幾乎所有賭博上的必勝法，就是每次失敗後就提高下注金額，如此一旦你最後贏了一次，就可以把原先輸的錢都贏回來還有剩。這種方法原理固然正確，但缺點是如果一直輸下去，投入的金額實在太大——很快就會增加到數千乃至數萬美金——你的本錢根本不夠，又或者賭場不願接受這麼大的賭注，免得賭客的損失達到天文數字。有些人採取比較簡單的策略，贏錢就繼續玩下去，一旦開始輸錢，就立刻出場，以求保持最佳戰果，還有些人是永遠在還贏錢時收手，免得錢又吐回給賭場。不過長期而言，這兩種策略也絲毫不能增加你贏錢的機率。

說到底，賭場馬場、彩券商能容許的賭博策略一定都有漏洞，不可能讓你占到他們的便宜。不過誠如魏藍所言，賭徒不但對自己的必勝法信心滿滿，也誤認自己的輸贏紀錄就可驗證這種策略確實有效。其實這是出自一種所謂的「肯定的偏頗」：如果你希望或預期某種事成眞，就往往會對能肯定自己期望的任何事物都特別注意或記得清楚，反之則忽略或忘記。換言之，大腦會清理我們對事物的看法，使其更符合我們原有的預期。魏藍等人曾進行一些研究，將賭徒六個月內的輸贏情況紀錄下來，並請他們回報自己的情況，然後將兩者加以比較。他指出：「如果問起賭了幾天、哪些天去賭、賭些什麼，幾乎與賭博相關的所有事，賭徒們的回答都相當準確。只有一件事他們的記憶眞的有問題，就是贏了或輸了多少錢。」（魏藍提到早上開車送女兒上學時，他們會採用一種「想綠燈」的策略，希望能影響交通號誌一路長綠。他承認好像眞的有點效果。）經常賭博者比偶爾一試者更相信必勝法，也更堅定不移。事實上，賭場歡迎你在二十一點賭桌上採用簡單的算牌法，因爲賭客愈相信自己的必勝法，賭得就愈大，所以有些賭場還會教你算牌。魏藍在一項研究中也發現，就算告知好賭者他們的必勝法根本沒有道理，似乎也無法讓他們克制賭博的行爲。

魏藍認爲，其實人類的大腦偏好賭博的必勝法，有時候對我們的理智可以發揮有益的牽制作用。如果人類總是很清楚自己面對隨機性有多麼無能爲力——也就是全盤接受世界的無秩序——一定常會因猶豫不決或毫無希望而喪失行動力。在想像中誇大自己的能力，足以重建秩序或改變機運，往往能激勵我們勇於任事。投資開新餐廳的生意人、在叛亂地區踢開房門的士兵、凌晨三點起床以望遠鏡瞄準彗星蹤跡的人——他們或多或少對於無法控制的隨機性視而不見。愚蠢與勇於冒險之間的界限，有時得事後才畫得出來。聯邦快遞創辦人與執行長弗萊德．史密斯（Fred Smith）曾公開講過，一九七四年公司成立不久即因虧損而接近破產，幸好有天晚上他在拉斯維加斯賭二十一點大勝，才算度過難關。可惜他沒和那天晚上連襯衫都輸掉的其他幾千名賭客分享他的必勝法。

分類

任何為人父母者都曉得，五個月大的嬰兒只要遇過兩、三條狗，腦子裡就會把牠們歸為一類，和照顧者、陌生人、食物、玩具等各種類別分開排列。最初狗可能只是和所有動物歸到一類，但不久之後，狗、貓、松鼠和其他有趣的生物都會給各自歸到次類裡。人類幾乎一出生就懂得分類，其實自有它的道理；因為每碰到一種新動物時，未必有足夠時間供你一一仔細觀察分析，然後再決定該飼養、該吃掉、趕快逃走，還是該報以微笑。如果能很快找出特定個體容易辨識的特性，歸納出有用的共通點，然後適用於看似符合這些共通點的新個體上，效率會高得多。有四隻腳、有毛、尾毛會搖、下垂——看到具有這些特點的生物，你就知道待會可能會被牠聞聞或舔舔，要是用力扯牠的耳朵，牠就可能會對你狂吠。

分類的衝動到年紀稍長後也很難減退。十一歲的男孩實際上就像臺分類機，在學校裡要區分和自己同一掛或不同掛的人，回到家裡還忙著整理棒球卡或剪貼簿。長大上班後，我們整天的工作不外歸檔、分門別類、雇用優勝者、辭退失敗者，下班後又趕去美術館欣賞印象派、表現主義、野獸派或達達主義的畫作。天曉得爲什麼有人會不怕麻煩去分那些類別。印度《愛經》（*Kama Sutra*）不但把性愛姿勢分類，對於「愛的搔癢」也區分爲半月、虎爪、孔雀足，兔躍等。西北大學醫學院多年來一直收藏約一百七十具仔細分類的「畸形」胎兒。還有博物館以除草機或馬桶蓋藝術爲主題。

若非倚仗分門別類的技巧，很難想像我們每天的日子要怎麼過。但是分類也有缺點，其中之一就是淪爲偏見的工具。人相學是一門根據臉孔與身材的測量決定人的特質與屬性類別，一度在某些地區是相當受尊重的科學，但納粹統治下卻遭血腥的誤用。我們對分類的興趣可能導致世界觀過度簡化，例如候選人在我們眼中不是保守派就是自由派。一旦把某一個體歸爲某種類別，就可能忽略它在其他方面的潛在價值。例如，某本書被書店歸爲商業類，對商業書沒興趣的讀者就不太可能會發現它，雖然書裡也談到不少非商業的內容。而且和所有形式的秩序一樣，分類也可能相當程度上是見仁見智。華府國立美國印第安博物館（National Museum of American Indian）的館長曾不憚其煩請教二十四個不同部族成員，該如何展示各該部族的相關文物。在他們的建議下，由洋娃娃、動物到香菸、玉米等的展品並未遵循正統的文物分類法，按嚴謹的紀年或歷史事件來展示，而是以各項展品對部族傳說與信仰的重要性爲依據，並以一系列電腦資料與部族成員提供的資訊搭配解說。博物館二〇〇四年開幕後，專家的批評蜂擁而至，大都是對該館非正統的文物分類表示震驚的負面看法。《紐約時報》評論者艾德華·羅斯坦（Edward Rothstein）在全國公共廣播上就稱該館展示風格「純屬欺人」，他表示：「我敢打賭，不少美國印第安史的學者對這些部族的了解要比部族長老多得多。」

談到分類可能造成的問題，有個在現代生活中帶來相當困擾的現成例子：打電話到各大公私機構時都會聽到的語音選單。二〇〇五年，佛瑞斯特研究所（Forrester Research）的一項研究發現，十五家公司的自動語音回覆系統有十四家評鑑不及格。另一項研究則指出，有問題而打電話查詢的人，只有十六%覺得完全滿意，而高達七十三%覺得「生氣」。（由於不少人是開車時用手機打這類電話，不難想像「生氣」可能造成的某些可怕後果。）若你認爲公司網站的表現應該較優，顧客可並不以爲然：一項由科技顧問嘉特納（Gartner）所做的研究發現，有問題的顧客打電話是上公司網站的三倍，而上網之後，三分之二的人最後還是放棄，改打電話。換言之，那些討厭的語音選單已成爲顧客與公司之間的主要溝通工具。企業在此面臨兩難：一方面根據佛瑞斯特的估計，由總機接電話的成本平均至少是語音系統的五倍，但另一方面，語音系統惹惱了顧客，公司可能因小失大，因爲研究顯示，有半數不滿意的顧客會準備另找高明。

語音系統的問題，出在它只是相當粗略的分類引擎，用意只在協助你迅速判斷自己需要的是更細緻分類中的哪一項。如果你的需求符合主選單中的項目當然再好不過。想知道某家商店該如何前往與營業時間？沒問題，只要按3即可。這就是爲何自動櫃員機——另一種分類引擎——會成爲自助式服務的一個典範；使用這種機器的人，不外乎想提錢或存錢，少有例外情形，所以櫃員機的設計就以流暢處理這些明確事項爲主。但是顧客的需求如果不屬於選單中任何一項，問題就來了。好比說，你希望通知電話公司更改帳單寄送地址，又或是想告知店家你買的餐具組中湯匙太多，而叉子卻不夠。如果企業把幾十種乃至數千種顧客可能需要的服務盡數納入語音選單，顧客來電時勢必得經歷重重的語音選項關卡，能有幾人不迷失其中，感到進退失據或孤立無助。因此最後的結果就是放棄，或要求轉接服務人員。

語音選單系統因爲分類問題而導致來電者中途退出，頻率有時高得出人意外。你或許認爲，要求來電者輸入郵遞區號以區分地域並不是什麼難事，但有家專門負責顧客回應系統的 Click Fox 公司，負責人馬可・帕切利（Marco Pacelli）指出，他的一個客戶有五分之一的顧客聽到語音回覆系統中要求輸入郵遞區號時就掛斷。郵遞區號並非很適合的分類標準，因爲由辦公室打電話的人，往往不曉得該輸入上班地點或是家裡的郵遞區號，問題也就由這裡開始。

這可不是微不足道的問題，因爲顧客如果退出自動系統，公司非但沒省下總機的成本，而且顧客還沒聽到總機的聲音前就生了一肚子氣。由於顧客對語音系統能迅速而有效回覆不抱什麼期望，所以三十七％的人一進到語音系統就立刻按0，從事市場研究的哈里斯互動（Harris Interactive）公司，二〇〇四年的研究指出，正由於這種搶先退出的做法相當普遍，不希望來電者連試都不試就放棄語音系統的公司，也使出對應之道，雙方之間的戰爭日益激烈。許多企業根本去掉0這個選項，讓來電者無法立刻轉接服務人員；如果按0，會聽到語音回覆：您的按鍵無法辨識。不過無論如何，你幾乎一定能找出直接和服務人員對話的方式，許多來電者也的確鍥而不捨，非要搞清楚不可。網站上也有很多資訊，列出要跳出各大機構的語音系統該按下按鍵或哪些指示。以富達（Fidelity）公司NetBenefits語音選單而言，要先按1，然後按＃十七次，碰上西爾斯（Sears）

的維修專線，每當語音系統要求輸入時，你就重複大喊「救命」。至於 Cellular One，按 4，說「專人」，然後按 #。（提示：語音系統若是警告你的按鍵不正確或不清楚，不必理會；系統通常還是在運作。）

來電者退出語音系統，不只讓希望省下專人回覆成本的公司碰到問題，對來電者也是損失。因爲語音選單除了希望以全自動化方式提供顧客服務，還有第二重目的，也就是判定在許多不同專業領域人員中，哪一類在語音服務無能爲力時最可能解決顧客的問題。但由於過早跳出，加上語音系統無法讓顧客有效地自我歸類，所以就算接通專人，顧客往往發現又跌入另一層地獄。研究顯示，一旦顧客的申訴轉接給另一個人，那麼有五成機會還要轉接第二次——這時顧客決定把這家企業列爲拒絕往來戶的比例躍升三成。

一個解決之道是在語音系統回覆前，至少先將來電者概略區分，例如要求來電者輸入身分證字號，然後比對顧客資料庫，掌握來電者的基本資料與往來紀錄。例如，一家保險公司的系統如果先區分出來電者是剛申請過理賠的客戶，就可判定來電目的多半是希望查詢理賠進度；又或者來電者是公司客戶，但最近並未申請理賠，因此他可能是要申請理賠或更新保單；又如果來電者並不在顧客資料庫之中，就應該視爲潛在客戶。經過這樣的初步分類，公司就可提供較簡短而適當的選單給來電者，而且就算對方跳出語音系統，也可轉接給比較能提供協助的專人。有時候公司即使初步過濾來電者，仍不願意提供較爲簡短的語音主選單，這可能是由於雙方對於來電者該如何歸類看法不一致。例如某位銀行大客戶來電，用意只是單純想查一下存款餘額；但銀行方面卻把他歸於需要由理財專員親自提供優質服務的客戶。因此一項研究發現，重要的信用卡大客戶來電公司時，被晾在一邊的情況比一般持卡人還高出三成。所以下回打到某家公司找某位專人時，如果在電話線上等了二十分鐘，就不必想著那些重要客戶的電話一定馬上接通而心懷不平。

在大多數情況下，公司很難對來電者預做精確可靠的分類。以沃爾瑪超市而言，就算知道某位來電者最近買過什麼物品，也很難猜出他爲何打電話過來。所以大多數公司對語音系統難有什麼改進，只能撤銷系統，重新聘用訓練有素、知道如何處理來電者雜七雜八需求的專人。

傾聽內在的紊亂

在科學門外漢的眼中，很容易認為科學的發展在科學家齊心協力之下，一直高瞻遠矚地穩健前行。事實上，科學本身往往就是一團亂，以蹣跚的步伐行走，有時一頭撞入死胡同，有時卻意外有了收穫。科學的發展非但談不上高瞻遠矚，事實上還可能剛好相反，往往經過幾十年的努力和許多機緣湊巧，才有人發現原來有條道路存在。

說起科學的進展沒有秩序，對「無秩序」的研究就是一個好例子，至少這門學科在當代的分支確是如此。它的發展主要歸功於法蘭克·莫思（Frank Moss），這位密蘇里大學的物理學者是個矮胖的大鬍子，而且——在他的學科中很少見——平易近人。他原本從事低溫流體狀態的研究，但一九七九年，四十六歲的他厭倦這個領域，於是請了年休長假，希望重燃自己對科學探索的熱情。當他不經意翻閱一些隨意蒐集來的研究論文時，無意間看到一群比利時研究者所提出的一篇論文，也不知道為什麼，這篇有點含糊的論文觸動了他。文中提出一個假說，就是增加隨機性可以讓一個實體系統運作得更好。雖然他們並未具體指出任何這種系統，但莫思認為此一理論似乎頗有道理。畢竟，愛因斯坦有關布朗運動的學說早已擴充應用於複雜的金融交易上，以致如今全球經濟的基石，就在於靠市場每天的流動來賺取可觀金錢，而箇中關鍵正在於市場具有隨機性。如果隨機性能在經濟面發揮功效，在物理系統何嘗不可？

多年來對於無秩序在實際世界的效用，其實不乏零星的認知。例如有些攝影師就知道，在弱光下拍照，如果採用繁忙的隨機性背景襯托，影像會顯得格外突出。早期收音機設計者也發現，頻道略調偏差，會增加背景的靜電聲，但同時能讓音樂更清晰。不過雜訊（噪音）這類的正面作用只是特殊的例外，而且僅被視爲有趣的小玩意。從技術面來說，雜訊就是沒有秩序的訊號。工程界對雜訊的態度，到一九三〇年代算是明確底定。在電機工程師持續改善下，真空管的敏感度提高，以致透過擴音器可以聽見背景傳來奇怪的聲音，像是急雨打在鐵皮屋頂，又像一陣散彈槍掃射牆壁，被稱爲散粒雜訊（shot noise）。散粒雜訊其實是電子隨機運動的結果，類似讓一粒花粉在水中舞動的隨機分子運動；工程師們聽到的正是無秩序之聲。雜訊（噪音）至此成爲隨機訊號的通稱，也被視爲電子的敵人，此後無線電的設計無不著眼於把雜訊降到最低。

莫思一面閱讀這篇比利時的論文，一面思考是否某些看似發出雜訊的系統有其不爲人知的功用？埋首於一堆堆科學期刊中，他終於發現一個這樣的系統：烏龜卵。有篇報告提及，室外溫度可以決定歐洲池塘烏龜所產的卵為雌性或雄性。如果溫度保持穩定，或是比較往單向變動，那麼孵出的烏龜往往為單一性別，自然不利繁衍。好在氣溫總是相當隨機地起伏波動，因此烏龜的性別得以維持平衡。令莫思深感震撼的是，烏龜在演化上不但可承受外在的雜訊（隨機性），事實上更把本身物種的存續繫於此項因素上。他說：「我當下知道，這就是我要走的道路。」莫思於是把自己不起眼的實驗室塞滿陳舊的類比式電子設備，這些在數位化的風潮下是其他工程師急於丟棄的舊東西；但這些舊設備有些老式的握柄，可以藉些微的扭曲而製造想要的雜訊類型。（設計師的雜訊以顏色區分：緩慢波動的訊號是紅色；藍色是指快速波動的信號；粉紅色是紅色與藍色的結合；白色則是所有波動型態的大集合。）莫思成為全球頂尖的電子迴路雜訊專家，吸引美國海軍的贊助，希望能改善潛水艇噪音的偵測與隱藏。

一九八二年，一個義大利團隊在雜訊的正面功效上射出第二槍。他們的研究旨在探索，每隔數十萬年發生一次的冰河時期因何引發。冰河時期常與地球軌道偶發的震盪同步出現，而這種震盪會使地球稍稍偏離太陽，不過計算結果顯示變異幅度太小，並不足以引發重大的氣候變遷。因此，他們的結論是：由於海洋潮汐與其他天氣系統變動所導致的氣候雜訊，也就是氣溫的隨機波動，會擴大軌道震盪的作用。

這種說法等於表示，隨機訊號能放大微弱而有秩序的訊號，聽來似乎違反常理。這不就像貓兒走過琴鍵可以改善一首鋼琴奏鳴曲的效果，又好比胡亂把架上所有調味料往盤裡灑，希望提升一道精緻料理的風味。不過想像老的恐怖電影中的場景，一位瘋狂科學家的助理待在實驗室裡，牆上安裝一大堆沈重的開關，他必須反覆地開開關關，以確保實驗順利進行——只不過開關太緊，助手的力氣卻小了那麼一點，就是扳不動。忽然地震來襲，房間搖搖晃晃。不難想像，某些晃動恰好助了一臂之力，讓助手可以打開或關上一些開關。絕大多數的晃動雖然沒有幫助，但並不打緊，只要少數晃動有機會發揮作用，而其他的晃動又沒有負面的影響即可。這種現象就是隨機共振（stochastic resonance）——根據那些義大利氣候學家的命名。雜訊偶爾會與一種規則訊號集結而完成任務，如果兩者未能集結，也不致產生傷害。

莫思因而聯想到，隨機共振是否也在其他系統中扮演重要角色？一位在海軍研究機構任職的同事曾邀他協助設計電子電路，模擬腦細胞接收特定訊號後發生反應的情況。

莫思建議把隨機共振納入這些類似大腦的電路中，結果在原來的訊號中加入雜訊，使得人造腦細胞對訊號的敏感度增加了十倍。雖然這項實驗似乎與神經科學家的研究領域離題太遠，但莫思的同事還是在一次神經科學會議上發表研究成果。就在他放映一張幻燈片，顯示人工神經元對雜訊強化的訊號如何反應時，聽眾席上突然有位研究者起身高喊：「我看過這樣的圖形！」原來這種獨特的圖形和這位研究者過去二十年來研究中發現的圖形一模一樣，他的研究主題是猴子與貓的大腦如何認知閃光與聲音。研究者長期以來對這些眞正的大腦細胞不尋常的反應模式大惑不解，尤其是這些細胞暴露於閃光下，爲何不是每次都立即反應，有時要等到第二、三次閃光後才會有反應？這個問題一直沒有解答。對此莫思倒是提出一個簡單的解釋：如果反應有賴隨機共振，就會帶有很高的隨機性，自然時靈時不靈。

可是大腦中隨機共振需要的雜訊來自何處？後來的一組實驗提供了可能的解答，至少適用於聽覺方面。豹蛙（leopard frog）的內耳有細絲狀的纖毛，負責爲腦細胞把聲音的機械能轉換爲神經衝動。這種纖毛不但對外部聲音產生反應，也會因四周流體分子的布朗運動而顫動。如果實驗者減弱或強化這種隨機訊號，大腦聯結到這些纖毛的聽覺細胞在聲音傳來時會停止反應。顯然豹蛙聽覺系統的演化結果，已經變成依賴內耳流體需維持一定程度的無秩序狀態。莫思認爲，或許大腦在某些情況下會「製造」雜訊，以協助隨機共振的進行，當然這種說法仍有待驗證。不過他也指出，研究者在一項實驗中發現，人類耳朵的纖毛製造的雜訊大約是預期的十倍之多。他說：「腦神經元中雜訊無所不在。不論往哪裡插進探針，你都會聽到雜訊。」

稍後的一些研究指出，不同種類的雜訊，尤其是隨機共振，對大腦功能十分重要，無論貓、螯蝦、電鰻、人類皆如此。例如有項實驗顯示，人類暴露在噪音下，對乘法問題往往表現更佳。德國佐利克研究中心 (Research Center Jülich) 的彼得・塔斯 (Peter Tass) 是全球公認的神經科學權威，他曾以先進的腦部掃描設備來觀察隨機共振在人類視覺系統可能扮演的角色，並探討是否可借助雜訊改善中風病人受損的視力。

雜訊成爲醫療處方，其實並不是那麼離譜。波士頓大學生物醫學工程研究者吉姆・柯林斯 (Jim Collins) 有鑑於美國六十五歲以上老年人口，每年有十分之一因摔跤而受傷嚴重，其中約有一萬三千人死於受傷引起的併發症。除了傷亡之外，根據疾病控制中心 (Centers for Disease Control) 的研究，也造成醫療系統一百九十億美元的負擔。柯林斯了解，維持身體平衡的一個重要關鍵，是遇到突發的不穩情況時，感官資訊能由足部傳輸至腦部，讓大腦即時發出快速的補救指令，像是扶住他物或變更腳部姿勢。不過隨著人體老化，神經變得較不靈敏，腳部傳到腦部的訊號也因而弱化。隨機共振能在這方面發揮作用嗎？柯林斯設計了一個震動平臺，比較輕微振動與靜止時，站在上面的人平衡的程度如何。他指出：「震動讓七十五歲老人的平衡程度與二十三歲的年輕人不相上下。」透過與一家名爲傳入（Afferent）的轉投資公司合作，柯林斯協助設計了一種震動鞋墊，初步測試結果，可以發揮與震動平臺類似的功效。這種鞋墊應該也有助於足部喪失知覺的糖尿病患及早發現潰爛現象：僅以美國而言，每年就有約八萬名的足部截肢病例，醫療成本超過四十億美元。柯林斯還表示，傳入公司正在研發供運動員與建築工人改善平衡的鞋子，還有高爾夫桿與網球拍的震動式握柄，以提升控球能力。

一旦知道了大腦不但能容忍容背景的雜訊，甚至因此表現得更好，你就比較容易理解爲何手機使用者在聽到一片死寂時會覺得不舒服，爲何小孩可以在嘈雜的家裡做功課，而又爲何晃動望遠鏡有助於找出不明顯的標的。隨機共振甚至可以提供我們全新的觀點，看待「亂」在日常生活中能扮演的正面角色。如果能把一定程度的亂引到你的房間、你的工作、你的行事曆，應該可以預期，就算純粹出於巧合，一團混亂中會恰好出現有助你達成目標的因子——從紊亂的書桌上無意發現一篇論文，剛好能串聯起兩個不相干的方案；巧遇某人而意外替你解決了問題；走進一條小街上某家陌生的店裡，一眼看到原本不曉得自己如此迫切需要的物品。當然，很多時候亂未必對你有多大好處，可是話說回來，又會有多大壞處呢？

12 病態之亂

一九四七年開春頭一天，一名紐約巡警奉命前往哈林區一座破敗的大宅，因爲有人匿名通報那裡有屍體。敲門後沒人回應，而且大門深鎖，一樓與地下室又都裝了鐵窗，因此巡警只好再找來一組員警破門而入。門後寸步難行，重重疊疊塞滿家具和箱子，還混雜各類莫名其妙的東西，像是縫衣機零件和榨酒器，把整個一樓每吋空間全給塞得滿滿。雖然架起樓梯通往二樓窗戶，可是那裡同樣進不去，因爲龐然密不透風的垃圾阻擋在前，絕大部分是好幾千捆報紙。警員只得動手搬開報紙，還有各式毀損程度不一的物件，包括嬰兒車、園藝工具、雨傘等等。千辛萬苦由堆積如山的垃圾闢出一條通道後，有人發現了荷莫・寇利爾（Homer Collyer）的屍體。六十六歲的他過去是工程師，和哥哥兩人正是屋主。接下來警方又花了十七天清理垃圾和物品——包括玩具、工具、假人服飾模特兒、動物骨頭、X光機等——才找到哥哥藍利（Langley）的屍首。他是哥倫比亞大學畢業的律師，在弟弟眼睛瞎了後，每天爬過狹窄的垃圾隧道給他送食物，沒想到有天成捆的報紙塌下來，把他壓得窒息而死。最後總共清出的垃圾超過一百三十噸，但拍賣所得不到兩千美元。

寇利爾兄弟的行徑似乎很怪異，但未必如你所想的那麼怪異。單單在二〇〇三年十二月，紐約的打火英雄就兩度出動，解救幾乎給家中大批雜物壓死的人，其中一人身陷雜誌和書堆中好幾天，另一人則是從高及天花板、已開始燃燒的紙堆等廢物後頭給搶救出來。（後一個案件的消防隊員因搶救遭家中雜物傷害而有性命之憂的市民，受到官方表揚，可以說是相當稀罕的例子。）美國已有十多個大城市組成特殊的專案小組，專門針對家中雜物堆積到有危險之虞的居民，因廢物堆積如山導致家裡某些地方無法通行的事情也時有所聞。我們爲撰寫本書而進行訪查時，也聽到幾個匪夷所思的案例。像是有對夫婦趁老父不在時溜進他家，清理樓上堆到天花板高的雜物，沒想到其中一個房間的天花板卻垮了下來——原來上面閣樓也堆滿東西，全靠樓下高及天花板的雜物給撐住。

非理性累積多到離譜卻沒什麼用的東西，並死抱著不肯丟，稱爲強迫性囤積（compulsive hoarding），也叫寇利爾兄弟症，通常簡稱爲囤積症。雖然在精神病分類指導手冊

DSM-IV中，對囤積症尚未制定正式的診斷準則，但手冊中卻提及，這種症狀在偏執—強迫症（obsessive-compulsive disorder, OCD）中常見。史丹福大學的塔馬拉・哈透（Tamara Hartl）與史密斯學院的藍迪・弗洛斯特（Randy Frost）這兩位心理學家長期研究囤積症，得出以下這些普遍應用的診斷準則：

一、取得大量似乎無用或價值有限的物品，而且捨不得丟棄。

二、生活空間堆放過多雜物，致使無法於該空間內從事應有的活動。

三、因爲囤積而對正常生活造成明顯的妨礙或損害。

這些準則或許失之寬泛。因爲餐桌給一堆舊雜誌占據、或淋浴間成爲小玩意的儲藏室而感到羞愧，是否也該算在內呢？其實重點很清楚：我們必須區分常見而無傷大雅的亂（有時只是某種有效排序方式下的副作用）與病態的亂，後者可能危及日常生活，甚至與精神疾病有關，或至少有很多方面無法因應外在世界的例行常規。

囤積症分幾種不同形態，不過通常都歸爲偏執—強迫症，因爲患者會不由自主地收集並保存物品，一如某些人無法抑制衝動，一天洗手好幾百次，或不停算地面磁磚的數目。UCLA偏執－強迫症研究計畫主持人桑加雅・薩山納（Sanjaya Saxena）估計，全美偏執－強迫型的囤積者約在一百萬人之譜。但是偏執－強迫症並不能解釋大多數囤積者的問題。患有所謂戴奧基尼斯症（Diogenes syndrome）的年長者不但喪失自理意願，提不起興趣清理家中堆放的東西，也同樣會導致大量垃圾積累，這種症狀稱爲syllogomania（囤積癖）。德州大學醫學分部的老人醫學專家卡洛斯・雷耶斯－歐提茲（Carlos Reyes-Ortiz）指出，老年人特別容易罹患此症的原因之一，乃是生理的疾病、視力或聽力喪失、喪偶等因素，常使得疏忽自己或囤積的情況更形加重。雖然並未有明確數字顯示特定精神疾病有多高比例會導致囤積症，但倫敦國王學院的研究者對八十一名「居住環境汙穢」的人所做的調查發現，他們四成九超過六十五歲，而七成診斷有精神疾病。一項研究以二百三十三名拒絕志工或政府提供必要服務的都柏林居民爲對象，結果有五成四確診爲囤積者，而四成七發現有戴奧基尼斯症。

史密斯學院的弗洛斯特等人主張，囤積症應該視爲一種獨立的精神疾病，常伴有其他症狀，包括沒來由的恐懼感。專業整理師常會看到客戶對自己的所有物感到依戀，而這種戀物情結在某些囤積者身上特別強烈，有時甚至演變為害怕丟東西，即俗稱的「丟棄恐慌症」。囤積症也可能集中於特定類別，其中問題特別大的就是囤積動物，就像地方新聞中不時會出現的「貓女士」。總之，囤積症的診斷乃至治療目前尚處於有些混亂的狀態，以致數百萬美國人身陷自己囤積的廢物之中，有些人真的因而喪命。

現在各位應該很清楚，亂與無秩序未必都是好事。絕非如此。許多狀況下，亂會變得完全失控，囤積症就是一個令人觸目驚心的例子。下面我們再來看一些比較輕微的案例，其中有些可以說明，亂所造成的困擾，多少取決於個人的觀點。

命運的捉弄

我們在第六章提過的專業整理師寇柏格和她的「陪伴在旁」策略。她一九八〇年代晚期開始接客戶後不久就發現，少部分人面對的似乎是更深層的難題。她表示：「百分之五到十的人就是沒辦法。即便一一試過所有傳統的整理方法與時間管理技巧，他們還是不斷失敗。」一位客戶還遭到警察訊問，因為新來的清掃人員到他家時，還以為遭人闖空門洗劫。有個客戶廚房裡堆滿空的奶油容器與塑膠袋，讓丈夫擔心她精神有問題。還有一位其他方面都很稱職的經理人，卻偏偏不知道如何整理相關資料，向上司報告進度，以致有丟掉工作之虞。還有人因雜物太多而面臨遭到驅離住處的下場。這些人不僅對於自己的亂感到焦慮、罪惡感與羞愧，他們的生活品質也因此急遽惡化。

寇柏格參加全國專業整理師協會一九九〇年大會時，向一些同業提及自己的觀察，結果很驚訝地發現，他們的客戶中也有類似棘手的案例。雖然其他整理師往往撒手不管，但寇柏格卻相信還是可以協助他們——只不過不能採用傳統的整理技巧。寇柏格認爲，這些人的問題並非傳統的整理觀念所能涵蓋。

因此她嘗試採行一些新的角度，不以標準的程序來處理這些客戶，而是先評估他們的長處何在，再搭配設計適合的整理方式。有位優秀的科學研究者不會整理檔案，桌子上堆的資料高到讓他看不到門口，也找不到最重要的論文。寇柏格發現他對文件有相當獨特而個人化的看法，例如稅單會讓他聯想到一筆用來抵稅的獸醫帳單。因此寇柏格爲他設計一套「心情檔案系統」，把文件區分爲三類：「免去坐牢」（贍養費、交通違規罰單、稅單與其他須及時處理的重要文件）、「免來煩我」（帳單與論文）、「我自己」（獲獎、剪報與其他和個人興趣相關的項目）。寇柏格還建議一位醫生按解剖學來整理辦公室，例如「胃」用來消化資訊、「腦」用來決策，而「肝」則是排除廢物。至於上面提過那位不知如何整理進度資料的經理人，對演戲很有興趣，所以寇柏格協助他和屬下一起設計「場景」，由他扮演各個需要蒐集資料的角色，像是向證人取得供詞的律師。寇柏格的這類客戶當然不太可能成為整理達人，不過她發現自己設計的技巧足以協助他們維持起碼的秩序，避開先前無從處理的困境。

寇柏格後來還撰寫《征服長期無秩序》（*Conquering Chronic Disorganization*）一書，並成立長期無秩序全國性研究團體（National Study Group on Chronic Disorganization），贊助相關研究，也向專業人員與大眾散播資訊。該組織的網站把所謂髒亂分為五個等級，如果你擔心自己這方面有問題，不妨上網看看，保證讓你安心不少。例如第三等級包括：家庭輕微的結構性損害、一臺電視堆放外面、老鼠滋擾聲清晰可聞、有危險的化學品或碎玻璃、「明顯並擾人」的氣味。請注意，比這些更糟糕的還有兩個等級，只不過列出來怕膽小的人受不了。另一方面，有些專業整理師的文宣所列出的髒亂標準卻嚴格得多，例如餐桌堆滿雜物，就代表你的長期無秩序證據確鑿，顯然他們希望藉此嚇唬人，爭取一點生意。還是聽眞正的專家怎麼說：凌亂的餐桌和沒整理的床鋪都不成問題，除非你家裡的走道堵塞到無法穿越的地步，或是床鋪連躺下睡覺的空間都不剩，這時才需向外求助。

DSM-IV手冊中列出的好幾種精神病症狀中，都包括不同類型的亂。除了前面提過與偏執－強迫症有關的囤積行爲外，還有與阿茲海默症與其他精神分裂症相關的「計畫、組織與排列順序」障礙。不過如果想找出一種精神疾病的症狀和專業整理師眼中的危險訊號大同小異，那大概就是注意力缺乏過動症（attention deficit hyperactivity disorder，簡稱ADHD）——如不包括過動症則稱爲注意力缺乏症，簡稱ADD。以下是手冊中對此症的診斷準則：

經常無法注意細節

經常難以讓注意力持續

經常難以組織任務與細節

經常容易分心

經常跑得太遠或爬得太高

因此，ADHD似乎包含多種型態的亂，如時間延伸、干擾、即興、模糊、跳躍等。前面提過，這些型態的亂有時能發揮很大的作用，但話說回來，患有此症的兒童——或成人，因爲據信ADHD兒童三分之二在成年後仍然患有此症——基本上還是該視爲病態的亂的受害者。因爲畢竟對ADHD患者來說，他們不太可能選擇該在何時何地運用什麼型態的亂。

專業整理師與「教練」丹斯洛·布朗（Denslow Brown）長於與ADHD患者相處。她指出，對許多她的客戶來說，早上在合理的時間內穿衣完畢都是高難度的挑戰。爲了協助他們，布朗把每件事細分爲一連串小步驟，如選好一雙襪子、坐在床邊、把襪子穿到左腳等等。如果早上甚至一整天沒有這樣預先擬好順序，她的客戶可能每件事都只做一半，有不少根本就不記得了。布朗表示：「家人、郵件、電視、電話——對他們都像是突擊，哪種聲音最大，就可以引起他們的注意。」

不過，與ADHD有關的亂，難道就只有壞處嗎？以艾德華·哈羅威（Edward Hallowell）爲例，雖然一輩子沒從ＡＤＨＤ痊癒，卻與此症共處得不錯。目前年近六旬的他從小即爲ＡＤＨＤ所苦，同時又患有失讀症——這兩種毛病經常會一起出現——不過他功課還是很好，還上了哈佛。他的事蹟與史崔米許頗爲雷同，而事實上，他也和史崔米許一樣，給吸引到圖書這個行業，只不過中間多一些曲折。他先取得醫學學位，成爲哈佛醫學院的教授。至於投入圖書行業，倒不是開書店，而是以寫作ＡＤＨＤ相關書籍成爲暢銷書作家。他最近一本於二〇〇五年十二月出版的《分心也有好成績》（*Delivered from Distraction*），是與哈佛醫學院的精神科醫師約翰・拉泰（John Ratey）合著，後者也是ＡＤＨＤ患者。

二〇〇五年年初，哈羅威與拉泰一起在麻州一個保守小社區的公共圖書館演講。一百五十名左右站立的聽眾——顯然大多是ＡＤＨＤ兒童的父母——看來感激莫名，聽著他們兩人輪流敍述自己的經驗。他們強調，這種病症雖然帶來許多嚴苛的挑戰，但也可能是一種恩賜。哈羅威說：「我不願意用任何東西來交換我的ＡＤＤ。從我的角度來看，諸位全都有注意過度症。」他還把ＡＤＨＤ形容爲「裝了雪佛蘭煞車的法拉利」，也就是指ＡＤＨＤ患者和一般人相比，常會對更多事情想得更起勁，但比較缺乏節制。他說：

「這不應該叫注意力『不足』，而是注意力的遊蕩。」

哈羅威指出，長久以來，這種紛亂的思考型態一直受到「道德的診斷」，被視爲行爲不良或懶惰，矯治方式通常不外羞辱與責罰。其實只要經由寬容與鼓勵，ADHD患者往往比一般人更富創意與生產力。（他本人幸運地在小學一年級碰到非常有啓發力的老師。）他談及患有ADHD的名人時，常會舉捷藍航空（JetBlue Airway）執行長大衛・尼勒曼（David Neeleman）爲例。尼勒曼曾告訴他，由於注意力無法集中，他一直忘記請植物醫生來處理長在住宅旁的一棵樹——最後乾脆賣掉房子，因爲這樣比較省事。這類不合常理而大膽特異的思考模式，促使尼勒曼發明了無票證的飛行以及一種創新的訂位系統，讓票務經紀人可以在家處理客戶的需求。

ADHD造成的思緒紊亂未必都是病態，另一個原因是它較鮮爲人知的一面，也就是遊蕩的思緒有時會固定在特定的事情或念頭上。這種「過度聚焦」會形成類似「掃瞄─鎖定」的思考模式，使得ADHD患者有時會瘋狂地在周遭的世界搜索，然後瞬間聚焦於看似最吸引人的事物上。這種模式有時在解決問題上卓有成效——當然未必不會引起其他的問題。布朗就指出，她的一些ADHD客戶，工作時可能對某項任務全神貫注，到了連開會都忘記的地步，所以她建議他們面前擺一個很響的鬧鐘。哈羅威也提到他的一名患者是開校車維生的詩人，他有次開完了全程，卻完全不記得該停車讓小朋友下車——不過一首他苦思許久的詩作倒是因而大有進展。

與精神疾病相關的亂，雖然未必有好處，但負面的衝擊也不見得像一般人想像的那麼重大。有位妥瑞症（Tourette syndrome）患者雖然不時爲無法控制的抽搐所苦，但卻表示並不妨礙工作，因爲他是一家主要交易所的營業員，在正常上班時間內，熱絡的交易所裡好幾百位營業員無時不在聲嘶力竭地抽動身體。即使因妥瑞症而偶爾忍不住想對同事吐髒話，也根本沒有壓抑的必要，因爲同事會毫不在意地反罵回來，就是這樣，完全不傷感情。

由某些自閉症案例中，也可以看到亂在精神疾病中利弊兼具。對一些自閉兒來說，造成困擾的亂不是在他們的腦袋裡，而是存在四周的環境中——他們經常執著地追求秩序、一致與可預測性，如果做不到，就會情緒激動。一位治療師談到有個自閉症小孩很喜歡幼稚園的體育館，但前提是要在同樣的時間、與同一群人共處，而且還要站在同樣的位置，否則他就會抓狂到難以安撫。史丹利・葛林斯潘（Stanley Greenspan）是喬治・

華盛頓大學醫學院的精神醫學家，也是自閉症兒童治療一個主要學派的領導者，他卻認爲，增加自閉兒環境中的無秩序，可能是幫助他們的一大關鍵。這一派別的核心技巧是所謂的「地板時間」(floor time)，家長、老師或照顧人員鍥而不捨地加入自閉兒通常獨自進行的遊戲，堅定地干擾他們希望建立的任何秩序——在一列排得整整齊齊的汽車中移開一輛、把他的椅子由桌子邊拉開、更換他重複播放的錄音帶、拿走一組拼圖。這樣做的用意，一方面在於激發雙方的互動，建立社交與溝通的技巧，一方面也在製造一個讓自閉兒希望解決的問題，以強化他的認知能力。

我們前一章提過，有些研究者希望把雜訊注入大腦內，發揮治療的功效。事實上，以較粗略形式的把「亂」引入大腦之中，已有幾十年的歷史，效果往往相當顯著，最著名的例子就是電擊療法。電擊施加於腦殼，會導致發作，也就是攪亂病人的思考模式。雖然社會大眾普遍認爲這是一種暴力、甚至幾近野蠻的治療方式，但今天卻使用得相當廣泛——每年約施用於十萬名患者——而且大多數專家認爲相當良性，仍有爭議的部分只有可能導致記憶喪失與輕微的認知受損。雖然電擊療法通常用作最後一線的治療，但對長期嚴重的憂鬱症往往比其他方法都有效，而對某些類型的精神分裂症與躁鬱症也常有幫助。梅約診所（Mayo Clinic）一項研究發現，百分之九十一接受過電擊療法的患者表示，他們很高興接受了這種治療——如此高的滿意度在精神疾病治療上頗不尋常，更何況這種評價還是來自難於治療、情緒往往又相當低落的一群患者。

亂的相對論

雖然科學家有時會根據客觀的技術性準則來測量亂的程度，但在日常生活中，亂是否令人不舒服，往往取決於模糊而相對主觀的流程。我們對亂產生不舒服的感受，許多時候純粹是心理因素。例如顧客退回一套電子音響，因爲音樂輸出時背景有嘶嘶的干擾聲，但這位顧客卻可能把退回的錢去買一臺「睡眠機」，殊不知這臺機器發出的也是類似的嘶嘶聲，但目的卻是協助放鬆而入眠。簡言之，亂不亂往往取決於當事人的心態。

一個有趣的例子可以說明亂的相對性。法國西部諾曼地的寇通堂半島（Cotentin Peninsula）有個著名的旅遊勝地拉阿格（La Hague），微風吹拂下，山羊和牛隻在石牆圍繞的田野裡低頭吃草，海岸邊綠草如茵的山丘起伏。夏季時分，通往拉阿格海灘的崎嶇山路擠滿遊客和露營者。除了海岸之外，還有許多吸引遊客的地方，像是餐廳供應由當地山羊與牛隻鮮乳製作的奶油和起司，還有從砂丘鄰近沙灘挖出的生蠔。遊客也可造訪公園、古堡與植物園。如果還有時間，不妨來一趟頗受歡迎的全球最大核廢料處理廠之旅。處理廠就位於山上，可以看到該區最優美的景觀。

提起核能發電，美國人總覺得心裡有點發毛，一九七九年之後更是如此。那年一部著名的電影《大特寫》（*The China Syndrome*）以相當驚悚的手法描述核電廠發生爐心幾乎熔解的意外，讓觀眾觸目驚心，而在影片上映約一週後，恰好發生一件意外事故，更讓這部片子聲名大噪。那就是三哩島核電廠二號反應爐因過熱而釋出放射性氣體，波及賓州一些城鎮與農地。（沒有人直接受到傷害，但據稱該區癌症罹患率因此大幅上升。）影片女主角珍・芳達（Jane Fonda）在三哩島反應爐冷卻前，就大聲疾呼核電廠的威脅，雖然她過去在某些事情上的立場備受爭議，但大多數美國人這回倒是聽進了她的話。興建新核電廠合約立即取消，此後美國境內再也沒蓋過任何核電廠。今天在美國人心目中，核能發電的形象醜陋而不討喜。至於核廢料，更是一種最可怕的垃圾，扔得愈遠愈好，就算深埋在沙漠中心，爲厚厚的火山岩與泥土覆蓋也不能讓人放心——因此放射性廢物存放內華達州育加山下的計畫普遍受到反對。

其他大多數國家的態度卻不一樣，尤其是中國、日本與法國。法國有七成五的電力來自核能發電，而不少地區小學生參觀核電廠內部的次數甚至多過艾菲爾鐵塔。住家與農地和核電廠比鄰，而電廠冷卻系統排放的溫水循環流過當地的溫室。拉阿格核電廠坐落在樸實如田園牧歌般的環境裡，幅員橫跨一平方英里，還緊鄰一個繁榮的市鎮（而距離育加山最近的店家是十五英里外的一家妓院），遊客可以目睹使用過的核燃料區分為鈾與鈽，兩者都可供再次用為燃料，只有百分之三的廢料會以類似玻璃物質的形式就地封存。其他五個國家處理的方式也與此相同。

法國人在這方面的策略或許是正確的。核能電廠不但成本低於使用天然氣與煤的發電廠，而且安全紀錄也較佳（除了前蘇聯那些設計不良的老式核電廠，如車諾比爾電廠，很多人都知道它遲早會出事）。另外，核電廠完全沒有傳統電廠所排放的導致溫室效應的大量氣體，而且釋放到環境的放射性也比火力發電廠為低。（沒錯，我們前面提過，有些天然物質含放射性，煤就包括在內。）何者是比較恐怖的亂源？一座每年產生三十噸受到高防護、可再生或可掩埋廢料的核電廠？還是一座傳統電廠，每年排放會破壞臭氧層的八百萬噸二氧化碳和五萬噸有毒的二氧化硫？這個問題上，看來是美國人而非法國人緊抓著不必要的「禁止」告示。

兩亂相權取其輕，廣告是另一個例子。和任何一位廣告界人士交談，他們一定都會提到「廣告氾濫」的問題——大眾面對撲天蓋地而來的廣告，大都相應不理。不過這種說法可能失之簡化。根據GSD&M這家廣告機構的副總艾瑞克·韋伯（Eric Weber）表示，問題未必出在廣告太多，而是廣告大都局限於傳統的形式——電視廣告、印刷廣告、看板、網頁上的標題——想要完全規避很容易。韋伯說：「廣告向來是以『克利佛模式』（Cleaver model）來設計，」——他指的是一九五〇與六〇年代風靡一時的電視影集《小英雄》（*Leave It to Beaver*）的那家人——「父親每天五點半下班回家，六點吃晚餐，然後全家人坐下來，一起收看只有幾個頻道可選的電視，聽著廣告商希望你聽的廣告訊息。」不過對重複而可預期、又沒什麼特別重要的訊號，我們的大腦知道如何置之不理，所以附近街上別人汽車的警報器發出高達一百三十分貝的淒厲聲響，頂多也只能讓你注意一分鐘。現在的廣告業者爲了避免遭到同樣的待遇，無不想盡辦法以更多樣的形式來吸引注意力。對廣告業者而言，不是廣告氾濫，而是不夠氾濫。

廣告業者極力把更多廣告塞到你的日常生活中，是否讓你覺得很恐怖？理應如此。一項楊克洛維奇（Yankelovich）所做的調查發現，三分之二受訪者覺得受到廣告「不斷轟炸」，而百分之五十九認為自己看到的廣告與他們很少或根本沒有相干。難道廣告符合我們的口味而「客製化」，我們就會變得比較喜歡氾濫的廣告嗎？在此不妨來討論一下。

有家叫麥西夫（Massive）的公司開發了一種技術，可以配合個別玩家的動作與偏好來變更電玩畫面內所設定的廣告。麻州四家停&購超市的購物車上裝置電子輸入板，購物者只要刷一下愛用卡，超市電腦就會根據你過去的購物紀錄，顯示一份購物推薦清單在上面，購物者走近促銷商品時，還有電子折價券自動跳出來，激發你即時的購買慾。還有一家商場廣播網（Mall Radio Network）除了提供賣場播放的音樂，還會根據購物者所在的位置以及每家店販售的商品，機動插入「只限今天電臺限時特惠搶購」之類的廣告。由於近年西門子推出新型、廉價、超薄的電子顯示器，或許不久後商店裡放烤箱或果汁機的紙箱都會在你走近時，自動開始播放相關的廣告。一家叫佛特（Vert）的公司把計程車的電子資訊信號與GPS定位偵測器相連結，因此無論車開到哪裡，都可以顯示附近有什麼商店或餐廳，通用汽車一直在實驗把位置相關的資訊與它的OnStar通訊系統相連；智慧訊號媒體（Smart Sign Media）經營的公路電子看板，可偵測經過車輛收聽的電臺，亮起最符合該電臺聽眾背景的廣告；汽車追蹤（Mobiltrak）在賣場停車場安裝汽車電臺辨識器；而雷艾崔斯系統（Reactrix Systems）所生產的高科技投影機可以把人行道或餐廳地板變成吸引人潮的互動式電玩與廣告。根據雷艾崔斯執行長麥可・里柏羅（Michael Ribero）的說法，研究顯示曾排隊與艾崔斯影像互動的人，幾天後對廣告主還有印象的比例高達八成，而黃金時段電視廣告的比率只有百分之五。

快接你的手機——廣告的未來或許在這裡。麥當勞和甜甜圈（Dunkin' Donuts）等業者曾對有興趣的美國手機使用者傳送折價券，結果締造百分之十七的兌換率，而根據一般標準，百分之三就已經相當了不得。負責甜甜圈 Dunkin' Donuts 宣傳活動的波士頓行動行銷公司恩帕基（Enpocket）的總裁邁克・貝克（Mike Baker）指出，全球行動電話的數目比電視與電腦加在一起還多。美國的手機現在正引進地點追蹤功能，已達到客戶快開到機油店時，就即時提供一張更換機油折價券的地步。恩帕基還接受英特爾委託，在新加坡進行這類「地點感知」手機宣傳活動。

誰知道消費者什麼時候最樂於接納廣告？根據美國線上（AOL）二〇〇四年一項調

查，百分之四的上網者是在廁所以可攜式設備接收電子郵件。或許有一天，廣告商也會瞄準這種情況呢。又或者，週末的核廢料度假村可能也是不錯的選擇。

13 亂與美

找出一種可將亂容納其中的形式，
這是現在藝術家的任務。

——薩繆爾．貝克特（Samuel Beckett）

談到即興演奏，你腦海裡或許會出現一些爵士樂手的影子，但堪稱有史以來最偉大即興演奏者的那位音樂巨匠，偏偏不是以他的即興才華爲世人所知。不過這位音樂家實在太熱愛脫「譜」演出，連原本崇拜他的聽眾與合作的樂手有時都幾乎抓狂，因爲他興之所至的音樂漫遊，時間太長而且艱澀繁複，也因此而丟了一些演出機會。即使和其他音樂家同席，他也會忍不住當面改動起他們的作品。

這位難以克制自己的即興創作者，正是音樂之父巴哈。你或許會好奇，即興創作和秩序嚴整、繁複而精確的巴洛克音樂之間，巴哈如何兩者兼得？別忘了，即興演出乃是十八世紀嚴肅音樂中不可分割的一部分。如果只知完全按譜演出，充其量只能算二流的演奏者。巴洛克樂曲會清楚標明即興演出的時機，而且方式不止一種。巴哈和當時其他作曲家很少爲大提琴、巴松管、大鍵琴與風琴等聲部寫出每個音符，而只提供這些低音樂器演奏者一些和弦提示，以供旋律反覆。協奏曲包含裝飾樂段，挑戰獨奏者跳脫樂譜的框架，展開冗長而熱烈的即興演出，這往往是演出的高潮所在。就算音符明白寫在譜上，演奏者也會照例加入即興的炫技片段，就像大廚做菜時不時灑點這個、扔點那個。有能力即時穿插裝飾樂段，乃是一般公認音樂家應具備的基本技巧。

因此巴哈在他的時代並不致因熱愛即興演出而被視爲怪胎，只不過他即興之作不論幅度和大膽程度都是「惡名昭彰」。即使禮拜進行中，他也會在風琴上即興演奏個不停，有時渾然忘記一旁的神職人員、唱詩班和信眾只想把儀式進行完畢。在其他演出中，他會根據聽眾丟來的音樂主題即席創作，就像現在夜總會的現場點歌。當時流行音樂家即興創作對決，巴哈對此也興致高昂，曾與法國名風琴家與作曲家路易・馬襄（Louis Marchand）一較高下。由於巴哈如此熱愛即興創作，所以專家們相信，我們今天能看到只是其中部分的資料，其他的音樂都已隨著演奏消逝，沒有留下紀錄。

巴哈和他同時代的作曲家不會料到，到了二十世紀中期，他們作品乃至所有古典音樂中的即興成分，全都逐漸固定下來。由於作曲家稍後也會把原本低音部與裝飾樂段的所有音符都寫出來，所以今天的演奏家就完全依照印在紙上的曲譜，每場演出的旋律都一模一樣。演出中途擅自加花，不但不會被視爲音樂能力與創意的展現，反而是糟蹋音樂、自毀前程的魯莽行徑——雖然比起我們今天聽到的一成不變的版本，此舉其實更合乎作曲家的的本意。我們最尊崇的音樂大師如果地下有知，定然對這項歷時數百年的「整理計畫」感到震驚。

我們在這本書中隨處都看到，各種形式的亂或無秩序其實未必像想像中那麼有害，甚至在許多情況下還有用處或不可或缺。現在到了最後一章，我們要再加一點：亂與無秩序可能很美。

亂的藝術

亂與無秩序之所以讓人興起整理的念頭，主要的原因就是它們缺乏美感。也就是說，人們對某些形態的亂產生反感，就是因爲看起來很醜。其實把亂的外表略加修飾，往往只有舉手之勞，也是很合理的做法——像是把雜亂的物品扔進抽屜；把紙張疊放起來；重新整修狹窄彎曲的道路，而不是另開新路；把繁複的訂購流程隱藏於時尚的零售網站中；把嘈雜的地方政府案置於優雅的建築內。美國陸戰隊之所以素質精良，主要是拜作風自由、獨立與隨機應變之賜，但他們在一般大眾眼中卻保持比較規矩的形象，是一支紀律嚴明、階級井然的隊伍。

不過在藝術領域，亂隱藏在整齊的外表之下就未必最適宜。相反地，亂可以成爲創意表現中不可分割的元素。有時候藝術作品最動人之處，就在於它的沒有秩序，最明顯的例子就是詹姆斯・喬伊斯（James Joyce）的《尤利西斯》（*Ulysses*），英語世界公認的偉大文學經典。講到書的亂，《尤利西斯》除了頁碼不亂，大概所有型態的亂都全占了。故事情節盤根錯節，語言晦澀難解。下面一段就是相當典型的例子：

你打算創造奇蹟，對吧？追隨烈性子的高隆班，到歐洲傳道。菲亞克爾和司各脫坐在天堂裡的三腳凳上哈哈大笑，手裡大缸子裡的啤酒都灑出來了，笑聲中夾的是拉丁文：Euge！Euge！你在紐黑文的泥濘的碼頭上拖著自己的旅行包，叫腳夫得化三便士，假裝自己說不好英語。Comment？你帶回來的收穫多豐盛：LeTutu，五期翻爛了的Pantalon Blanc et Culotte Rouge，還有一份藍色的法國電報，奇文共賞：

——母病危速歸父。

（譯註：摘自九歌出版社，金隄譯本，一三六頁，此段附五條譯註從略。）

很難想像，要是《尤利西斯》的敍事更直截清晰，像什麼簡明改寫版的手法，是否還能獲得如此高的推崇？今天小說的敍述在時空中跳躍，在不同人物的觀點間遊走，以紛亂的形式鋪陳人物紛亂的思緒，營造無常與糾葛之感，已經是常態而非特例。矛盾的是，文學作品的無序甚至可能發揮澄清效果，就像尼爾・史蒂芬森（Neal Stephenson）二○○四年的作品《混亂》（*The Confusion*），事實上就是由兩部不同小說交織而成。作者（或是一個代表作者的角色）在一開始致讀者的附言中就解釋說，他「把一個故事的章節與另一個故事的章節交織，讓兩個故事可以同步前進，」希望「經由這樣的混亂，讓讀者看來比較不覺混亂。」

電影人有時也在作品中注入一些亂的元素，成果也相當出色。大導演羅勃・阿特曼（Robert Altman）在《外科醫生》、《納許維爾》、《銀色性男女》、《謎霧山莊》，乃至較近期的《大家來我家》等影片中，並不著重編織一個故事，而是把情節的片段不斷堆積在觀眾面前，引發支離、偶發、散漫的感受。至於頗具爭議性的導演葛斯・范・桑（Gus Van Sant）所執導的片子，最著名的如《大象》與《超脫末日》，幾乎完全揚棄傳統的敍事主線，只呈現影像、事件與對話的剪接，而逐漸堆砌出效果。伍迪・艾倫（Woody Allen）素以拍攝時重視即興而聞名，據說他爲此還會限制演員先看到劇本。即使表現手法較傳統的史蒂芬・史匹柏（Steven Spielberg），在一部賣座影片中也相當借重亂的元素，那就是《第三類接觸》。片中多元、混亂的情節以搖晃、跳躍的手法展開，而在狂亂的畫面中，主線平行的對話經常產生衝撞，重要情節有時僅以背景交代，從而讓觀眾對某些主要角色的困惑與焦慮彷彿感同身受。

在流行音樂中，也可以看到亂的影子。像是好幾個世代搖滾樂手都在吉他音色中加入的破音，如路・瑞德（Lou Reed）一九七五年出版的兩張一套唱片完全由吉他反饋組成，至於把街頭與其他背景噪音混入錄音中，從披頭四到妮莉・費塔朵（Nelly Furtado）都用過。有人或許會指出，較當代的古典音樂作品，經常出現不和諧音與滯澀的節奏，應該也可做爲音樂中無秩序與噪音的例子。不過，這些樂曲的結構與表現雖然表面上看不出什麼秩序，其實大都經過高度計算，有時就直接源自數學的級數。例如二十世紀初由奧地利移民美國的作曲家荀柏格（Arnold Schoenberg）的一些前衛作品，其中非傳統旋律性結構其實是精心爲之，只不過乍聽之下會讓某些聽眾覺得像刺耳的噪音，讓演奏者偶爾會遭到叫罵甚至咆哮。

繪畫與雕刻中，藝術與亂的相互依存性更強，至少也更明顯，在日本可說已有悠久的歷史。侘寂（讀音 wabi sabi）或不完美之美的觀念，至少可回溯到五百年前。西方在這方面的腳步要慢一點。十七、八世紀視覺藝術蓬勃興盛之際，有一項廣爲流行的指導原則，就是把各種形式的秩序視爲理想。無論是平衡、標準化、嚴謹的構圖，身姿雄偉或曲線優美的人物，還是美德與聖經主題，藝術家往往致力把秩序表現爲美的化身。當然也有些例外，如早在十七世紀中葉的荷蘭大畫家維米爾（Vermeer）與林布蘭（Rembrandt），就嘗試以看似隨意的手法把人或物擠在畫面裡。不過直到十九世紀初的浪漫主義運動，藝術家才開始認眞與過去井然有序的繪畫傳統唱反調，刻意讓影像模糊，運用更厚重甚至刺眼的筆觸，揚棄制式的行爲教條。德拉克洛瓦（Delacroix）畫中獅子獵殺馬的場景恍若夢境，沒有任何的整齊與秩序可言。

印象派讓藝術與秩序之間的裂痕進一步擴大，他們往往由愉悅的日常生活取材，但卻在視覺上將之折射爲躍動的色彩。梵谷（Van Gogh）把這種亂的流程發揮到如此極致，以致今天許多專家認爲，他的天才其實正是心智解體的另一面向。不過要把藝術推到無秩序的領域，不一定非得瘋狂不可。浪漫主義與印象派正面攻擊秩序，二十世紀初繼起的表現主義與立體主義則是摧毀秩序。經過幾百年來努力把現實朝完美的方向推進之後，此時藝術家的任務有一部分卻是要攪亂現實。

的確，當代藝術家最重大的挑戰之一，就是如何亂得新奇、聳動。一九一五年，達達主義率先以玩笑的方式，自覺地與既有藝術秩序的每一層面決裂——甚至還刻意避免成爲一個定義清楚的藝術運動。如果眞要勉強形容，那麼達達主義可說是以無組織的方式擁抱無秩序。由亂攀登藝術巔峰並非易事，不過許多人還是往這方面嘗試。抽象表現主義無定形的色塊、超現實主義畫家如馬格利特（René Magritte）與薩爾瓦多・達利（Salvador Dalí）詭異的影像安排、賈士伯・瓊斯（Jasper Johns）奔放流淌的顏料、羅伯特・羅森柏格（Robert Rauschenberg）的碎片拼貼——這些藝術家至少都嘗試運用某種形式的亂，不論是散亂、混合、模糊、噪音、迴旋等等。目前有好幾百位知名畫家或雕刻家的典型風格，就是把亂與無秩序納入作品之中。這些「亂派」畫家有些近年成爲重要展覽中的主角：如理查・杜托（Richard Tuttle）把零碎的電線、夾板、繩索或其他能找到的雜物，拼湊爲小型的抽象作品；瓊・凱斯勒（Jon Kessler）把影音顯示器、活動式的小玩意和片段的繪畫運用於凌亂延伸、生氣蓬勃的雕塑上；克里斯・喬登（Chris Jordan）以產業廢棄物爲攝影對象，照片中是一堆堆鋸屑、一包包回收廢五金、被扔棄的手機等；而伊莉莎白・穆瑞（Elizabeth Murray）則是在由螺絲釘固定多片小畫布而成的大畫布上作畫。

德國哲學家海德格（Martin Heidegger）認爲，藝術排斥分類。此言固然不虛，但如果真要勉強爲之，那麼把「亂」歸爲一派，應該還不算離譜。

亂式口味

一九九〇年，十七歲的艾德華・札奇（Edward Zaki）由祖國埃及移居加拿大的蒙特婁，二十三歲時就當了兩家便利商店的老闆。一九九六年，他回到埃及的亞歷山卓，結果發覺自己最懷念的倒不是那兩家店，而是店裡附設的食物攤位，所以他決定開家餐廳。什麼樣的餐廳呢？北美較隨意的料理，還是蒙特婁崇尚的法國菜？童年禁慾式的教養，還是亞歷山卓海港開放的氛圍？成長背景中相互矛盾的元素，令他難以取捨。最後他選擇不做選擇，開了像第八章提過的丹尼・梅爾的餐飲連鎖，包括一家美式小酒館、一家正式的法國餐廳、一家不供應酒類的餐廳和一家海鮮餐廳。雖然每家都很成功，但他並不躁進。由於還有個兄弟留在蒙特婁，所以他二〇〇〇年又搬回那裡。但有鑑於成本較高，他這次不可能立刻同時開幾家餐廳，於是又得面臨選擇。他該怎麼做呢？

今天走進札奇的餐廳，就有點像進到哈維的五金行或史崔米許的書店，同樣讓你摸不著頭腦。餐廳位於蒙特婁以學生爲主的拉丁區聖丹尼街，兩旁清一色全是小館子，各以不同的單一民族風味爲號召。相較之下，札奇的餐廳顯然較爲高檔，但很難猜出它供應的是什麼種類的食物，或判斷它究竟是酒吧、咖啡館還是美食餐廳。前半部分是藍色燈光，往後面變成紅色；有些燈具內還放了花。中間部分的餐桌以鋪白桌布為主，但側邊放的就是沒鋪桌布、類似櫃臺的長桌，而且燈光由內部發出，有點像X光的效果；有些用餐者根本不坐椅子，而是坐在由天花板垂下的鞦韆上；到了後面，桌子就是平凡普通的金屬材質。登上入口旁的樓梯，可以瞥見樓上火把照明下切肉砧板般的餐桌。

看到長長的菜單，你會更猜不透。烤章魚腳、鵝肝醬、全麥鯛魚、鑲起司葡萄火腿、生菜、火焰起司——由菜名、烹調方式全都看不出什麼頭緒。更有甚者，所有菜色都以西班牙小菜（tapas）的方式供應，只不過tapas原本是開胃小菜，而這裡卻做爲同桌客人可多點幾道而共同享用的正餐。當然，就在這種無序、沒有主題的作風下，札奇找到了他的主題，而且別怪他沒提醒你，因爲餐廳名字就叫：「混亂」（Confusion）。

札奇很熱心地解釋，不論餐廳或菜單，都能反映並紓解他內在的糾結。他說：「我對任何一個地方都沒有歸屬感。我不是只有單一的構想，而是有很多。」當然他也注意到餐飲界的「融合」（fusion）風潮，也就是菜色經過精心構思，納入兩種不同風格，通常是亞洲與西方的結合，就像梅爾的塔布拉餐廳。不過札奇希望更隨興一點，甚至不要定型。「我希望刺激顧客。我不希望有人會說，『沒錯，我在巴黎吃過這個。』我希望供應的菜色不是因爲與眾不同而受顧客歡迎，就是因爲與眾不同而讓顧客討厭。我最不想聽到的就是有人說：『這很不錯。』」雖然大雜燴式的菜單讓客人點菜時得傷點腦筋，不過他還希望把衝擊也延伸到他們的味覺上——以 tapas 方式供應就是務必讓客人共同分享。正因分量少，點菜時比較需要一起商量，難免發生協調上的問題。札奇表示，「如果你只是點鴨肉給自己吃，就不需要和朋友商量；但兩三個人分享六、七道菜，大家就得共同選擇討論一番。」當初選擇與餐廳層次並不符合的拉丁區，多少也是要打破顧客既定的期望。

混合截然不同風格的裝飾，鼓勵顧客共享多道菜餚，當然都有點奇特，可是如果再想想，北美有成千上萬家餐廳，最奇特的反而是爲什麼沒有多一點餐廳這樣嘗試。或許業者的顧慮也不是沒道理，因爲「混亂」餐廳剛開張時也經過一段陣痛期。即使是勇於嘗新的蒙特婁食客，一開始也弄不清是怎麼回事，所以點菜時得花很長的時間彼此商量，並請教一旁的服務生，好不容易才搞定。札奇的本意就是希望能有一定的對話，只不過爭論沒完沒了有時會妨礙生意——而且客人對這種混搭的點菜方式沒信心，所以寧願趨於保守，少點一些。札奇不得已之下迅速採取補救措施，推出七道菜的推薦套餐。顧客迴響相當熱烈，顯然這種中庸之道頗爲討好，既不致讓人迷失在一長串雜亂奇特的菜色中，又不像傳統制式菜單只容許選一道主菜。他們可淺嚐亂的滋味，但不致到完全失控的地步。結果點了套餐的顧客幾乎都再加點，而且比較願意嘗試更具挑戰性的菜色。例如一開始幾乎沒人點十八美元一小碟的鵝肝，讓札奇一度想撤掉這道菜，但後來包括鵝肝在內的套餐最受歡迎，因此他把更多樣式的鵝肝放進菜單，其至考慮做爲招牌迷你特餐。

札奇也承認，沒有章法的菜單確有效率不彰之處。高檔餐廳每週大概會輪流在六道主菜中推出一道新菜，但札奇甜點以外的菜色就有四十道左右，一星期更動六分之一實在太累，所以他改爲每季更動半數菜單，部分是回應顧客的口味，部分純粹是爲了打破現狀。例如，雖然並沒有顧客要求，他卻打算引進一些猶太菜。

札奇希望建立一個無序的餐飲王國。當然，他的做法絕不是複製「混亂」的風格，而是去擁抱 Vertige ——法文「暈眩」之意，也是他二〇〇五年在蒙特婁新開餐廳的名字。暈眩以不同的方式打破用餐者的慣性，出乎他們的意料之外。雖然乍看起來像間正統法國餐廳，而且位於傳統高檔餐廳集中的地帶，但顛覆之處正是在此。菜單初看類似正宗法國菜，但再看之下卻會發現一些蹊蹺。事實上，每道菜都有一些違反常規之處，例如有一種包含多道菜色的套餐雖然是傳統口味，但上菜順序卻恰好顛倒過來；還有原本應是甜的口味變成鹹的，或是鹹的變成甜的。這家餐廳立刻造成轟動，至少當地報紙在暈眩開幕甫一個月就稱它「已躋身蒙特婁優質餐廳之列。」

意氣風發的札奇正籌備第三家餐廳，畢竟他還有很多沒嘗試過呢，像是噪音、散亂或時間延伸等等。

調到適當的聲音

勞倫斯大學音樂學院（Lawrence University Conservatory of Music）教授尼克・基蘭（Nick Keelan）提及，貝多芬《第五號交響曲》第四樂章的長號演奏，往往連專業樂手也戰戰兢兢。這倒不是其中有高難度的技巧，因為難度並不高。沒錯，長號的聲音在這段較安靜的樂段中相對突出，但原因也不在此。也不是因為音質必須清晰、圓潤而莊嚴，節奏要明確俐落。基蘭指出，這種種對專業演奏者只不過是基本的要求，真正的挑戰在於音準。

看在我們這些非專業音樂家或沒有音樂素養的人眼裡，或許認爲不走音是對音樂家最簡單、也最基本的要求——優秀的演奏者早該在中學階段就沒有音準的問題。演奏時走音，還能有什麼藉口？畢竟，樂團正式演出前不都會由雙簧管——一種很難調音的樂器，傳統上不必調音——率先吹出一個淸晰的音符，然後其他樂器演奏者再煞有介事來上一段嘈雜的調音。這難道還不夠嗎？

但如果你懂得比較多，就知道沒那麼簡單。例如溫度就是一個問題，因爲樂器在演奏過程中會逐升溫，導致音調發生變化。改變的幅度取決於四周的溫度，還有樂器演出時間的長短與音量大小，當然是否照射陽光或靠近舞臺燈光等等也是要考慮的因素。就以長號演奏者來說，可能必須調整伸縮管，但問題是幅度要多大，又或者可能只需略微更動嘴唇的位置即可。不過以貝多芬這首交響樂來說，溫度的確可能是一個問題，因爲長號到第四樂章才首次登場。前面整整三個半樂章，長號手都沒法聽到自己樂器的聲音究竟如何，只能憑想像猜測它目前的溫度變動多少。不過經驗豐富的老手都熟悉如何調整與溫度相關的音調變動，而且精準到令人訝異的地步，所以這也不是長號樂手演奏第五號交響曲時擔心的調音問題。

眞正的問題出在調音本身。按雙簧管調音非但沒解決問題，反而是漫長崎嶇調音之旅的開始，每個音符之間、乃至樂器與樂器之間都可能發生轉折變化。問題的本質在於所謂「合調」根本沒有絕對、普遍的意義可言，而是一種變動、不一致、動態的判斷。由此而言，即使訓練有素的優秀樂團演奏熟悉的曲目，也有很多地方可能出狀況。但正是因爲這種無從迴避的「亂」，才使得每場演出都帶有變化與不可預測性，讓觀眾時而瘋狂著迷，到下一場卻悶得要命。

爲了進一步了解調音的曲折微妙，不妨以鋼琴爲例來說明。到十八世紀爲止，鍵盤樂器的調音方式和其他樂器類似，也就是透過「純律調音」(just tuning)。簡單地說，就是把琴鍵調整到逐次往上彈出音階中每個音符時，整個音階聽來十分悅耳的地步。這是一種直覺式的方法，大多數人或許認爲今天的鍵盤樂器也是這麼調音的。但事實並非如此，因爲經過純律調音後，在鍵盤某一部分聽來悅耳的和弦，在另一部分鍵盤上演奏時卻會產生顫抖甚至刺耳的感覺。這是因爲純律調音的音階中，音符的行進並不規則——例如，比Do高一個全音，但也有些音符間的差距略大或略小於一個全音，例如Re到Mi。

因此，以不同調子彈奏相同音階，聽起來會有些微差異。雖然這些小差異不致對音階的整體性有太大影響，但某些和弦在轉調時會出現顫音，十七世紀時的作曲家因而乾脆避開這些麻煩的和弦。只要樂曲不轉調，演奏就沒什麼問題——但轉調經常發生在改由並非作曲時預定的樂器演奏時，或是作曲家希望同一主題以不同的調子演奏時。

到了十八世紀，不少作曲家——最有名的就是以鍵盤樂器爲主的巴哈——認爲純律調音對和弦與轉調造成太大限制，因此開始以另一種方式爲鍵盤樂器調音，刻意讓某些音不準，也就是所謂的平均律調音。爲使音符之間的差距均等化，和純律調音相比，調音者會把某些音符略微調高，某些音符略微調低。結果彈奏一個一個音符，聽起來會不太對勁，即使稍有音感的外行人也可以聽出稍微走調。但和純律調音相比，由於音符之間的差距比較一致，所以在某個調子上聽來悅耳的和弦，在任何其他調子上聽來也不差。

巴哈極力提倡這種有用的「錯誤調音」，並公開採行其中一種形式，稱之爲「平均律調音」（well-tempered tuning），他最著名的作品之一〈十二平均律〉即爲此而作，旨在展現以平均律調音的大鍵琴，即使演奏時於不同調性間轉換，仍然得以相當程度保留樂曲原有的特質。

十八世紀上半葉，純律調音和各種不同的平均律調音競相爭取作曲家的青睞，再加上各方對於音樂會音高（concert pitch），也就是做爲調音基準的音高莫衷一是，因此在歐洲各城市之間，鍵盤樂器乃至整個樂團的調音各不相同，甚至同一城市每個星期也會變動。事實上，今天音樂會音高的國際標準直到一九三九年才定案，但有些知名樂團，包括柏林愛樂在內，仍堅持用自己不同的音高來調音。（所以當你聆聽十八世紀中葉之前創作的樂曲時，聽到的可能並非作曲家原本希望呈現的聲音，除非演奏者不怕麻煩地還原當時當地的調音方式。）

和鋼琴或其他鍵盤樂器不同，樂團內其他所有標準樂器幾乎都採純律調音，以確保單一音符演奏時悅耳動聽。不過當不同樂器同時演奏多重音符時，還是可能產生不和諧的問題。鋼琴家不需要擔心這個問題，因爲這是專業鋼琴調音師的責任，但長號或小號樂手就沒有這樣的藉口，他們必須在整個演出過程中隨時調整音準，避免吹出與其他樂器衝突的聲音。至於調整幅度如何，取決於樂器種類（所有樂器各有其影響和諧的獨特泛音）、樂曲、調性，以及樂手與指揮希望呈現的音質。有時需要調整的幅度，並非細微到只有極爲挑剔的指揮家才會注意到。根據基蘭的說法，演奏者有時必須在一個長音之內就轉換四分之一音階——也就是從升C到D的一半幅度——以配合其他樂器的加入。如果樂手只知一味死守樂譜，而不知臨場因應，可能會讓大半的聽眾都難以接受。樂團內的每位樂手幾乎無時不在配合樂曲與其他樂手，進行這種調整與再調整。

再回到上面提過的貝多芬第五號交響曲，長號手吹出高難度的第一個音之前，樂團已演奏了半個多小時，如果沒有絕佳音感——連茱莉亞音樂學院十分之九的學生也不具備這種天分——根本不可能知道其他各種樂器的調音狀態，就算有辦法知道，也無法絕對精確判定怎樣的音準最爲適合。相關的變數實在太多，到頭來長號手只能仰賴自己專業與美學的修養，判斷樂曲到底希望呈現什麼特質。當然這是一個難度特別高的例子，但也具體而微顯示每位樂手在演奏每首樂曲時，由音符到音符之間，甚至同一個音符之內所面對的挑戰。即使專業好手偶爾在這方面也會表現得超水準，演奏的吸引力有部分正在於此。

事實上，當雙簧管在演奏開場前吹出第一個悠揚的音符，樂手們展開各自的調音儀式時，反而是調音工作唯一稱得上單純而直接的時刻。雖然不和諧的雜音四起，但此時音符的意義中並未摻雜任何的含混或變異。然後樂團安靜下來，指揮敲敲手中的指揮棒，眞正的亂於焉展開。

嗅覺

我們在第九章提過林迪斯巴克教授，有關德國人對亂的態度，他有很多觀察心得，而他另外還有一個很有趣也很獨特的研究主題，那就是嗅覺。這個相當多彩多姿的領域涵蓋大腦科學、文化、產業與歷史的學科，但卻經常受到忽視。而這也正是林迪斯巴克對這個主題最著迷之處：我們對氣味的態度，使它成爲各種「亂」之中最少被提及的一種。

我們對氣味不甚留意，部分原因或許就是有關氣味的語彙並不多。林迪斯巴克認爲，由於缺乏相關的詞語，局限了我們對氣味的想像能力，甚至無法充分理解。他說：「氣味在語言裡沒有很好的發揮。你看到某件東西時，可以形容它是方形、藍色或傾斜，但是你就沒法這樣來描述氣味，而必須借用一些詞語。這就是問題之所在。」他是指除了少數粗淺而模糊的形容詞，如 smelly（氣味重）、awful（糟糕）sweet（甜美）之外，我們往往把氣味根據少數熟悉的事物加以分類：魚、花、潮溼的皮毛、新車、排洩物、香草等等。正因如此，面對一種全新的氣味，我們往往無法不假其他而獨立形容，以致忽略了其中的微妙與複雜。

爲什麼我們對氣味欠缺豐富的語彙？林迪斯巴克認爲，在談到氣味時，我們希望在某處就此打住。提及氣味的話題往往被視爲不禮貌、粗魯，讓人不舒服，所以很少出現在對話中。他發現這種現象在文學中尤其明顯，作者往往煞費苦心以精準而創意的筆法傳達某個場景、人物與東西的視覺意象，但對氣味卻草草帶過或根本不提。少數作家偶爾著力描寫氣味，如普魯斯特（Marcel Proust）、納博科夫（Vladimir Nabokov）與狄更斯（Charles Dickens），堪稱鳳毛麟角。這或許是因爲作家不自覺地認定描寫氣味有點冒險。林迪斯巴克說：「你無法控制嗅覺的描述會引發讀者什麼聯想。你必須引用其他東西的氣味來形容，但你不知道這會造成怎樣的聯想。」讓問題更爲糾結難解的是西方社會——尤其是美國——幾乎把氣味消滅盡淨。他指出，「即使超級市場裡食品堆積如山，也幾乎完全沒有味道。」因爲背景氣味如此微弱，因此任何聞起來有味道東西，我們都覺得不尋常，而且經常會有種不快的威脅感。換言之，對我們大多數人而言，氣味已成爲一種卡通化的感官，僅僅周遭微小的異味就足以引發大驚小怪的反應。

這的確很奇怪，因爲氣味或許是所有感官中最易於辨識的。狗可嗅出人類身上的癌症腫瘤；松鼠可以由身上五種腺體中任何一種所散發的氣味察覺彼此。研究顯示，人類所能聞到氣味遠超乎我們的認知。雖然比起狗能聞出某些分子大小的物質，我們嗅覺的靈敏度要差上好幾百倍，但仍可以辨別約一萬種不同的氣味，有時只需極其微量。例如，我們可聞出幾十億分之一盎斯的E─三─甲基─二─已烯酸，即人類體味中一種主要成分。我們或許會驚嘆老鼠靠氣味挑出「親鼠」的能力，但事實上我們這方面的能力未必遜色多少。嬰兒可以憑氣味區分父母和陌生人；在一些實驗中，參與者不但完全有能力靠氣味區別其他人，甚至可以區別老鼠。要不是花那麼大的力氣去除自己的氣味，又設法閃躲殘存的氣味，我們大有可能開發出全新的溝通方式。

嗅覺是我們大腦與外在環境唯一的直接連結。我們嗅到某樣東西氣味時，鼻孔必然把其中部分物質吸入，實質接觸到長條狀的腦細胞。這種偵測訊號由鼻子沿著腦細胞跑到大腦底部的嗅球，然後訊號移動到邊緣系統，也就是大腦主管情緒、性慾、恐懼的部分，再傳到控制記憶的海馬回。接下來，訊號還會傳送到新腦皮質，也就是一般認爲產生意識的所在。因此，氣味循著一條獨特的管道進入我們的情感、回憶與思緒之中。誠如納博科夫所言，「沒有什麼比相關的氣味更能讓過往如此完整地再現。」狄更斯筆下的守財奴史庫奇（Scrooge）「知曉空氣中飄浮的一千種氣味，每種氣味都連結著一千種忘懷許久許久的思緒、歡樂與關懷。」

眞正重視嗅覺可能要等到失去之後，大約兩百萬的美國人有這樣的經驗。所謂的無嗅覺症可能源自基因缺陷、老化、病毒感染、過敏、服藥或頭部創傷等，以致腦部受到刺激而切斷延伸到鼻子的脆弱腦細胞。沒有嗅覺的人會喪失對火災、瓦斯、腐壞食物的基本防護力，更不用說品嘗食物的能力了。特定的無嗅覺症只是沒辦法聞到某些特別的氣味，副作用也就小得多——幸好如此，因爲研究發現半數人口都有這種毛病。因此許多情況下任何兩個人聞到的味道可能都不盡相同，也使得所有感官中，唯有嗅覺所開啓的世界之窗難與他人共享。

林迪斯巴克認爲，人類大約從兩百年前開始迴避大多數氣味濃烈的東西，當時社會一般潮流趨向整齊與組織。他說：「現在我們把有味道的地方視爲落後與劣等。」不用說，幾乎不會有人主張返回氣味薰人的狀態。但我們因而對日常生活中的氣味渾然不覺，因而不怎麼有興趣談論氣味，因而沒有多少詞彙來形容氣味，因而喪失討論氣味的能力，以致氣味和我們離得更遠，又導致我們更賣力地去壓抑它。

可是有誰說得準呢？或許這整個流程會反轉過來。如果我們開始增加對氣味的討論，或許就會更懂得欣賞它，從而緩和對氣味的壓制。如果我們能更進一步觀察其他種類的亂——或許也能紓解我們對整齊與秩序日增的偏執。

大多數人都會預言，我們的社會將義無反顧地往整齊與秩序邁進，而且標準會愈來愈高，因此我們只能不斷努力讓時程表排得更緊湊、目標更聚焦、公司更有組織、家裡更整潔、規畫更長期、行爲更一致。可是非得如此嗎？或許就在此刻，在世界的某一角，有個實驗室的燒杯給打翻了，或是一個隨機提出的字眼讓某家公司的腦力激盪迸出火花，或是兩份研究報告在凌亂的書桌上湊巧碰在一塊，或是某位政治人物心血來潮突然轉換立場——由此而引發的後續效應，說不定就把我們引向一條出乎意料的新道路。

畢竟，你也知道預測值得信賴的程度有多少。

國家圖書館出版品預行編目資料

亂好／Eric Abrahamson & David H. Freedman 著
；李明譯. -- 初版. -- 臺北市
：大塊文化，2007.11
面： 公分. -- (from ： 48)
譯自：A Perfect Mess: The Hidden
Benefits of Disorder
ISBN 978-986-213-019-3 (平裝)

1. 成功法 2. 生活指導

177.2 96019830

LOCUS

LOCUS

LOCUS

LOCUS